走进大学城

下册

——斗半匠阅读研究中心 编著——

中国和平出版社
China Peace Publishing House
北京

图书在版编目（CIP）数据

走进大学城：上下册 / 斗半匠阅读研究中心编著
. --北京：中国和平出版社，2024.5（2025.5重印）
ISBN 978-7-5137-2773-0

Ⅰ. ①走… Ⅱ. ①斗… Ⅲ. ①高等学校—介绍—中国
Ⅳ. ①G649.28

中国国家版本馆CIP数据核字(2024)第080813号

走进大学城 下册
ZOUJIN DAXUECHENG XIACE

斗半匠阅读研究中心 / 编著

统　　筹	单　威
责任编辑	孙蕾蕾
版式设计	斗半匠
插图制作	斗半匠
责任印务	侯世菊
出版发行	中国和平出版社（北京市海淀区花园路甲 13 号院 7 号楼 10 层 100088） www.hpbook.com　bookhp@163.com
出 版 人	林　云
经　　销	全国各地书店
印　　刷	江西龙莹印务有限公司
开　　本	880mm × 980mm　1/16
印　　张	28
字　　数	560 千字
版　　次	2024 年 5 月第 1 版　2025 年 5 月第 2 次印刷
书　　号	ISBN 978-7-5137-2773-0
定　　价	79.60 元（全 2 册）

目录

华东地区

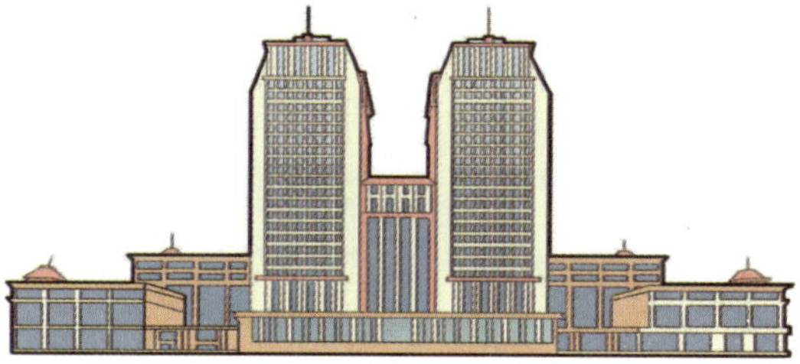

华中地区

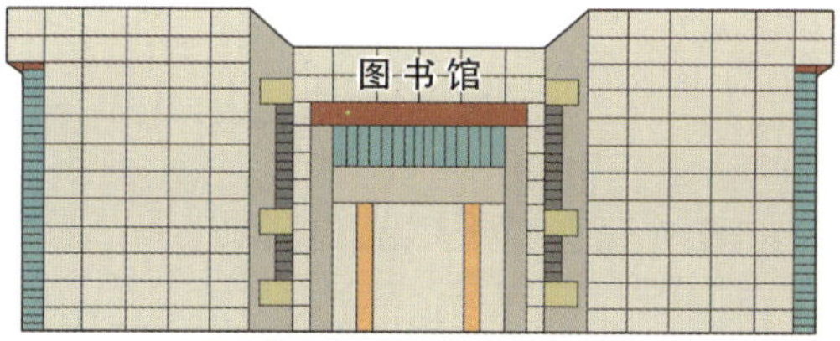

华南地区

西南地区

其他“211”“双一流”推荐院校

中国大学之最

华东地区

地区介绍：华东地区产业资源丰富，交通四通八达，是我国经济发展最快、最发达的地区之一。在华东地区，不仅坐落着“六朝古都”南京、“人间天堂”苏杭、“摩登都市”上海，还有“三山五岳”中的庐山、黄山、泰山、雁荡山，“五大湖”中的鄱阳湖、太湖。作为华东地区的首要城市群，长三角城市群是“一带一路”与长江经济带的重要交会地带，是我国经济社会发展的重要引擎。

主要城市：上海、南京、杭州、合肥、厦门、南昌、青岛

优势产业：信息技术、金融、教育、制造业、现代农业、旅游等

复旦大学 FUDAN UNIVERSITY

复旦大学是教育部直属、中央直管的重点高校，是由教育部与上海市共建的综合性、研究型大学。学校占地总面积约 241.08 万平方米，校舍建筑面积 245.44 万平方米。

校　训

博学而笃志　切问而近思

概况总览

985　211　双一流

创办时间：1905 年

学校类别：综合类

校区分布：邯郸校区、江湾校区、枫林校区、张江校区

地　　址：上海市杨浦区邯郸路 220 号

历史一刻

1905 年 在吴淞创办复旦公学

1917 年 更名为私立复旦大学

1942 年 由私立复旦大学改为国立复旦大学

1994 年 通过由教育部组织的“211 工程”部门预审

1999 年 成为“985 工程”的首批建设高校

2000 年 与上海医科大学合并，组建新的复旦大学

2017 年 入选国家“双一流”建设高校

2022 年 入选第二轮“双一流”建设高校

走进校园

复旦大学是一所地理位置优越、校园环境优美的百年高校，校园里的每处风光都各具特色，学校周边的设施也配套齐全。历史悠久的建筑静静地被梧桐树环抱着，别有一番风味。前面就是复旦大学的校门，让我们一起走进复旦大学的邯郸校区吧！

游览摆渡车

第一站：相辉堂

相辉堂是学校大型会议、文艺表演以及影视观摩等活动的场地。这座礼堂见证了复旦近一个世纪的风雨沧桑，是复旦校园内最具历史意义的建筑，也是复旦人共同的精神家园。

第二站：子彬院

子彬院建于 1925 年，被列入上海市第四批优秀近代建筑，是复旦最古老、保存最完整的建筑之一，享誉世界的“猫鼠同笼”实验就发生在这里。

第三站：光华楼

光华楼是复旦的标志性建筑，也是各种活动和庆典仪式的举办地。光华楼的名字取自《尚书大传·虞夏传》中的“日月光华，旦复旦兮”。整座大楼身姿挺拔，俨然成为复旦校园内的一处人文胜景。

第四站：陈望道旧居

修缮后的陈望道旧居成了复旦大学的《共产党宣言》展示馆，常设“宣言中译·信仰之源”主题教育展。展示馆以“信仰之源”为线索，以《共产党宣言》和陈望道生平为主题贯穿始终，凸显了《共产党宣言》在革命先驱探索救国道路中发挥的重大作用。

学科重点

第二轮“双一流”建设学科			
哲学	应用经济学	政治学	马克思主义理论
中国语言文学	外国语言文学	中国史	数学
物理学	化学	生物学	生态学
材料科学与工程	环境科学与工程	基础医学	临床医学
公共卫生与预防医学	中西医结合	药学	集成电路科学与工程
一级学科国家重点学科			
哲学	理论经济学	新闻传播学	数学
物理学	化学	电子科学与技术	基础医学
生物学	中西医结合	中国语言文学	
二级学科国家重点学科			
产业经济学	金融学	政治学理论	国际关系
历史地理学	中国近现代史	计算机软件与理论	内科学
社会医学与卫生事业管理	药剂学	儿科学	神经病学
影像医学与核医学	外科学	眼科学	耳鼻咽喉科学
妇产科学	肿瘤学	流行病学与卫生统计学	

特色专业

基础医学

基础医学是现代医学的基础，研究人的生命和疾病现象的本质及其规律，包括人体解剖学、组织学、胚胎学、病理学等多个方面，进行人体疾病的诊断与治疗等。复旦大学的基础医学院前身为上海第一医学院基础医学部，拥有一批我国基础医学学科的创始人和开拓者，师资力量雄厚，依托国家重点实验室等平台进行教学。基础医学专业的学生会学习疾病机制、免疫学、人体分子与细胞、药理学、口腔临床药物学等课程，毕业后可从事临床医学和药品研发等工作。

大学生活

用眼睛“捕捉”野生动物

你知道吗？复旦大学的江湾校区是第一届上海高校校园生物多样性排行榜的冠军，光是鸟类就有 81 种。这里曾是市区最大的江湾湿地，生态环境极好，也吸引着许多可爱的野生动物。行走在江湾校区内，你会时不时“偶遇”它们，国家一级保护野生动物小灵猫就曾在这里现身。

江湾湿地

小灵猫

复旦的雕塑们

复旦校园内的每一座雕塑背后都有自己的故事——燕园内的世纪钟上刻着“日月光华，旦复旦兮”与“巍巍学府、百年沧桑、跨越世纪、再创辉煌”几行篆书，是当初复旦为迎接新千年铸造的；子彬院草坪上伫立着一座苏步青雕像，让同学们传承苏老不断奋斗的精神品质；苏步青雕像不远处还有一个“无穷大”雕塑，邀请学生一起在数学王国里遨游；光华楼西南角的“驴背诗思”仿佛是现代的过客，寓意深刻。

“无穷大”雕塑

驴背诗思

华东师范大学坐落在繁华的上海，是两所 985 师范院校之一，在教育学研究上享有很高的声誉。

校　训

求实创造　为人师表

概况总览

985　211　双一流

创办时间：1951 年
学校类别：师范类
校区分布：普陀校区、闵行校区
地　　址：上海市普陀区中山北路 3663 号

历史一刻

1924 年
成立大夏大学

1925 年
成立光华大学

1951 年
在大夏大学与光华大学的基础上，成立华东师范大学

1959 年
被确定为全国 16 所重点院校之一

1996 年
被列入国家“211 工程”重点建设高校行列

2006 年
被列入国家“985 工程”重点建设高校行列

2017 年
入选国家“双一流”建设高校

2022 年
入选第二轮“双一流”建设高校

走进校园

华东师范大学也被称为“优雅的学府”，其优雅不仅体现在凛然正气的精神力量和对学生的精神教育中，还体现在校园里的一草一木中。快骑上华东师大专属的樱花粉小单车，和我一起参观华东师大普陀校区吧！

游览摆渡车

第一站：正门

华东师范大学的正门威严气派，拱形门顶上写着校名。站在门前向校园里望去，可以看到一条纵深的大路，两旁是梧桐树的绿荫。晚上，门座下的灯光打在校门上，又是另一番风味。

第二站：群贤堂

绿茵茵的草坪上有一座三层高的白色小楼，正门前的立柱纤细秀美，具有希腊古典建筑的风格。它就是华东师范大学最古老的建筑——群贤堂，寓意群贤汇集于此。

第三站：丽娃河

丽娃河是华东师范大学的文脉，河水清澈见底，两岸绿树倒映成趣，碧波荡漾之上飞悬着一架桥梁。曾经有一位诗人在给朋友的信中写道：“如果这世上真有所谓天堂的话，那就是师大丽娃河边的一草一木，一沙一石。”可见丽娃河之美。

第四站：三馆迎绿

“三馆”即物理馆、地理馆和生物馆，三栋楼的排列分布呈“H”形。这里是华东师大教学、科研的重要基地之一，馆前有一片大草坪，四周竹树环绕，为华东师大八景之一。

小贴士：华东师大八景为园丁小筑、荷塘挹翠、三馆迎绿、石径花光、古木清晖、水榭观虹、书海撷英、夏雨飞烟。

学科重点

<table>
<tr><th colspan="6">第二轮“双一流”建设学科</th></tr>
<tr><td colspan="2">教育学</td><td colspan="2">生态学</td><td colspan="2">统计学</td></tr>
<tr><th colspan="6">一级学科国家重点学科</th></tr>
<tr><td colspan="3">教育学</td><td colspan="3">地理学</td></tr>
<tr><th colspan="6">二级学科国家重点学科</th></tr>
<tr><td colspan="2">基础心理学</td><td colspan="2">中国古代文学</td><td colspan="2">基础数学</td></tr>
<tr><td colspan="3">光学</td><td colspan="3">生态学</td></tr>
<tr><th colspan="6">国家重点（培育）学科</th></tr>
<tr><td colspan="2">中国哲学</td><td colspan="2">世界史</td><td colspan="2">动物学</td></tr>
<tr><td colspan="3">运动人体科学</td><td colspan="3">系统分析与集成</td></tr>
</table>

特色专业

汉语国际教育

汉语国际教育专业培养的是能在各类学校从事国际汉语教学与汉语国际推广工作，或在国内外相关部门从事中外文化交流的人才。华东师范大学的汉语国际教育专业历史悠久，在全国同类专业中居领先地位，学科优势突出。华东师范大学还建成了内容丰富的国际汉语教育案例库，开设了中外学生服饰文化节、美育讲堂、阅片沙龙、会饮读书会等多层次的第二课堂。学生会在课堂上学习国际中文教学法、汉英语言对比、中国文化通论、中国民俗等知识。

大学生活

“食堂研讨室”

华东师范大学的食堂在一众大学之中可谓与众不同，华闵食堂的厨师们会把我们所熟知的食物和水果组合搭配，做出你想不到的“新菜系”！比如玉米炒葡萄、菠萝蓝莓炒山药……虽然这样的搭配乍一看有些奇怪，但味道还是很不错的哦！河东食堂还会根据时令的变化提供不同的美食，比如夏日限定的小龙虾、烧烤，冬季特供的铁锅炖等。

玉米炒葡萄

菠萝蓝莓炒山药

毕业花

每年 9 月，华东师范大学会让毕业班投票选出“毕业花”，选定后再由校方播种。等到第二年 6 月毕业花盛开，学校会把它们赠予毕业生作为专属的纪念，这也成为学校与毕业生特殊的约定。

上海交通大学是我国历史悠久、享誉海内外的高等学府之一，是教育部直属并与上海市共建的全国重点大学。

校　训

饮水思源　爱国荣校

概况总览

985　211　双一流

创办时间：1896 年

学校类别：综合类

校区分布：闵行校区、徐汇校区、七宝校区、黄浦校区、长宁校区等

地　　址：上海市闵行区东川路 800 号

历史一刻

1896 年
南洋公学在上海成立

1921 年
交通部所属 3 所高校统一更名为交通大学，学校定名为交通大学上海学校

1957 年
交通大学分设上海、西安两地

1959 年
交通大学上海部分正式定名为上海交通大学，进入全国 16 所重点学校之列

1995 年
入选国家“211 工程”重点建设院校

1999 年
被列为国家“985 工程”重点建设院校

2017 年
入选国家“双一流”建设高校

走进校园

上海交通大学的校园面积十分广阔，光是校内通勤巴士的停靠站点就有十几个！在这里，你可以看到古色古香的校门、红白相间的建筑楼、波光粼粼的湖面……还有许多的未知等待着我们一起探索。快来！巴士已经到站了，让我们朝着上海交通大学闵行校区的方向出发吧！

游览摆渡车

第一站：东大门

上海交通大学的东大门又被称为“庙门”，中国古典建筑形式和现代结构相结合，展现出上海交通大学继往开来、务实创新、勇攀高峰、再创辉煌的精神风貌。

第二站：大草坪

电子信息与电气工程学院前有一块大草坪，在这里，你可以参加社团活动，可以搭帐篷、野餐、放风筝，还可以带上一本书，享受安静惬意的户外时光。

第三站：园林植物标本园

上海交大校园的东北角还藏着一个“植物王国”——园林植物标本园。走入植物园，你就进入了被花草包围的世界。在植物园里，你可以看到木本植物、草本植物、水生植物……春天，这里百花齐放，早莺争鸣，构成了校园内的诗意一隅。

第四站：包玉刚图书馆

包玉刚图书馆拥有大量人文社科类藏书。一进图书馆，你就可以看到大厅横梁上镌刻着的钱学森先生的箴言——“图书馆是我每天必去的地方”。在这里，你能感受到上海交大浓厚的学习氛围。

第五站：思源湖

思源湖的名字来源于校训“饮水思源，爱国荣校”。湖面水光潋滟，湖中心的小亭被葱绿的草木环绕着。湖面上方则是鸽子的天下，思源湖的鸽子并不怕人，它们总是亲昵地飞到人群中讨要面包屑吃，吃饱喝足后又飞回湖心的雕塑上，那里是它们栖居的家。

学科重点

第二轮“双一流”建设学科			
数学	物理学	化学	生物学
机械工程	材料科学与工程	电子科学与技术	信息与通信工程
控制科学与工程	计算机科学与技术	土木工程	化学工程与技术
船舶与海洋工程	基础医学	临床医学	口腔医学
药学		工商管理	
一级学科国家重点学科			
力学	动力工程及工程热物理	船舶与海洋工程	机械工程
控制科学与工程	生物医学工程	材料科学与工程	计算机科学与技术
管理科学与工程			

（续表）

二级学科国家重点学科			
凝聚态物理	生物化学与分子生物学	遗传学	光学
通信与信息系统	电磁场与微波技术	病理学与病理生理学	儿科学
外科学	口腔临床医学	内科学	

特色专业

船舶与海洋工程

船舶与海洋工程专业主要研究船舶轮机的工作原理和构造，安全性设计，如何保证航行的快速性、良好的操纵性等问题。船舶海洋与建筑工程学院是上海交通大学历史最悠久、最具特色的学院之一，承担了多个国防军工和科技支撑项目等重大课题，并和来自各行各业的企事业单位进行大量的科研合作及项目开发。学生会在课堂上学习船舶流体力学、船舶建造工艺、船舶结构力学等知识，毕业后可以去船舶与海洋工程设计研究单位、海事局、船舶公司、船厂等工作。

大学生活

上海交大大师路

通过细心观察，你会发现上海交大的路名大多来源于大师们的名字，走在路上，仿佛正与名师同行。古色古香的宣怀大道纪念着创校者盛宣怀；云淡风轻的文治大道代表着主张“尚实”的老校长唐文治；书香怡人的元培路诉说着教育家蔡元培的故事；湖畔悠悠的叔同路忘不了中国新文化史上的先驱李叔同；银杏纷扬的学森路记录着“中国导弹之父”钱学森的辉煌……在一条条充满故事的大师路上，每个学子都迈着坚定的步伐，努力向大师们靠近。

上海交大水灯节

上海交通大学每年都会举办的水灯节深受广大师生的欢迎。在水灯节当晚，同学们会将自己的心愿写在水灯上，并将水灯放在交大思源湖中，许下美好的心愿。湖面上五彩的水灯不仅为思源湖增添了新的魅力，也照亮了学子们前行的道路。

同济大学是土木建筑领域的顶尖名校，也是一所综合性、国际化大学，综合实力位居国内高校前列。

校　训

同舟共济

概况总览

985　211　双一流

创办时间：1907 年
学校类别：综合类
校区分布：四平路校区、嘉定校区、沪西校区、沪北校区
地　　址：上海市杨浦区四平路 1239 号

历史一刻

1907 年 成立同济德文医学堂

1927 年 更名为国立同济大学

1937 年 先后增设文、理等学院，成为中国近现代历史上最早的一批综合性大学

1996 年 入选国家“211 工程”重点建设高校

2002 年 被列入国家“985 工程”重点建设高校

2017 年 入选国家“双一流”建设高校

走进校园

同济大学作为土木工程和建筑领域的顶尖名校，校园里每一栋建筑都有自己的特色。让我们一起来到同济大学四平路校区，踏进建筑的“艺术长廊”，欣赏一下它们独一无二的风采吧！

游览摆渡车

第一站：国立柱

在同济门口草坪正中立着著名的国立柱。两根国立柱中一根上面篆刻着“继往”，另一根上面为“开来”，警醒同济学子勿忘历史，开创未来。

第二站：擎天柱

擎天柱上有烫金的“同济天下”4 个大字，具有简洁之美的同时又不失厚重之感。这根柱子体现出同济大学“同心同德同舟楫，济人济事济天下”的理想信念。

第三站：文远楼

文远楼是中华人民共和国成立后最早建造的一批现代化风格的建筑，通透的玻璃幕墙使里面的框架结构与建筑外部融为一体，是我们这次建筑“艺术长廊”之旅中一处绝妙的风景。

第四站：图书馆

图书馆从正面看像一本翻开的书，而从另一个角度看又像两块悬浮的“大电池”，因此同学们经常笑称自己在图书馆内学习是一个“充电”的过程。其实，这两块“大电池”是后来加盖的，学校采用了先进的建造技术来稳定结构。走在同济的校园里，我们处处都能感受到建筑强校的能力和自信。

第五站：大礼堂

大礼堂不仅是同济大学建筑实力的体现，也是令所有同济学子自豪的建筑丰碑。大礼堂的网架结构设计非常复杂，计算难度极大，建造过程中光是记载礼堂结构计算过程和结果的材料就长达 10 多页。正是因为这样复杂的结构，大礼堂被列入上海市第四批优秀历史建筑名单。

学科重点

<table>
<tr><th colspan="12">第二轮“双一流”建设学科</th></tr>
<tr><td colspan="3">生物学</td><td colspan="3">建筑学</td><td colspan="3">土木工程</td><td colspan="3">测绘科学与技术</td></tr>
<tr><td colspan="3">环境科学与工程</td><td colspan="3">城乡规划学</td><td colspan="3">风景园林学</td><td colspan="3">设计学</td></tr>
<tr><th colspan="12">一级学科国家重点学科</th></tr>
<tr><td colspan="4">建筑学</td><td colspan="4">土木工程</td><td colspan="4">交通运输工程</td></tr>
<tr><th colspan="12">二级学科国家重点学科</th></tr>
<tr><td colspan="3">海洋地质</td><td colspan="3">工程力学</td><td colspan="3">机械设计及理论</td><td colspan="3">材料学</td></tr>
<tr><td colspan="4">控制理论与控制工程</td><td colspan="4">大地测量学与测量工程</td><td colspan="4">环境工程</td></tr>
</table>

（续表）

国家重点（培育）学科		
基础数学	凝聚态物理	车辆工程

特色专业

建筑学

同济大学建筑系师资力量雄厚，大多来自国内外著名的建筑院系，兼收并蓄、博采众长，铸就了国内独树一帜的学术生态。建筑学专业的学习硬件好，有四栋教学楼，资料室的相关图书资源多，工作坊里还有 3D 打印机和机械臂资源。

大学生活

吃在同济

同济大学的食堂声名远扬，不仅是因为食堂厨师有精湛的厨艺，亲民的价格也是其收获喜爱的一大法宝。同济最著名的“大排”，在食堂的价格从未超过 3 元。学校还特地在有同济面食巅峰之称的西苑饮食广场开了大排档。怎么样，是不是要流口水了？

同济“大排”

浪漫的衷和楼

在同济大学里，有一个地方可以远眺到外滩的美景，天气好的时候还能和东方明珠合照，那就是教学科研的综合楼——衷和楼。你可以乘坐电梯来到楼上的空中花园，透过玻璃幕墙鸟瞰同济校园。晚上来到这里欣赏夜晚上海的车水马龙、霓虹闪烁，也不失为一种浪漫。

同济衷和楼

東華大學 DONGHUA UNIVERSITY

位于上海的东华大学自建立以来就是纺织行业的名校。经过多年发展，东华大学已经成为特色鲜明的多样性、高水平综合类大学。

校　训

崇德博学 砺志尚实

概况总览 211 双一流

创办时间：1951 年

学校类别：综合类

校区分布：松江校区、延安路校区、新华路校区

地　　址：上海市松江区人民北路 2999 号

历史一刻

1951 年 华东纺织工学院成立

1960 年 被教育部确定为全国重点大学

1985 年 更名为中国纺织大学

1998 年 入选国家“211 工程”重点建设高校

1999 年 更名为东华大学

2017 年 入选国家“双一流”建设高校

2022 年 入选第二轮“双一流”建设高校

走进校园

如果询问东华大学的学生：“你心目中的东华大学是什么样子的？”可能会得到“森林”“花园”“动物园”“五星级饭店”“家”等有趣的回答。那么，东华大学到底是什么样子的？让我们走进东华大学的校园，一探究竟。

游览摆渡车

第一站：第三教学楼（延安路校区）

第三教学楼作为东华大学的地标性建筑，许多重要活动中都能看到它的身影。在70周年校庆时，第三教学楼成了3D投影艺术的载体，在光影间带领东华人重温东华记忆。

第二站：中心大楼（延安路校区）

延安路校区伫立着一座非常有历史感的建筑，砖红色的外墙，漆红色的木质窗框——这是建于20世纪50年代末的中心大楼，是校园建筑中的长者。这里原先是一座湖，建筑师和工人们采用了当时最先进的“沉箱法”，才让中心大楼稳稳地立在了湖水之中。

第三站：文绮书店（延安路校区）

文绮书店是学校里颜值与内涵并存的“珍宝”。“文绮”不仅意味着华丽的丝织物，还饱含着对我国纺织实业家诸文绮先生的敬意。书店外侧由桂树、白墙、落地窗和镜面水池等元素组成，整体简洁大方；店内采用阶梯形式的座位，有通顶大书架和多组用来装饰的巨幅黑板画。穿过书店内的走廊，就能看到师生们的优秀作品和精致的校园文创。

第四站：镜月湖（松江校区）

镜月湖是松江校区内的一块“宝地”。你可以欣赏到人水相依的和谐风光，也可以坐在湖畔晨读。学校成立的“镜月湖论坛”“镜月诗社”和学生刊物《镜月浅草》均得名于它。

学科重点

<table>
<tr><th colspan="6">第二轮“双一流”建设学科</th></tr>
<tr><td colspan="3">材料科学与工程</td><td colspan="3">纺织科学与工程</td></tr>
<tr><th colspan="6">一级学科国家重点学科</th></tr>
<tr><td colspan="6">纺织科学与工程</td></tr>
<tr><th colspan="6">二级学科国家重点学科</th></tr>
<tr><td colspan="2">纺织工程</td><td colspan="2">纺织材料与纺织品设计</td><td colspan="2">纺织化学与染整工程</td></tr>
<tr><td colspan="3">服装设计与工程</td><td colspan="3">材料学</td></tr>
<tr><th colspan="6">国家重点（培育）学科</th></tr>
<tr><td colspan="6">机械设计及理论</td></tr>
</table>

特色专业

纺织工程

纺织工程专业可不是坐在缝纫机前做衣服或者织毛衣，而是纺织品的设计、加工工艺、质量检测和贸易等技能。东华大学的纺织学院以我国纺织工业为背景，依托纤维材料改性国家重点实验室和国家染整工程技术研究中心等研究基地，由中国工程院院士领军，形成了高质量的教学队伍，为国家输送了大量专业人才。东华大学纺织工程专业的学生会学到纺织材料学、纺纱学、机织学、针织学等内容，还会参与工程训练、工程设计制图课程设计等实践课程，毕业后可以从事纺织贸易营销、生产技术管理、纺织技术咨询等工作。

華東理工大學
EAST CHINA UNIVERSITY OF SCIENCE AND TECHNOLOGY

华东理工大学是我国第一所以化工特色闻名的高等学府，经过半个多世纪的改革与建设，现已发展成为特色鲜明、多学科协调发展的研究型全国重点大学。

校 训

勤奋求实 励志明德

概况总览

211 双一流

创办时间：1952 年

学校类别：理工类

校区分布：徐汇校区、奉贤校区、金山校区

地　　址：上海市徐汇区梅陇路 130 号

历史一刻

1952 年 组建华东化工学院

1960 年 被确定为教育部直属的全国重点大学

1993 年 更名为华东理工大学

1996 年 入选国家“211 工程”重点建设高校

2017 年 入选国家“双一流”建设高校

2022 年 入选第二轮“双一流”建设高校

走进校园

华东理工大学校园内绿荫环绕，徐汇校区曾经被评为“上海市花园单位”。在郁郁葱葱的树木与花草中，还隐藏着几个具有化工特色的建筑和雕塑。你准备好了吗？让我们一起去欣赏一下华东理工大学的文化景观吧！

游览摆渡车

第一站：南大门（徐汇校区）

南大门是本次校园之旅的“必经之门”，虽然门上没有高调的装饰，但我们还是能感受到它的庄重与历史底蕴。到了晚上，在灯光的照耀下，南大门像是裹上了一层金色的纱衣，给我们带来了全新的视觉体验。

第二站：攀登碑（徐汇校区）

面前的方柱有没有让你想起华东理工大学的校徽？没错，和校徽核心图案中的“U”一样，它们都是塔和管道等化工装备的抽象表现，代表着学校独特的化工特色。

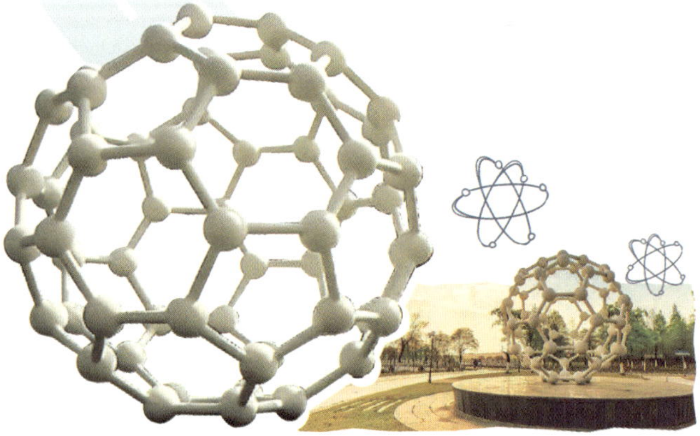

第三站：碳 60 分子模型（奉贤校区）

咦？学校里怎么会有一个镂空的足球雕塑？原来是碳 60 的分子模型！雕塑上的小圆球代表着碳原子，由 60 个碳原子构成了一个碳 60 分子。华东理工大学的化工特色已经成为校园文化之一，连学校内摆放的雕塑都与化学有关。

学科重点

第二轮"双一流"建设学科			
化学	材料科学与工程	化学工程与技术	
二级学科国家重点学科			
化学工程	化学工艺	生物化工	应用化学
工业催化	化工过程机械	控制理论与控制工程	
国家重点（培育）学科			
材料学			

特色专业

应用化学

应用化学专业不仅要学习化学方面的基础知识和基本理论，还要了解相关的工程技术知识，进行应用研究和技术开发。华东理工大学的化学与分子工程学院拥有国家一流学科——化学学科，在有机功能材料的合成及其光物理、光化学研究与日用化学品的开发等领域形成了自己的特色。华东理工大学的应用化学专业立足学校化学学科的特色优势，拥有精品课程平台和大型仪器培训平台等，是处于国内领先地位的化工人才培养基地。应用化学专业的核心课程包括有机化学、分析化学、物理化学、无机化学等。

大学生活

"龙舟大学"

你知道除了吃粽子，端午节还有什么习俗吗？没错，就是赛龙舟！龙舟运动是传统的体育项目，华东理工大学利用校园的通海湖，规划建设了符合教学与竞赛规范的龙舟基地，开设了龙舟课供学生选修。华东理工大学每年还会承办龙舟赛，让更多的人了解、热爱并传承这项运动。

赛龙舟

上海财经大学

SHANGHAI UNIVERSITY OF FINANCE AND ECONOMICS

上海财经大学源于 1917 年南京高等师范学校创办的商科，是一所以经济管理学科为主，经、管、法、文、理、工协调发展的多科性重点大学。

校训

厚德博学 经济匡时

概况总览

211 双一流

创办时间：1917 年

学校类别：财经类

校区分布：国定路校区、武东路校区等

地　　址：上海市杨浦区国定路 777 号

历史一刻

1917 年 南京高等师范学校设立商业专修科

1921 年 商科迁址上海，改为国立东南大学、暨南学校合设上海商科大学

1932 年 独立建校，定名为国立上海商学院，时为国内唯一的国立商科类本科高校

1985 年 更名为上海财经大学

1996 年 入选国家“211 工程”重点建设高校

2017 年 入选国家“双一流”建设高校

2022 年 入选第二轮“双一流”建设高校

走进校园

上海财经大学校园小而精致，校内建筑处处展现了传统元素与现代风格相融合的特点，令人耳目一新。快和我一起感受这所百年名校的魅力吧！

游览摆渡车

第一站：老校门（武东路校区）

上海财经大学武东路校区的校门是原上海商学院校门的复建，匾额上写着“国立上海商学院”。建筑既有传统风格，又有现代元素，是每一个来到上财的人都要打卡的地标。

第二站：上财鹰（国定路校区）

要说上海财经大学的“吉祥物”，那一定非“上财鹰”莫属。展翅欲飞的雄鹰雕像目视前方，象征着正在蓬勃发展的上海财经大学。它是上财的明星地标，不管是校园网站还是学校的宣传单上都有它的身影。

第三站：上海自行车三厂原址浮雕（武东路校区）

每位老上海人的记忆深处都有辆凤凰牌自行车，上海自行车三厂便曾是凤凰牌自行车的生产基地，其建厂 30 周年时的浮雕原址至今保留在上财的校园内。浮雕前刻着“争先务实创新高效，艰苦创业文明团结”，从中可以看出当年的凤凰精神。

学科重点

第二轮“双一流”建设学科			
应用经济学			
二级学科国家重点学科			
财政学	会计学	经济思想史	
国家重点（培育）学科			
金融学			
财政部重点学科			
会计学	财政学	统计学	产业经济学

特色专业

金融学

我们买东西用的钱、刷的信用卡，以及能够办理各种业务的银行都是金融学研究的课题。上海财经大学的金融学专业属于金融学院，金融学院的前身为国立东南大学银行系，是我国高等院校中最早创设的金融学科之一。学科创始人杨荫溥、朱斯煌等教授是近代中国金融学的奠基人。金融学专业开设了货币银行学和金融科技等精品课程，还有数量金融、公司金融等全英文课程。学生毕业后可以去金融行业监管部门、各类银行、保险公司、资产管理公司等工作。

大学生活

“五角场三校”

上海财经大学与复旦大学、同济大学被并称为“五角场三校”，经常举办一些有趣的联谊活动。比如说“饥饿游戏”：3 个学校的学生分为 15 个小组，在五角场里探店，打卡美食店铺，在体验美食的同时还能获得竞赛的刺激感，获胜的小组还有活动奖品！不过三校之间的联谊可不仅仅是吃喝玩乐，还可以“跨校辅修”，上财的学生可以去复旦旁听一节新闻课，或者去同济大学上一节珠宝鉴赏课，得到更多的学习机会。

上海大学
SHANGHAI UNIVERSITY

上海大学是由中华人民共和国教育部与上海市人民政府共建的上海市综合性公立大学，是一所特色鲜明的综合性研究型大学。

校　训

自强不息　道济天下

概况总览

211　双一流

创办时间：1922 年

学校类别：综合类

校区分布：宝山校区、延长校区、嘉定校区

地　　址：上海市宝山区上大路 99 号

历史一刻

1922 年
上海大学成立，是中国共产党创办的第一所正规大学

1983 年
复办上海大学

1994 年
上海工业大学、上海科学技术大学、上海大学和上海科技高等专科学校合并，组建新的上海大学

1996 年
入选国家“211 工程”重点建设高校

2017 年
入选国家“双一流”建设高校

2022 年
入选第二轮“双一流”建设高校

走进校园

上海大学的宝山校区被称为“宝山区人民公园”。走入宝山校区，我们便可以一览上海大学新时代的风采，感受它的温度与情怀。

游览摆渡车

第一站：溯园

溯园的整体形状如同树木年轮，记录着上海大学的发展轨迹。它的中心标注着上海大学多个旧校址的位置；外侧弧形墙体则展现了上海大学的建设过程。“溯园”之名取“追根溯源”之意，喻示不忘初心，传承先辈精神。

第二站：本部图书馆

本部图书馆是上海大学的地标性建筑之一，建于 2000 年，馆舍面积 3.92 万平方米，拥有 11 个阅览室，可提供阅览座位 1530 多个。

第三站：海派文化博物馆（上海大学博物馆）

海派文化博物馆是我国目前唯一专题展示和研究海派文化的博物馆。它从精神、物质、语言 3 个层面陈列，向大众展现“海纳百川，兼容并蓄”的海派文化特点，让参观者感受到海派文化的魅力。

学科重点

第二轮“双一流”建设学科			
机械工程			
二级学科国家重点学科			
钢铁冶金	机械电子工程	流体力学	社会学

特色专业

社会学

社会学的研究范围非常广泛，社会阶级、社会法律、医疗、军事、科学知识发展等与人类社会相关的事情都在它的研究范围之内。上海大学社会学院的前身为上海大学文学院社会学系。学院开通了学术论坛和各种读书班，建立了 34 个社会调查和实习基地，大大提高了学生开展学术活动的积极性。上海大学社会学专业的学习内容分为社会学理论、社会研究方法、组织社会学、社会结构与分层等 10 个大模块，包括社会统计与计算机应用、古典和现代社会学理论、社会学概论等课程。

大学生活

特别的学习制度

上海大学的学习制度非常灵活，采用学分制、选课制和短学期制。学生可以自主安排学习进度，修习够规定的学分即可毕业；学生可以自由选择所学课程，也能跨院选课学习；每年有春、秋、冬三个长学期，夏季一个短学期。这样就出现了一个有趣的现象——其他学校的学生在忙于学业的时候，上海大学的学生可能在度过假期。

菊花文化节

上海大学的菊花文化节鼎鼎有名。当文化节开幕，以菊花组成的景观造型就会出现在校园各处。它们诉说着上大的历史，展现着上大的精神，呈现着校园景色的剪影。同时，食堂也会用菊花做出各种美食。学生还可以参与征文、摄影等一系列丰富的主题活动。

上海外国语大学
SHANGHAI INTERNATIONAL STUDIES UNIVERSITY

上海外国语大学是一所特色鲜明的高校，以语言文学类见长，同时也是文学、教育学、经济学、管理学、法学、工学等学科协调发展的多样性外国语大学。

概况总览

211　双一流

创办时间：1949 年

学校类别：语言类

校区分布：虹口校区、松江校区

地　　址：上海市虹口区大连西路 550 号

校　训

格高志远　学贯中外

历史一刻

1949 年 华东人民革命大学附设上海俄文学校成立

1950 年 增设英语班。更名为华东人民革命大学附设外文专修学校

1952 年 院系调整，只设俄语专业。更名为上海俄文专修（科）学校

1956 年 增设英语、法语、德语专业。更名为上海外国语学院

1994 年 更名为上海外国语大学

1996 年 入选国家“211 工程”重点建设高校

2017 年 入选国家“双一流”建设高校

2022 年 入选第二轮“双一流”建设高校

走进校园

如果你有环球旅行的梦想，来上海外国语大学就能实现。学校把世界装进了校园——各国风格的建筑数不胜数，各国风情的文化活动精彩纷呈。来到上海外国语大学松江校区，你能感受到的不仅是美景，更是面向世界、海纳百川的胸襟。一起去看看吧！（本科生的主要活动范围在松江校区，研究生的主要活动范围在虹口校区，具有特色的建筑群主要在松江校区。）

游览摆渡车

第一站：图文信息中心大楼

位于校园中央的图文信息中心是整个校区体量最大的建筑，“上外蓝”的圆顶格外引人注目。在这里，一本本多语种原版书堆叠成一面面知识之墙，无数的思考、交流、讨论在此诞生。

第二站：五教楼

五教楼是英语学院、语言研究院等学院的所在地。外墙红白交错，整体对称排布，它的顶部为三角形，凸窗则是方形的设计，为整栋楼添上了一抹古典色彩。

第三站：六教楼

六教楼是俄罗斯东欧中亚学院，整栋楼金白相配，典雅端正。具有俄罗斯建筑特色的“小金顶”是最显著的标识。

学科重点

第二轮“双一流”建设学科	
外国语言文学	
二级学科国家重点学科	
英语语言文学	俄语语言文学
国家重点（培育）学科	
阿拉伯语语言文学	

特色专业

英语

大学的英语专业可不像我们小学、中学的英语课那样简单，不仅要听、说、读、写、译样样精通，还要学习外国文学，研究跨文化交流。上海外国语大学的英语学院是全国高端英语专业人才培养的主要阵地，设有英语文学研究中心、英国研究中心等多个平台，还会定期举办海内外知名学者讲座，为学生创造国外留学交流的机会。英语专业的学生会学习英语国家概况、英语人文阅读、英语口语、英语写作、跨文化交际、西方古代文明史等专业课程，毕业后可以去新闻单位、外贸公司、国际咨询机构等工作。

大学生活

外语天地

行走在上外，你会听到来自世界各地的语言。目前，上外授课语种数量已达 54 种，走在路上，你用“Hello”（英语“你好”）向上外的同学打招呼，对方也许会用“Bonjour”（法语“你好”）来回答。另外，上外的官方网站有多种语言版本可供各个国家的学生使用，充分彰显了“外国语”特色。

校园文化活动

上外的校园活动十分丰富，具有鲜明的文化特色。学生可以在英语学院的“莎士比亚英语文化节”上体验到话剧的趣味，自导自演一部全英文的莎翁戏剧；日本经济文化学院的“和风盛典”更是让人足不出户就能感受到日式风情……

南京大学
NANJING UNIVERSITY

南京大学是一所历史悠久、声誉卓著的高等学府，坐落于“六朝古都”南京，始终处于中国大学的第一方阵。

校　训

诚朴雄伟　励学敦行

概况总览

985　211　双一流

创办时间：1902 年

学校类别：综合类

校区分布：南京仙林校区、鼓楼校区、浦口校区，苏州校区

地　　址：江苏省南京市栖霞区仙林大道 163 号

历史一刻

1902 年　创建三江师范学堂

1906 年　更名为两江优级师范学堂

1914 年　开办南京高等师范学校

1950 年　更名为南京大学

1996 年　入选国家“211 工程”重点建设高校

1999 年　入选国家“985 工程”重点建设高校

2017 年　入选国家“双一流”建设高校

走进校园

南京大学鼓楼校区的风格以古朴为主，郁郁葱葱的树木带来了清幽的氛围，走在校园的路上，让人心旷神怡。现在让我们一起去鼓楼校区，领略南京大学的魅力吧！

游览摆渡车

第一站：北大楼

什么？南大竟然有“北大楼”？别惊讶，这栋楼和北京大学没有任何关系。北大楼是南大的标志性建筑，顶部有一颗红色的五角星，外墙为明代的城砖。远远望去，就能看到余光中在《钟声说》里描写的“常春藤攀满了北大楼”。

第二站：大礼堂

大礼堂仿照中国传统庙宇建造而成，起初为金陵大学的礼拜堂。源自明城墙的青砖搭配朱红大门，尽显非凡气势，现在的大礼堂是学校开展大型会议和重大活动的场所。

第三站：小礼堂

小礼堂始建于 20 世纪初叶，原为金陵大学的小礼拜堂。小礼堂为南北向的单层建筑。样式仿照中国庙宇，屋顶用歇山顶，覆有烟灰色筒瓦，小青砖清水砌墙身，古色古香。

学科重点

第二轮“双一流”建设学科	哲学、理论经济学、中国语言文学、外国语言文学、物理学、化学、天文学、大气科学、地质学、生物学、材料科学与工程、计算机科学与技术、化学工程与技术、矿业工程、环境科学与工程、图书情报与档案管理
一级学科国家重点学科	地质学、化学、计算机科学与技术、生物学、数学、天文学、物理学、中国语言文学
二级学科国家重点学科	材料物理与化学、环境科学、马克思主义哲学、企业管理、气象学、情报学、社会学、世界史、外科学（普外）、微电子学与固体电子学、英语语言文学、政治经济学、自然地理学

特色专业

天文学

南京大学的天文学专业长期位居国内高校前茅，不仅有 4 名中科院院士坐镇，还与其他国内外知名大学和天文台共建科研中心，开展密切合作。热爱璀璨星空，喜欢探索宇宙奥秘的年轻学子走进这里，可以融入南大天文的深厚底蕴中，跟随专家的脚步学习理论力学、球面天文、理论天体物理、量子力学等课程，参加轨道设计、天文观测等实践活动。

大学生活

趣味选修课

南京大学设置了各种有趣的特色课程，每到春天，还会开设一节限定的“治愈课堂”——《插花与创意》。授课教师会就地取材，带着同学们走进南大的春光中，利用校园内的植物体验插花艺术。

南大“名片”

南京大学校园内的路名可不是随便起的，它们都有独特的文化内涵。比如三江路，是对南京大学的起点——三江师范学堂的纪念；两江路和南高路则分别代表了两江师范学堂和南京高等师范学校；裕光路是为了铭记教育家陈裕光先生；开泽路和国器路则承载着学校对学生们的殷切期盼。

東南大學 SOUTHEAST UNIVERSITY

东南大学坐落于南京，历史悠久，底蕴深厚，是一所以工科为主要特色的综合性、研究型大学，是享誉海内外的著名高等学府。

校　训

止于至善

概况总览

985　211　双一流

创办时间：1902 年

学校类别：综合类

校区分布：四牌楼校区、九龙湖校区、丁家桥校区等

地　　址：江苏省南京市玄武区四牌楼 2 号

历史一刻

1902 年 创办三江师范学堂

1927 年 与多所公立学校合并组建为国立第四中山大学

1960 年 被确定为全国重点大学

1988 年 改名为东南大学

1996 年 入选国家“211 工程”重点建设高校

2001 年 被列入国家“985 工程”重点建设高校

2017 年 入选国家“双一流”建设高校

走进校园

东南大学四牌楼校区位于南京市中心，曾是六朝宫苑的遗址和明朝国子监所在地，历史底蕴深厚。东大校园还经常被作为影视剧取景地，学生将其戏称为“四牌楼影视基地”。快一起来欣赏校园里的美景吧！

游览摆渡车

第一站：南校门

校门是学校的重要标志，东南大学南校门简洁大方，校门后是两排高耸的梧桐树，更能衬托出校门的威严与历史的沉淀感。校门上“东南大学”4 个字采用的是书法大家王羲之的字体。

第二站：大礼堂 & 涌泉池

四牌楼校区的大礼堂是校徽上的标志性建筑物，为西方古典建筑风格，见证了许多重大的历史时刻。礼堂前是涌泉池，与大礼堂的风格相呼应。偷偷告诉你，涌泉池里的水有时候是绿色的，有时候是蓝色的，在路过的时候可以好好观察一下哦！

第三站：六朝松

这棵被架起来的“千年古树”，是东南大学的“精神图腾”——六朝松，虽然名叫六朝松，但它其实是一棵柏树。相传这棵树是南北朝时期梁武帝亲手栽种的，已有 1000 多年的历史。六朝松苍劲挺拔，静静地目睹时光变迁。

第四站：梅庵

六朝松旁的树林中有一座古色古香的建筑——梅庵，它隐藏在茂盛的枝叶间，与周围典雅幽静的自然环境相得益彰。这里是东南大学的学子放松身心的最佳地点。

第五站：孟芳图书馆

东南大学的孟芳图书馆于 1923 年落成，历史悠久，具有浓厚的民国风情，也是“四牌楼影视基地”中最常被剧组打卡的地点之一。图书馆门口置有明朝国子监大殿的石刻龙头，是东南大学现存最古老的文物。

学科重点

第二轮“双一流”建设学科			
机械工程	材料科学与工程	风景园林学	信息与通信工程
控制科学与工程	计算机科学与技术	建筑学	土木工程
交通运输工程	电子科学与技术	生物医学工程	艺术学理论

一级学科国家重点学科		
电子科学与技术	信息与通信工程	建筑学
交通运输工程	生物医学工程	

（续表）

二级学科国家重点学科		
艺术学	热能工程	控制理论与控制工程
计算机应用技术	结构工程	
国家重点（培育）学科		
机械制造及其自动化		

特色专业

生物医学工程

东南大学在生物医学工程领域的研究与应用处于国内一流水平，拥有生物电子学国家重点实验室、江苏省生物材料与器件重点实验室等科研基地，教学资源十分丰富，学校在生物传感器和生物芯片、基因测序、智能生物材料与生物电子器件等方面取得了一系列研究成果。学生可以在生物医学工程专业学习电子电路基础、电磁场与波、生物分析与传感、生物系统建模与分析等课程。

大学生活

多彩校园

东南大学每年都会举办各种各样的校园活动，其中最特别的要数“河灯情”了。放河灯是中华民族的传统民俗文化活动之一，在“河灯情”活动中，同学们可以折河灯、放河灯，还可以猜灯谜。

河灯

每到春天，东南大学还会举办风筝节，同学们不仅可以自己设计风筝的颜色、样式，还可以体验放风筝、踢毽子、激流勇进等有趣的游戏和运动。

那些你不知道的东南大学

东南大学与一件中国传统乐器息息相关，那就是古琴。四牌楼校区的梅庵就是梅庵派古琴艺术的发祥地，也是东大艺术学院的教学场地。教育部认定的第一批中华优秀传统文化传承基地中，东大的传承项目就是古琴。

河海大学
HOHAI UNIVERSITY

河海大学是一所拥有百余年办学历史，以水利为特色，工科为主，多学科协调发展的全国重点大学。

概况总览

211　双一流

创办时间：1915 年

学校类别：综合类

校区分布：南京西康路校区、江宁校区，常州校区

地　　址：江苏省南京市鼓楼区西康路 1 号

校　训

艰苦朴素　实事求是　严格要求　勇于探索

历史一刻

1915 年
中国第一所培养水利人才的高等学府——河海工程专门学校创办

1952 年
南京大学水利系与交通大学、同济大学、浙江大学等高校的水利系科以及华东水利专科学校组建华东水利学院

1985 年
更名为河海大学

1996 年
入选国家“211 工程”重点建设高校

2017 年
入选国家首批“双一流”建设高校

2022 年
入选第二轮“双一流”建设高校

走进校园

河海大学的建筑有着百年间的历史沉淀，校园花园式设计让人仿佛置身于江南园林中，既有传统文化的特色，又有现代建筑的活力，形成了自己独特的风景。话不多说，快让我们出发去河海大学吧！

游览摆渡车

第一站：小浪底音乐台（江宁校区）

小浪底音乐台的半圆形态象征着水的凝聚与包容，拾级而上的设计既贴合了自然地形，又寓意着攀登至高无上的学术殿堂。规整的广场为学生们提供了可以休闲娱乐的场地。

第二站：叠翠山（江宁校区）

每天早上，是叠翠山最富有朝气的时刻，有人在这里朗诵、练声，也有人在这里看书，开启新一天的学习生活。叠翠山还是同学们从图书馆、教室到六食堂的必经之处。上午的课程结束后，同学们结伴而行，爬上小山坡，穿过树林，享受新鲜的空气，去往下一站——等待他们的美食王国。

第三站：“华夏水利先贤颂”群雕（西康路校区）

河海大学的校园里伫立着一组“华夏水利先贤颂”青铜雕像。这组群雕以从古至今为中国水利作出了杰出贡献的先贤青铜塑像为主体，比如大禹、郭守敬、李冰父子等人物，体现出河海大学的精神与文化传承。

学科重点

第二轮“双一流”建设学科			
水利工程		环境科学与工程	
一级学科国家重点学科			
水利工程			
二级学科国家重点学科			
工程力学	岩土工程	水文学及水资源	水力学及河流动力学
水工结构工程	水利水电工程	港口、海岸及近海工程	

特色专业

水利水电工程

水利水电工程专业是河海大学最早创办的传统优势专业之一，学校先后承担了三峡、小浪底、南水北调、锦屏、小湾、溪洛渡、向家坝、乌东德、白鹤滩等遍布国内外的重大工程科研项目，创建了“全国大学生水利创新设计大赛”国家级竞赛平台，与江苏省发明协会联合发起并组织了“江苏省水创意设计大赛”等。

大学生活

“江河湖海”路

河海大学作为中国第一所培养水利人才的高等学府，开创了中国水利高等教育的先河，学校里的路名都与我国的江河湖海有关。东海路、黄河路、长江路、珠江路、淮河路、辽河路……行走在校园里，一条条、一步步，用自己的脚步感受着水利专业的变迁与进步。

“花花”世界

河海大学校园内的一草一木皆是风景，随着季节变换，景色也不尽相同。春天，叠翠山上的桃花、木兰、樱花和海棠争相盛开；到了 5 月，酸甜可口的枇杷挂满枝头；等到夏天，教学楼和图书馆上的爬山虎就会为它们盖上碧绿的“夏凉被”，东湖的荷花也会引来许多学生驻足欣赏；秋冬时节，西康路校区的梧桐树树叶变成金黄色，与落日余晖交相辉映，美不胜收。

南京航空航天大學

NANJING UNIVERSITY OF AERONAUTICS AND ASTRONAUTICS

作为我国创办的第一批航空高等院校之一的南京航空航天大学，具有明显的航空航天民航特色与优势。

校　训

智周万物 道济天下

概况总览

211　双一流

创办时间：1952 年

学校类别：理工类

校区分布：南京明故宫校区、将军路校区，溧阳天目湖校区

地　　址：江苏省南京市秦淮区御道街 29 号

历史一刻

1952 年

南京航空工业专科学校成立

1956 年

学校升格为南京航空学院

1993 年

更名为南京航空航天大学

1996 年

入选国家“211 工程”重点建设高校

2017 年

入选国家首批“双一流”建设高校

2022 年

入选第二轮“双一流”建设高校

走进校园

提到航空航天，我们会想到飞机、火箭之类的飞行器和遥远的太空、神秘的宇宙，这些似乎离我们非常遥远。但当我们行走在南京航空航天大学校园内的时候，特色的建筑和景观又迅速拉近了我们与航空航天的距离。让我们给校车插上翅膀，在南航的校园中“翱翔”吧！

游览摆渡车

第一站：南京航空航天博物馆（明故宫校区）

南京航空航天博物馆主要展出飞机以及飞机部件，还有其他航天器整机。在这里，你能看到曾在天安门表演的歼 –12 战斗机，也能见到由我国自主研发的核试验取样无人靶机“长空一号”，还可以近距离观察各式各样的飞机部件，是学生航天之梦的优质“助推器”。

第二站：“景墙”（明故宫校区）

明故宫校区的广场上有 6 扇“会说话的墙”。这 6 扇“景墙”由 12 面浮雕组成，记录了从盘古时代到未来世界漫漫长河中人类探索天空、寻觅宇宙的脚步，让航空航天的梦想在南航校园飞翔。

第三站：御风园（将军路校区）

将军路校区的御风园是南航的教育教学实践基地。这里有中国完全自行设计制造的歼 –8 Ⅱ 歼击机、K–8 基础教练机、全天候轻型多用途 FC–1 双座战斗机、长征四号运载火箭等，展示了航空航天事业的发展、成就。

学科重点

第二轮“双一流”建设学科		
力学	控制科学与工程	航空宇航科学与技术
一级学科国家重点学科		
力学	航空宇航科学与技术	
二级学科国家重点学科		
飞行器设计	航空宇航推进理论与工程	航空宇航制造工程
固体力学	流体力学	工程力学
机械制造及其自动化	人机与环境工程	一般力学与力学基础
国家重点（培育）学科		
电力电子与电力传动	导航、制导与控制	

特色专业

工程力学

南京航空航天大学的工程力学专业有中国科学院院士等带领的师资队伍，有机械结构力学及控制国家重点实验室等国家级科研平台，面向航空、航天、国防科技等领域涉及的重大力学问题，发展为航空航天特色鲜明、国际知名的高层次力学人才培养基地。工程力学专业的学生不仅需要学习理论力学、材料力学和弹性力学等专业理论知识，还需要学习一些二维、三维绘图软件和建模软件的使用。毕业后，学生可以在航空航天、机械、建筑等领域从事工程结构设计等相关工作。

大学生活

食堂一览

南航各个食堂的装修风格都独具一格，运动风餐厅的部分椅子上设计了篮球、足球等运动的图案，地面上画有白色跑道线；中式古风餐厅中放置了许多木质桌椅，墙上挂着水墨国画。最富有学校特色的要数航空餐厅——学生仿佛登上了飞机机舱，可以一边欣赏航空模型，一边享用“飞机餐”。

南京農業大學
NANJING AGRICULTURAL UNIVERSITY

南京农业大学自建校以来便深耕于农林领域，农业和生命科学相关研究成果与教学水平尤为突出。同时，也是一所理、经、管、工、文、法多学科协调发展的新时代农业特色高校。

校　训

诚、朴、勤、仁

概况总览

211　双一流

创办时间：1902 年
学校类别：农林类
校区分布：卫岗校区、滨江校区、浦口校区等
地　　址：江苏省南京市玄武区卫岗 1 号

历史一刻

1902 年
三江师范学堂农学博物科成立

1952 年
全国高校院系调整，成立南京农学院

1963 年
被确定为全国重点农业高校

1984 年
改名为南京农业大学

2017 年
入选国家首批“双一流”建设高校

2022 年
入选第二轮“双一流”建设高校

走进校园

南京农业大学的校园优美精致、底蕴深厚，这一方天地经历了百年历史，创造了无数优秀的成果。校园内绿树成荫，植物种类繁多，每个季节都能看到不同的风景。走进卫岗校区，你还会看到南农很多精彩的画面。

游览摆渡车

第一站：主楼

主楼建成于 1954 年，由建筑大师杨廷宝先生设计。青砖碧瓦的重檐十字脊歇山顶构成了主楼沉稳庄重的基调，飞檐翘角又不失灵气，门口的一对石狮子更是增添了几分趣味。它是学校的标志性建筑。

第二站：报春亭

报春亭坐落在校友山上，是 1972 级农学系校友集资赠予母校的。报春亭的名字来源于“谁言寸草心，报得三春晖”，承载着农学系学子对母校的挂念与感恩之情。黑色瓦片与红色柱子相得益彰，尽显江南风韵。

第三站：中华农业文明博物馆

推开中华农业文明博物馆的大门，千年农业文明的画卷就此展开。在这里，你能看到古代农业生产工具、原版古农书等各种珍贵的藏品，感受劳动人民的勤劳和智慧。

学科重点

第二轮“双一流”建设学科			
作物学		农业资源与环境	
一级学科国家重点学科			
作物学	农业资源与环境	植物保护	兽医学
二级学科国家重点学科			
蔬菜学	农业经济管理	土地资源管理	

特色专业

农业资源与环境

南农的农业资源与环境在第四轮全国一级学科评估中获“A+”等级并被选入“双一流”建设学科。这个专业主要围绕土壤、生物、水、肥、气、热等农业资源展开，学习土壤学、植物学、基础微生物学、水资源与水环境管理等课程。在完成课业后，同学们能进行土地等农业资源的调查与分析，掌握施肥相关知识与技术，对水体富氧化等农业环境污染防治提出建议，进而到农业类单位从事农业资源调查、环境监测与评价等相关工作。另外，这个专业需要用到大量的化学以及生物学的知识，有兴趣的同学一定要注意前期积累哦！

大学生活

迎新活动

南农极具特色的迎新活动几乎会给每一个初入校门的新生留下深刻的印象——各个学院都拿出了看家本事：草业学院为新生们展示了亚运会同款“不怕踩”的草地；食品科学技术学院准备了风靡南京的南农烧鸡；园艺学院则为新生们送上了作物种子、茶包、香囊、葡萄、“秾”味雨花冰激凌等礼品，让新生领略了“园宇宙”的魅力。

南京理工大学

NANJING UNIVERSITY OF SCIENCE & TECHNOLOGY

南京理工大学理工类学科特色鲜明，兵器领域优势尤其明显。学校一直秉持为党育英才、为国铸利器的理念，培育出一批又一批能服务于社会、能贡献于国家的南理工人。

校　训

进德修业 志道鼎新

概况总览

211　双一流

创办时间：1953 年

学校类别：理工类

校区分布：南京校区、江阴校区、淮安盱眙校区

地　　址：江苏省南京市玄武区孝陵卫街 200 号

历史一刻

1953 年
中国人民解放军军事工程学院炮兵工程系、中国人民解放军武昌高级军械技术学校成立

1960 年
合并成立中国人民解放军炮兵工程学院

1966 年
更名为华东工程学院

1993 年
更名为南京理工大学

1995 年
入选国家“211 工程”重点建设高校

2017 年
入选国家首批“双一流”建设高校

走进校园

南京理工大学（南京校区）坐落在六朝古都南京，历史的厚重感与现代的人文气息交织，再加上校园内四时变换的美景，构成了它独特的魅力。快来，前面就是南理工的校门了，我们一起去感受一下它的美吧！

游览摆渡车

第一站：二道门

二道门是南京理工大学历史悠久的建筑之一，它是进入学校教学区的第二道门，因此得名“二道门”。二道门不仅是南理工的地标性建筑，还是学校的精神象征，鼓舞着走进校门的学子们开启励精图治的校园学习生活。

第二站：时间广场

走进二道门，抬头就能看到一个日晷，这里就是南理工的时间广场。每到春天，日晷旁繁花盛开，为伫立在时间洪流中的灰色日晷增添了几分活力。到了夏天，毕业生们也会相约在这里留下珍贵的合影，纪念在学校度过的青春岁月。

第三站：兵器博物馆

顾名思义，它是一座展品种类齐全、专业性强的以兵器为主题的博物馆。穿过以火炮滑膛线为思路而建造的大门，加农炮、火箭炮、步兵炮等“重量级”展品尽在眼前。而挑空大堂、玻璃穹顶的设计让场馆内洒满阳光，此时再细看这些重兵器，或许别有一番体验。

学科重点

第二轮“双一流”建设学科			
兵器科学与技术			
一级学科国家重点学科			
兵器科学与技术		光学工程	
二级学科国家重点学科			
武器系统与运用工程	兵器发射理论与技术	火炮、自动武器与弹药工程	军事化学与烟火技术
材料学	电磁场与微波技术	应用化学	模式识别与智能系统

特色专业

武器系统与工程

南京理工大学的武器系统与工程专业设有火炮、自动武器、火箭炮、弹药、火箭弹、引信和装甲车辆 7 个专业方向，学生们在 4 年的学习中会掌握工程力学、机械设计与制造基础、弹道学、武器系统设计与分析、武器制造工艺等专业课，毕业后可以进入研究所、工厂、部队以及相关管理部门等从事武器研发、武器测试等相关工作。

大学生活

水杉林里二月花

每年农历二月，南京理工大学的校园内会有大片的二月兰盛开，与水杉林搭配在一起，十分好看。无论是校内师生，还是校外访客，都会被它深深吸引。久而久之，二月兰便成了南京理工大学的校花。学校还曾用水杉和二月兰祝愿学子们：“无论顺境还是逆境，希望男生都能像水杉一样保持挺拔的身姿，希望女生都能像二月兰一样保持优雅的态度。”

NNU · 南京师范大学
NANJING NORMAL UNIVERSITY

南京师范大学底蕴深厚，环境优美，名家辈出。在“严谨、朴实、奋发、奉献”的氛围中，百年名校正在向着“特色鲜明、有国际影响的一流大学”的目标前进。

校训

正德厚生 笃学敏行

概况总览

211　双一流

创办时间：1902 年
学校类别：师范类
校区分布：仙林校区、随园校区、紫金校区
地　　址：江苏省南京市仙林大学城文苑路 1 号

历史一刻

1902 年 三江师范学堂成立

1914 年 创立金陵女子大学，后更名为金陵女子文理学院

1951 年 金陵女子文理学院与金陵大学合并为公立金陵大学

1952 年 院系调整，多所学校合并组建南京师范学院

1984 年 更名为南京师范大学

1996 年 入选国家“211 工程”重点建设高校

2017 年 入选国家首批“双一流”建设高校

走进校园

南京师范大学随园校区里景色优美，每一幢建筑都各有内涵与特点。校园采用中轴对称布局，两侧建筑对称分布，传统的对称之美在此被展现得淋漓尽致。

游览摆渡车

第一站：核心建筑群

漫步校园，映入眼帘的是由中美两国的著名建筑师合作设计的宫殿式建筑群。建筑上的斗拱、脊兽、歇山顶都显示出浓郁的传统中式风格，100 号楼、200 号楼和 300 号楼之间的连廊又带给人一种全新的体验。

第二站：德风园

如果在校园里走累了，还可以去德风园小憩，看着池鱼嬉戏，游人往来，品味古诗中“游鱼长一尺，白日跳清波”“放鹤去寻三岛客，任人来看四时花”的景色。

第三站：华夏图书馆

在古色古香的校园中，有着这样一座充满古朴气息的楼宇——华夏图书馆。这座楼宇并非采用传统的木结构，而是现代化的钢筋水泥结构。另外，馆内的地板采用方块软橡木，人走在上面发出的声音更小，为师生们提供了良好的阅读环境。

学科重点

第二轮“双一流”建设学科		
地理学		
国家重点学科		
马克思主义基本原理	教育学原理	学前教育学
中国现当代文学	地图学与地理信息系统	动物学
国家重点（培育）学科		
法学理论	课程与教学论	人文地理学

特色专业

地理信息科学

地理信息科学是一个新兴学科——由地理学与测绘、遥感、数字计算机等学科融合而成。南京师范大学地理信息科学专业具有高度院校交流和广泛学科融合的特色和优势，学校拥有虚拟地理环境教育部重点实验室，为开展科学研究提供了高水平的优质平台。在 4 年的学习生活中，学生会学习空间数据库原理、遥感数字图像处理和地理建模原理与方法等带有交叉性质的课程内容，不仅可以知悉实时定位导航的原理，还能了解操控无人机的技术。

大学生活

心理博览会

南京师范大学的心理博览会是“5•25”心理健康日的活动之一，活动丰富多彩，手绢花挑战、绘画传递、三词造句、听声辨位、心口不一……同学们在丰富的趣味游戏中享受快乐，提升自信，这也是博览会举办的目的——让大家积极阳光地面对学习生活。

中国药科大学
CHINA PHARMACEUTICAL UNIVERSITY

中国药科大学，校如其名——以“药学”为特色，是我国历史上第一所由国家创办的药学高等学府。学校在医药领域研究成果斐然，为中国的药学发展作出重大贡献。

校　训

精业济群

概况总览

211　双一流

创办时间：1936 年

学校类别：医药类

校区分布：玄武门校区、江宁校区

地　　址：江苏省南京市鼓楼区童家巷 24 号

历史一刻

1936 年
国立药学专科学校建成

1952 年
齐鲁大学药学系和东吴大学药学专修科并入，成立华东药学院

1956 年
更名为南京药学院

1986 年
与筹建中的南京中药学院合并，成立中国药科大学

1996 年
入选国家“211 工程”重点建设高校

2017 年
入选国家首批“双一流”建设高校

走进校园

作为医药类的高校，中国药科大学的校园里处处氤氲着“医药”的特殊气息。让我们走进江宁校区一探究竟吧！

游览摆渡车

第一站：校门正门

走到中国药大校门前，首先映入眼帘的是7根错落有致的灯柱。这7根柱子寓意光明、知识、医药，为学子点亮知识的道路与光明的前程。而灯柱后面“连中三元”的景观则饱含着学校对学子们真诚的祝福，希望每一位学子学业有成。

第二站：药学博物馆

药学博物馆由原先的中国药科大学中药标本馆发展而来，其中有许多珍贵的药物标本、医疗器具等展品。这些展品并非一步到位，而是建校以来，药大师生不断收集的成果。

第三站：药用植物园

药用植物园是中国药科大学一处重要的特色景观，也是校内的教学、科研基地。目前园内种植了1200余种药用植物。你能在此找到杜仲、合欢、黄芩、甘草、白术、黄芪等诸多植物。不过在参观时，千万不能随意采摘果实进行品尝，因为“是药三分毒”哦！

学科重点

第二轮“双一流”建设学科
中药学
一级学科国家重点学科
药学

特色专业

药学

中国药科大学的药学专业是建校之初设置的核心专业，已经形成了国际化师资队伍，建有药学国家实验教学示范中心。药学专业所属的药学院注重新药研发，在创新药物研发、药物递送系统、药物分析新技术等领域都取得了巨大的突破；学院还主编了我国第一套专业核心教材以及《药物化学》《药物分析》等主干教材。学生在学习完药剂学、药物分析、药物化学和生理学等专业知识后，可以从事中成药、西药研发、药物加工或药品销售等工作。

大学生活

踏春

春天，中国药科大学的校园内充满生机，漫步校园，仿佛置身于花海之中。桃花、玉兰、海棠、樱花、结香、油菜花、山茱萸、二月兰、山茶花，还有阿拉伯婆婆纳……花朵们在春风的吹拂下向路过的学生挥手，发出春日的问候。此时举起相机，记录下药大美好的春日，是再幸福不过的事情了。

江南大学
JIANGNAN UNIVERSITY

江南大学地处太湖之滨、蠡湖之畔，扎根在长江三角洲中心城市之一的无锡，既是曲水流觞的生态校园，又是科研实力强劲的江南一流学府。

校　训

笃学尚行　止于至善

概况总览　211　双一流

创办时间：1902 年

学校类别：综合类

校区分布：蠡湖校区、东氿校区等

地　　址：江苏省无锡市滨湖区蠡湖大道 1800 号

历史一刻

1902 年 创建三江师范学堂

1958 年 建立无锡轻工业学院

1995 年 更名为无锡轻工大学

1997 年 入选国家“211 工程”重点建设高校

2001 年 无锡轻工大学、江南学院、无锡教育学院合并组建江南大学

2003 年 东华大学无锡校区并入江南大学

2017 年 入选国家“双一流”建设高校

走进校园

烟雨江南，鱼米之乡，婉约清丽的江南是令人神往的居住胜地，白乐天曾言："能不忆江南？"这所建在江南水乡处，冠以"江南"之名的高等教育学府，自然少不了正宗的"江南风味"。让我们一起走进江南大学蠡湖校区看看吧！

游览摆渡车

第一站：牡丹园

江南大学的牡丹园是无锡市面积最大、品种最多、色系最丰富的牡丹园区，培养了 9 种不同色系的牡丹，特别是复色牡丹，红粉相间，难得一见。每到春天，园中的牡丹花便竞相绽放，为江南大学的校园春光增添了一份雍容。

第二站：赤马咀百草园

位于小蠡湖畔的百草园，因百余种植物而充满无限生机，是江南大学不容忽视的绝美景观带。无论你什么时节来到这里，都不会失望而返，因为此处的各类花朵会接连绽放，每个季节都可以去百草园散步赏景或打卡拍照。

第三站：小蠡湖

位于图书馆西侧的小蠡湖，是校园水域面积最广的观赏区。每当端午时节，学校会在湖面上举行一场别开生面的龙舟竞赛。澄澈的湖面上时不时闪现几个黑色的身影，这就是江南大学的"校宠"——黑天鹅。漆黑高贵的羽毛，配上嘴尖一抹鲜艳的橙色，它们或快活戏水，或成群结队地游弋，尽情享受着小蠡湖带来的惬意。

学科重点

第二轮“双一流”建设学科	
食品科学与工程	轻工技术与工程
一级学科国家重点学科	
食品科学与工程	
二级学科国家重点学科	
发酵工程	

特色专业

食品科学与工程

江南大学食品学院的食品科学与工程专业，本科生实行导师制，师生双选，每个学生都会有一个导师给予专业指导。学院通过打造与国际接轨的教材和课程体系，建立开放实验室和设立课余研究项目等方式，加强对研究型创新人才的培养。学生在掌握食品工厂设计、食品工艺学、食品化学、微生物学等专业知识后，可以到食品加工相关企业或科研院所工作。

大学生活

多彩校园

江南大学为满足学生需求，设立了各类专业展馆，包括设计馆、民间服饰传习馆、美术馆暨钱绍武艺术馆、酒科技馆、人体科学馆、食品学科史馆等。除了展馆文化建设，江南大学还开辟了以“种植实践”为主要内容的劳动教育实践基地。每年春秋两季，该基地都会开展丰富多彩的种植活动，吸引学生观摩并参与经济作物、药用植物的种植。

种植实践

苏州大学

SOOCHOW UNIVERSITY

苏州大学坐落于素有“人间天堂”之称的历史文化名城苏州，校内江南园林式的建筑极富美感，被誉为“中国十大最美校园”之一。

校训

养天地正气 法古今完人

概况总览

211 双一流

创办时间：1900 年

学校类别：综合类

校区分布：天赐庄校区、独墅湖校区、阳澄湖校区、未来校区

地　　址：江苏省苏州市姑苏区十梓街 1 号

历史一刻

1900 年 苏州大学的前身东吴大学创办

1952 年 东吴大学文理学院、苏南文化教育学院、江南大学数理系合并组建苏南师范学院，同年更名为江苏师范学院

1982 年 更名为苏州大学

1995 年 苏州蚕桑专科学校并入苏州大学

1996 年 入选国家“211 工程”重点建设高校

1997 年 苏州丝绸工学院并入苏州大学

2000 年 苏州医学院并入苏州大学

2017 年 入选国家“双一流”建设高校

走进校园

苏州大学是欧式建筑与中国传统的山水园林建筑完美融合的典范。跟上我的脚步，一起来天赐庄校区，感受中式园林之美。

游览摆渡车

第一站：东吴门

东吴门是苏州大学的标志性建筑。这座具有欧式建筑风格的校门上端题有“东吴大学”4个大字，背面两侧为校训“养天地正气，法古今完人”。

第二站：钟楼

这座钟楼由英国建筑师设计，早年名为“林堂”，为纪念东吴大学创办人之一林乐知先生而命名。隽秀雅致的玫瑰窗、花式窗棂和拱形券门，以及罗马柱的装饰，令它别有一番风味。由于该楼主楼之上放置有报时大钟，所以师生们便称它为“钟楼”。

第三站：文星阁

文星阁已有400多年的历史了，始建于明朝嘉靖年间。文星阁为砖木结构，整体呈四层方形，各层四面均有拱门，顶层存放着铸有“文星宝阁”铭文的铁钟。

学科重点

第二轮“双一流”建设学科			
材料科学与工程			
国家重点学科			
纺织工程	内科学（血液病）	放射医学	外科学（骨外）

特色专业

放射医学

放射医学是我国该领域唯一的国家重点学科，也是江苏省和国防科工委重点学科及“211 工程”重点建设学科。苏州大学的放射医学与防护学院前身为隶属于原核工业部的苏州医学院放射医学系。学院基本形成了一支以柴之芳院士为学科带头人的高水平教师队伍，建有江苏省放射医学与防护重点实验室，并建设了一批以医院、核电站、卫生与环境保护部门为主体的教学实习实践基地，有利于培养学生的专业素质与实践能力。苏州大学的放射医学与辐射防护国家重点实验室是目前我国放射医学领域唯一一所国家重点实验室。

大学生活

园林之美

苏大校园内有诸多园林景点。尤其是荷花池，它已经成为苏州大学的著名地标之一，每年夏天都会吸引大量师生前来欣赏荷花盛景。苏州园林的精髓在苏州大学体现得淋漓尽致。建筑之间的连廊和门洞使得内外空间贯通，现代化的建筑柔和地融入整体的环境中。

园林之美

中国矿业大学

CHINA UNIVERSITY OF MINING AND TECHNOLOGY

中国矿业大学坐落于有“五省通衢”之称的江苏省徐州市，通过长期发展和建设，已经形成了以理工为主，以能源资源为特色，理、工、文、管等多学科协调发展的学科专业体系和多科性大学的基本格局。

概况总览

211　双一流

创办时间：1909 年

学校类别：综合类

校区分布：南湖校区、文昌校区

地　　址：江苏省徐州市铜山区大学路 1 号

校　训

崇德尚学

历史一刻

1909 年 焦作路矿学堂成立

1938 年 与北洋大学、北平大学、东北大学三校的工学院合组成国立西北工学院

1950 年 更名为中国矿业学院

1953 年 迁至北京，更名为北京矿业学院

1978 年 迁至徐州，恢复中国矿业学院校名

1988 年 更名为中国矿业大学

1997 年 入选国家“211 工程”重点建设高校

2003 年 北京校区从学校分出，开始独立办学

2017 年 入选国家首批“双一流”建设高校

走进校园

中国矿业大学南湖校区楼宇鳞次栉比，树木郁郁葱葱，具有典型的水乡特色。拿好相机，让我们一起来看看矿大学子究竟是在怎样的环境下“开采光明”的吧！

游览摆渡车

第一站：东门 + 十里花海

东门是矿大的地标性建筑，许多刚入学的学生会在这里留影，记录自己初入大学的样子。走进东门，映入眼帘的便是“十里花海”，这里每个季节都有不同的风景，缤纷的色彩铺就了一片花的海洋。

第二站：岩体壁画

继续前行，我们会看到一幅壁画——《汉风新韵》。它是目前世界上最大的岩体壁画，内容取材于徐州的汉画像石，采用奔腾的马、疾驰的车、自如的御者等美学元素进行组合打造，辅以神龙腾飞、麒麟伴行、祥云缭绕、百鸟逐春，充分体现了一种积极进取、蓬勃向上的精神。

第三站：中国煤炭科技博物馆

矿大不仅有美景，还有十分浓厚的人文气息，中国煤炭科技博物馆就坐落在矿大的校园中。博物馆以煤炭科技发展的历史为主线，展现了我国煤炭科技事业的巨大成就。

学科重点

第二轮“双一流”建设学科			
矿业工程		安全科学与工程	
一级学科国家重点学科			
矿业工程			
二级学科国家重点学科			
采矿工程	安全技术及工程	矿物加工工程	矿产普查与勘探
岩土工程	工程力学	电力电子与电力传动	机械设计及理论
国家重点（培育）学科			
大地测量学与测量工程			

特色专业

采矿工程

中国矿业大学的采矿工程专业已有百年历史，特色鲜明，不仅在国内处于领先地位，在世界上也位居前列。采矿工程专业拥有国家级教学团队和重点实验室、实验教学示范中心等国家级教学科研平台，设有绿色开采、国际矿业和卓越工程师等课组和方向，旨在培养具有家国情怀的一流拔尖创新采矿人才。学生在掌握了采矿学、矿山压力与岩层控制、岩石力学与工程、矿山机械装备及其智能化等专业知识后，可在国土资源、煤炭及非煤矿山企业等单位就业。

大学生活

在“矿世流年”沉浸式学习

“三季有花，四季皆景”的矿大校园内绿植茂密、镜湖映月、曲水流觞，为学生提供了优美的学习和生活环境。在春天、夏天的校园里，有像白鸽般站在树梢上的玉兰花，有“桃之夭夭，灼灼其华”的碧桃，还有酷似梅花却不是梅花的榆叶梅，绚烂的连翘和樱花。矿业大学的校园里还有油菜田和薰衣草庄园，赶上合适的季节，我们还能在这里找到香格里拉花海和伊犁薰衣草花海的感觉。

“矿”世花海

山东大学历史悠久、学科齐全、实力雄厚、特色鲜明，是一所在国内外具有重要影响的教育部直属的重点综合性大学。

校　训

学无止境　气有浩然

概况总览

985　211　双一流

创办时间：1901 年

学校类别：综合类

校区分布：济南中心校区、洪家楼校区、趵突泉校区、千佛山校区、兴隆山校区、软件园校区，威海校区，青岛校区

地　　址：山东省济南市历城区山大南路 27 号

历史一刻

1901 年
山东大学的前身官立山东大学堂正式创办

1926 年
合并 6 个专门学校，建立省立山东大学

1930 年
国立青岛大学成立，1932 年改名为国立山东大学

1951 年
山东大学和华东大学合校，仍命名为山东大学

1984 年
设立山东大学威海分校

1997 年
入选国家“211 工程”重点建设高校

2001 年
入选国家“985 工程”重点建设高校

2017 年
入选国家首批“双一流”建设高校

走进校园

关于山东大学，有这么一个流传已久的说法：相传，有 8 个人相约报考山东大学，最后，这 8 个人都考上了，却“天各一方”！这是为什么呢？原来，山东大学有 8 个校区，6 处位于济南，一处位于威海，一处位于青岛，这可不就是“天各一方”嘛！

游览摆渡车

第一站：知新楼（中心校区）

知新楼的名字取意于“温故而知新”，是山东大学体量最大、高度最高的建筑，还被评选为十大“齐鲁文化新地标”之一。知新楼上的钟除了具有报时的功能，每天还会播放一首中外名曲。

第二站：校友门（趵突泉校区）

趵突泉校区的许多建筑都是文化和历史的沉淀，其中最具有代表性的就是校友门。它是一座传统造型的牌楼，正面匾额上有黑底金字“山东大学”，背面是由清末状元书写的“校友门”3 个字。

第三站：一多广场（兴隆山校区）

一多广场是以闻一多先生的名字命名的，闻一多先生曾在山东大学的前身——国立青岛大学任教。广场上矗立的 3 根灯柱颇具现代感，夜晚，灯光闪耀，如同闻一多先生的精神在黑夜中指引着一代又一代人前行。

第四站：玛珈山（威海校区）

威海校区内的玛珈山三面环海，学子们不仅能在山林中漫步，体会“空山鸟语”的意境，还能登临山顶，远眺波光潋滟的大海。山上还有一座天文台，配备有国内高校中口径最大的光学天文望远镜，选一个夜晚开启一段星空之旅吧！

第五站：博物馆（青岛校区）

青岛校区的博物馆外形设计的灵感来源于甲骨文“鼎”字，取“鼎承古今”之意，是国家一级博物馆。博物馆四角外挂着竹简纹理的铜板，上面篆刻着出土的《孙子兵法》竹简文物上的原版文字，突出了考古文化精神内涵。

学科重点

<table>
<tr><th colspan="12">第二轮“双一流”建设学科</th></tr>
<tr><td colspan="3">中国语言文学</td><td colspan="3">数学</td><td colspan="3">化学</td><td colspan="3">临床医学</td></tr>
<tr><th colspan="12">一级学科国家重点学科</th></tr>
<tr><td colspan="6">数学</td><td colspan="6">材料科学与工程</td></tr>
<tr><th colspan="12">二级学科国家重点学科</th></tr>
<tr><td colspan="4">文艺学</td><td colspan="4">粒子物理与原子核物理</td><td colspan="4">凝聚态物理</td></tr>
<tr><td colspan="4">物理化学</td><td colspan="4">内科学（心血管病）</td><td colspan="4">妇产科学</td></tr>
<tr><td colspan="4">产业经济学</td><td colspan="4">中国古代史</td><td colspan="4">微生物学</td></tr>
</table>

（续表）

二级学科国家重点学科		
机械制造及其自动化	控制理论与控制工程	人体解剖与组织胚胎学
流行病与卫生统计学	科学社会主义与国际共产主义运动	
国家重点（培育）学科		
中国古典文献学	药物化学	电力系统及其自动化

特色专业

数学与应用数学

山东大学的数学学院历史悠久、实力雄厚，是我国重要的高等数学教育与数学科学研究基地之一，拥有国家应用数学中心（山东）、非线性期望前沿科学中心等多个国家级数学研究平台。山东大学的数学与应用数学专业分为基础数学与应用数学两个专业方向，学生会在 4 年的学习生涯中学习数学模型、拓扑学、常微分方程、泛函分析等课程，毕业后不仅可以从事数学的教学和科研工作，还可以到计算机公司、保险公司或其他高新技术企业从事软件开发、电子商务等工作。

大学生活

行万里路，读社会书

山东大学学生自行车协会是山东省最具影响力的高校学生社团之一，协会的成员们在骑行途中用车轮丈量祖国的土地，感受祖国的壮阔山河，体会风土人情。“深入社会，融于自然，挑战极限，超越自我”是车协的宗旨，“行万里路，读社会书”是车协人的追求。巍巍秦岭、青藏高原、长白山下、荆楚江南，都留下了他们的身影。

自行车协会

中国海洋大学

OCEAN UNIVERSITY OF CHINA

中国海洋大学是一所海洋和水产学科特色显著、学科门类齐全的教育部直属重点综合性大学。

校　训

海纳百川 取则行远

概况总览

985　211　双一流

创办时间：1924 年
学校类别：综合类
校区分布：崂山校区、鱼山校区、浮山校区、西海岸校区
地　　址：山东省青岛市崂山区松岭路 238 号

历史一刻

1924 年 创办私立青岛大学

1930 年 国立青岛大学成立

1932 年 国立青岛大学改名为国立山东大学

1951 年 济南的华东大学迁至青岛，与国立山东大学合并，定名为山东大学

1952 年 成立海洋学系

1959 年 成立山东海洋学院

1960 年 被列为全国 13 所重点综合性大学之一

1988 年 更名为青岛海洋大学

2002 年 更名为中国海洋大学

走进校园

中国海洋大学是“中国十大最美校园”之一，坐落于山东青岛，依山傍海，风景秀丽。不同的校区有着各自的特色，让我们迈开步伐一一探索吧！

游览摆渡车

第一站：崂山校区

崂山校区远离市中心，依山而建，融情山水。校区内的建筑多为红瓦素墙，风格一致，演绎着别样的风情。

第二站：鱼山校区

鱼山校区位于市中心，底蕴深厚，是有 90 多年办学历史的老校区。校内有德式建筑、日式建筑，其中德式建筑已被列为国家级文物保护建筑。

第三站：人鱼雕塑（鱼山校区）

人鱼雕塑位于人鱼广场，是中国海洋大学鱼山校区的标志性建筑。雕塑以“人”“鱼”为主体，体现了人与海洋和谐共存的理念。

学科重点

第二轮“双一流”建设学科		
海洋科学	水产	
一级学科国家重点学科		
海洋科学	水产科学	
二级学科国家重点学科		
海洋化学	水产养殖	海洋生物学
捕捞学	海洋地质	渔业资源
水产品加工及贮藏工程	物理海洋学	环境科学
国家重点（培育）学科		
港口、海岸及近海工程		

特色专业

水产养殖学

水产学科是中国海洋大学的两大核心和重要特色学科之一，也是我国历次水产业革命性浪潮的主要推动者和实践者，成为我国水产界的核心和旗帜。水产养殖学专业拥有海水养殖教育部重点实验室和水产动物营养与饲料农业部重点实验室，专业核心课程包括鱼类学、鱼类增养殖学、无脊椎动物增养殖学等，毕业生可以从事与水产、海洋、水环境保护等相关的教学、科学研究工作。

大学生活

“抢课大战”

其他学校让人印象深刻的通常是各种各样的社团活动，但在中国海洋大学，争分夺秒的“抢课大战”会是你融入大学生活的第一步！选课十分自由，没有学院限制，不过，这也意味着选到一门心仪课程的难度会大大提升。每次选课时，每个学生有 100 选课币，你要利用这 100 选课币选出自己的公共基础课、通识课和专业课，这不仅是一场速度之战，还是一场博弈。所以，如何利用自己的头脑和手速选上心仪的课程，是每位学子在每学期都要经历的考验！

中国石油大学（华东）
CHINA UNIVERSITY OF PETROLEUM

中国石油大学（华东）是教育部直属全国重点大学，因石油而生，因石油而强，现已成为一所以工为主、石油石化特色鲜明、多学科协调发展的大学。

校 训

惟真惟实

概况总览

211　双一流

创办时间：1953 年

学校类别：理工类

校区分布：青岛唐岛湾校区、古镇口校区，东营科教园区

地　　址：山东省青岛市黄岛区长江西路 66 号

历史一刻

1953 年 成立北京石油学院

1969 年 迁至山东东营，更名为华东石油学院

1988 年 更名为石油大学

1997 年 入选国家“211 工程”重点建设高校

2005 年 更名为中国石油大学

2017 年 入选国家“双一流”建设高校

走进校园

中国石油大学（华东）位于山东省青岛市，坐落在山海之间，风景宜人。校内有很多富有特色的建筑，一些电视剧剧组曾在中石大的体育馆取景。我们一起来领略中石大的校园风光吧！

游览摆渡车

第一站：荟萃园（东营科教园区）

位于东营科教园区的荟萃园风景秀丽，美不胜收。荟萃园原是为种植水稻挖建的水库，后来在中石大师生的修整下变成了一座美丽的公园。师生们以极大的热情参与湖泊的命名，亲切地将它称为“荟萃园”。

第二站：“创造太阳”塑像（青岛唐岛湾校区）

位于光华大道上的“创造太阳”塑像，是中石大最显著的标志性雕塑。这座塑像彰显了一代又一代中石大人的远大抱负和雄心壮志。

第三站：图书馆（青岛唐岛湾校区）

小黄山脚下的图书馆东馆环境舒适，设施完备，享有“皇家图书馆”的美誉。图书馆依山面海，与这里的地形完美结合，是一座极具艺术性的建筑。坐在图书馆东馆馆顶的草坪上，周围的景色尽收眼底，还可以和朋友相约看一场浪漫的日落。

学科重点

第二轮“双一流”建设学科		
石油与天然气工程	地质资源与地质工程	
国家重点学科		
矿产普查与勘探	油气井工程	油气田开发工程
化学工艺	油气储运工程	
国家重点（培育）学科		
地球探测与信息技术	工业催化	

特色专业

石油工程

石油是“工业的血液”，是保证国家能源战略安全的重要资源。石油工程是经济有效地将深埋于地下的油气开采到地面所实施的一系列工程和工艺技术的总称。

中石大的石油工程是山东省改革试点专业、品牌专业、国家级特色专业。石油工程专业拥有国家级实验教学示范中心、国家级教学团队、国家级工程实践教育中心。石油工程学院建有 3 个国家“学科创新引智基地”，1 个中国 – 沙特“一带一路”国际合作联合实验室，国际交流频繁。石油工程专业本科核心课程包括油田开发地质学、工程力学、钻井工程、油藏工程等，毕业生可以从事与石油相关的生产、管理与科研工作。

大学生活

食在中石大

中国石油大学（华东）的校园里有荟萃苑、玉兰苑和唐岛湾餐厅，此外还有一个学苑餐厅和一个民族学生餐厅。天南海北的学生都能在这里找到家乡的味道，还能品尝到其他地区的各种美食，物美价廉。学校南门外便是海湾，环境优美，还有被称为“琴岛之眼”的摩天轮伫立在侧。吃完饭，在海边吹吹风，散散步，是中石大学子们的独特享受。

中国科学技术大学
University of Science and Technology of China

中国科学技术大学是中国科学院直属的、以前沿科学和高新技术为主，兼有医学、特色管理和人文学科的全国重点大学。

校　训

红专并进　理实交融

概况总览

985　211　双一流

创办时间：1958 年

学校类别：理工类

校区分布：东校区、西校区、南校区、北校区、中校区等

地　　址：安徽省合肥市包河区金寨路 96 号

历史一刻

1958 年
中国科学技术大学在北京成立

1970 年
迁至安徽省合肥市

1995 年
入选国家"211 工程"重点建设高校

1999 年
入选国家"985 工程"重点建设高校

2004 年
中国科学技术大学上海研究院揭牌成立

2017 年
入选国家首批"双一流"建设高校

走进校园

中国科大有许多标志性风景，庄严的老北门、科技感十足的现代化建筑、春天街道两旁的花和东区的林荫大道……让我们一起走进中国科大东校区的校园，去欣赏这些美景吧！

游览摆渡车

第一站：老北门

老北门是中国科学技术大学现存最古老的大门。对于中国科大来说，它是一道记忆之门。这座大门见证了中国科大历经的重重困难，艰难崛起的历史，以及中国科大人不畏艰苦、追求卓越的精神。

第二站：眼镜湖

眼镜湖原是一个自然水塘，后来学校筑亭造桥，把它变成了景观湖。湖被一条路一分为二，形如一副眼镜，所以被称为“眼镜湖”。盛夏时节还可以在这里欣赏到“接天莲叶无穷碧”的美景。

第三站：樱花大道

樱花大道又名“玉泉北路”，承载着中国科大人对于北京旧址的纪念与回忆。每年三四月份，中国科大校园内的樱花盛开，吸引众多市民前来游玩赏景。玉泉北路两旁有 100 多株粉色晚樱，花瓣层叠如粉色云朵，簇拥在枝条上，如一片花海，美不胜收，令人流连忘返。

第四站：孺子牛雕塑

在中国科大东校区校史馆西侧，有一座水泥雕塑，掩映在绿树丛中，坐落于芳草之上。它就是具有几分传奇色彩的孺子牛雕塑。该雕塑由中国科大 1978 级全体同学捐赠所建，代表了科大学子不畏艰难、勇于钻研的刻苦拼搏精神。

学科重点

第二轮“双一流”建设学科			
数学	物理学	化学	天文学
地球物理学	生物学	科学技术史	材料科学与工程
计算机科学与技术	核科学与技术	安全科学与工程	
一级学科国家重点学科			
数学	物理学	化学	地球物理学
生物学	科学技术史	力学	核科学与技术
二级学科国家重点学科			
天体物理	地球化学	通信与信息系统	计算机软件与理论
国家重点（培育）学科			
安全技术及工程	管理科学与工程		

特色专业

数学与应用数学

提到数学，相信许多同学并不陌生。数学与应用数学是数学专业的一个分支专业，主要学习数学和应用数学的基础理论、基本方法，进行数学模型、计算机和数学软件方面的基本训练，旨在培养能在科技、教育和经济部门从事研究、教学工作，或在生产经营及管理部门从事实际应用、开发研究和管理工作的高级专门人才。中国科大数学系拥有强大的师资力量，院系设有“华罗庚大师讲席”及“吴文俊大师讲席”。学校在注重基础课教学的同时，开展了数学建模与数学实验等多种教学和实践活动，旨在培养学生具有扎实基础和综合运用数学与计算机知识解决实际问题的能力。毕业生未来就业方向包括科研数据分析、软件开发、金融保险、通信工程、建筑设计等领域。

大学生活

学在中国科大

中国科学技术大学的学术研究氛围非常浓厚，中国科大为学生配备了一流的实验器材和科技基础设施，学生们还可以得到院士和专家的亲切指导，满足一切科研需求。正是在这种学习氛围的影响下，同学们都非常刻苦，自主安排学习，甚至有的班级还会统一组织晚自习，学生的每一天都在充实的学习中度过。

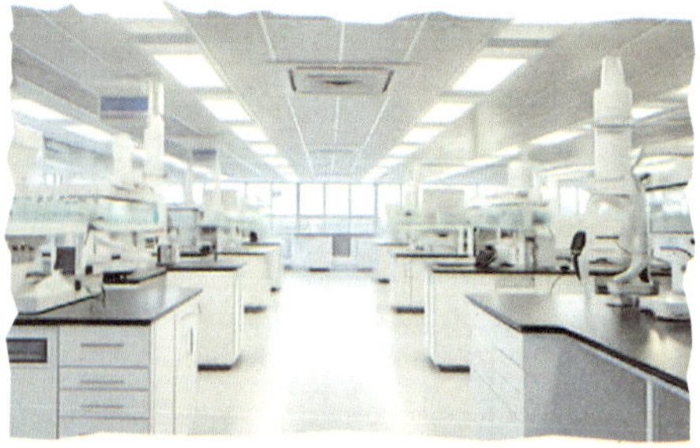

中国科大实验器材

动在中国科大

中国科学技术大学不仅为学生提供一流的科研设施和资源，还非常重视学生对于体育锻炼的需求。健身房与文体中心全年无休，瑜伽、普拉提、自由搏击和健身操等课程都对学生免费开放，校内配备的健身设施可以媲美专业的健身俱乐部，学校鼓励学生在学习之余积极参与体育运动，强健体魄。

那些你不知道的中国科大

相信大家对时钟都不陌生，指针划过 12 个数字，记录着时间的流逝。但中国科大校园里却有一个特殊的时钟，钟面上为 12 道数学公式，计算完这些数学公式可得到对应的 12 个数字。

中国科大的时钟

安徽大学
Anhui University

安徽大学是一所历史悠久、专业全面、学习氛围浓厚的综合性大学，是安徽省人民政府与教育部共建的省属重点综合性大学。

校训

至诚 至坚 博学 笃行

概况总览

211 双一流

创办时间：1928 年
学校类别：综合类
校区分布：磬苑校区、龙河校区、史河路校区、泗州路校区
地　　址：安徽省合肥市蜀山区肥西路 3 号

历史一刻

1928 年
在安庆市创建，次年更名为安徽省立大学

1949 年
迁芜湖与安徽学院合并，始名安徽大学

1956 年
迁合肥市重建，更名为合肥大学

1958 年
改名为安徽大学

1996 年
入选国家“211 工程”重点建设高校

2017 年
入选国家“双一流”建设高校

走进校园

安徽大学坐落在安徽省合肥市，磬苑校区是安大的主校区。在安大，你能看到什么样的风景，吃到什么样的美食，感受到什么样的学习和文化氛围呢？我们一起来游览一下吧！

游览摆渡车

第一站：鸣磬广场

鸣磬广场位于适之楼东边，是一个下沉式广场，是学校用来举办大型室外活动和学生读书休憩的场所。广场以“鸣磬”命名，既和“磬苑”校区的名字相符合，也有珍惜光阴、砥砺成才的美好寓意。

第二站：笃行北楼

磬苑校区以东西门为主轴，南北各有一组实验楼。实验是教学中的实践环节，意在培养学生解决实际问题的实践能力，所以安大的实验楼便以校训中“笃行”二字命名。主轴以南，称“笃行南楼”；主轴以北，称“笃行北楼”。

第三站：文典阁

文典阁以安徽大学创建时主持校政的刘文典教授的名字命名，意在让历代安大学子铭记前辈。除此之外，“文典”二字为文献典藏之简称，文典阁与图书馆功能一致。

学科重点

第二轮“双一流”建设学科			
材料科学与工程			
二级学科国家重点学科			
汉语言文字学		计算机应用技术	
省级重点学科			
中国哲学	外国哲学	政治经济学	金融学
马克思主义发展史	经济法学	通信与信息系统	中国古代文学
历史文献学（含古文字学）	新闻学	英语语言文学	专门史
基础数学 / 概率论与数理统计	理论物理	无机化学	高分子化学与物理
生物化学与分子生物学	生态学	材料物理与化学	电路与系统
电磁场与微波技术	文艺学	信号与信息处理	企业管理
电子科学与技术			

特色专业

生态学

安徽省内江河湖泊星罗棋布，拥有大面积的湿地。安徽大学充分利用这一地理优势，重点发展生态学专业。学校不仅建立了安徽大学生态与环境国家级实验教学示范中心以及特色学科实验室等平台供学生实践，开展高层次的科学研究，还积极与国外大学开展良好的科研合作和学术交流。学生可以在 4 年的学习生活中接触到遗传学、生物学、植物学和动物学的知识，还可以到野外实习，将所学理论知识付诸实践。

大学生活

校园运动会

安徽大学的北体育馆是学校体育课教学和训练的场所，当然，安徽大学一年一度的校运动会也在此举行。在举行运动会期间，各个学院的运动员聚集在田径场上，为即将开始的比赛热身，热情的同学都坐在看台上，为他们摇旗呐喊，好不热闹！

合肥工業大學
HEFEI UNIVERSITY OF TECHNOLOGY

合肥工业大学位于安徽省合肥市，是中华人民共和国教育部直属全国重点大学，由教育部、安徽省人民政府、工业和信息化部以及国家国防科技工业局共建的高校。

校　训

厚德　笃学　崇实　尚新

概况总览

211　双一流

创办时间：1945 年

学校类别：理工类

校区分布：合肥屯溪路校区、翡翠湖校区、六安路校区，宣城校区

地　　址：安徽省合肥市包河区屯溪路 193 号

历史一刻

1945 年
成立安徽省立蚌埠工业职业学校

1958 年
更名为合肥工业大学

1960 年
被确定为全国重点大学

1997 年
与安徽工学院合并组建新的合肥工业大学

2005 年
进入国家“211 工程”建设行列

2017 年
入选国家“双一流”建设高校

走进校园

合肥工业大学的建筑风格可谓百花齐放，不仅有徽派建筑，还有典型的苏式建筑和独具匠心的现代建筑。它的校园环境也非常优美，一草一木、一花一湖都诉说着自己的故事，快跟上我的脚步，一起去聆听它的故事吧！

游览摆渡车

第一站：主教学楼（屯溪路校区）

合肥工业大学的主教学楼是学校建校初期一直保留到现在的教学楼，也是学校精神的象征。主教学楼整体规模较大，为典型的苏式建筑风格。这里学习氛围浓厚，自习室寒暑假期间也会对学生开放。

第二站：斛兵塘（屯溪路校区）

斛兵塘位于校园东南角，是合工大的文化符号之一，它的历史要追溯到三国时期，相传这口旱塘是曹操命人挖好，用作清点人数的场所。现在的斛兵塘是合工大学子休闲放松的好去处，傍晚时分，同学们三两结伴来到塘边看水鸟，水面上倒映着树影和晚霞，美不胜收。

第三站：新安学堂（宣城校区）

合工大宣城校区的校园整体风格带有徽派建筑色彩，而其中极为显眼的就是新安学堂。在日落时分走进学堂，余晖从走廊里半透明的青砖花格墙照进来，洒在另一边的白墙上，让人不禁感叹徽派建筑的独特韵味。

学科重点

第二轮“双一流”建设学科	
管理科学与工程	
一级学科国家重点学科	
管理科学与工程	
二级学科国家重点学科	
机械设计及理论	电力电子与电力传动
国家重点（培育）学科	
农产品加工及贮藏工程	

特色专业

车辆工程

合肥工业大学是我国最早一批设置汽车专业的大学之一，不仅有专业的师资队伍，还有“汽车技术与装备国家地方联合工程研究中心”和“安徽省汽车技术与装备工程研究中心”等科研基地。合工大的车辆工程专业旨在培养在车辆工程领域掌握扎实的基础理论和专业知识且具有较强实践能力和创新意识的高素质人才。

大学生活

学在合工大

合肥工业大学的学习氛围非常浓厚，学校会统一安排晚自习，按班级分配自习室。老师们对课业也都有严格要求，大部分课程都会布置课后作业，学生的学习自觉性也非常高。

合工大还有一个特点——所有专业的学生都需要学习“金工实习”的实践课。大部分高校的文科专业没有这种实践课体验，但是在合工大，不管你选择的是文科还是理科，都可以进入工厂体会机器制造的快乐，毕竟，谁不想亲手做一把刻着自己名字的小锤子呢？

厦門大學
XIAMEN UNIVERSITY

厦门大学是中国近代教育史上第一所由华侨创办的大学，100 多年来，形成了“爱国、革命、自强、科学”的优良校风，打造了鲜明的办学特色，培养了大批优秀人才。

校　训

自强不息　止于至善

概况总览

985　211　双一流

创办时间：1921 年
学校类别：综合类
校区分布：厦门思明校区、翔安校区，漳州校区
地　　址：福建省厦门市思明区思明南路 422 号

历史一刻

1921 年
成立私立厦门大学

1937 年
改为国立厦门大学

1995 年
进入国家“211 工程”建设行列

2001 年
列入国家“985 工程”一期重点建设高校

2004 年
列入国家“985 工程”二期重点建设高校

2017 年
入选国家“双一流”建设高校

2022 年
入选第二轮“双一流”建设高校及建设学科

走进校园

人们都说“来厦门旅游，一定要来一趟厦门大学”，厦大的思明校区位于旅游景区的核心，极具海岛风情。我们特意为你整理出了一份“厦大旅游攻略”，准备好了吗？跟着这份攻略出发吧！

游览摆渡车

第一站：厦门大学大南门

厦门大学的大南门极具“迷惑性”，从方位上看，它位于厦门大学的西北角，与南普陀寺相邻，叫大南门是因为当时附近有个大南社区。

第二站：芙蓉隧道

芙蓉隧道是一条全长 1.1 公里的涂鸦隧道，每年毕业季，校方和各院系都会组织毕业涂鸦活动。隧道墙壁两侧画满了各具特色的涂鸦作品，既有可爱的动漫人物，又有蓝色的星空。这条隧道体现了厦大的自由思想和开放性的校园文化。

第三站：上弦场

上弦场是一个半椭圆形的大运动场，拥有可容纳两万人的大看台。由于运动场与看台都呈弧形，像一弯上弦月，故称为“上弦场”。这里曾是水师练兵场，遗留着历史痕迹的台阶似乎将同学们引入了一个时空隧道，耳畔似乎也能传来数千水师的演练声。

第四站：建南楼群

厦门大学建南楼群处处可见嘉庚建筑的神韵，如“一主四从”的布局和“穿西装，戴斗笠”的建筑风格。“一主四从”即建筑群中间是主楼，两边各有两座从楼。“穿西装，戴斗笠”是指建筑屋檐都采用中式建筑风格，而下方的屋体则采用典型的西式建筑风格，这也是嘉庚建筑中西结合的体现。

第五站：芙蓉湖

厦门大学诗情画意的点睛之笔便是芙蓉湖，波光粼粼的芙蓉湖面上倒映着两旁的树木和嘉庚建筑群，形成了一幅优美的“山水画”。运气好的话，你还能在芙蓉湖上见到优雅的黑天鹅在水中慢慢游动，这些小生灵们为厦门大学的景色增添了一抹灵动。

第六站：颂恩楼

芙蓉湖对面即是颂恩楼。颂恩楼由著名校友丁政曾、蔡悦诗伉俪捐资建造，取名“颂恩”意在颂扬母校栽培之恩。颂恩楼巍然耸立，是学校标志性建筑，更是行政和教学科研的重要场所。

学科重点

第二轮“双一流”建设学科		
教育学	化学	海洋科学
生物学	生态学	统计学
一级学科国家重点学科		
理论经济学	应用经济学	化学
海洋科学	工商管理	
二级学科国家重点学科		
国际法学	高等教育学	专门史
基础数学	凝聚态物理	动物学
水生生物学	细胞生物学	环境科学

特色专业

海洋科学

提到大海，你可能会想到凉爽的海风、细腻的沙滩、在珊瑚中嬉戏的小鱼和乘风破浪的帆船，可是如果想要进一步了解大海深处的奥秘，海洋科学专业是一个很好的选择。厦门大学成立了我国第一个海洋学系，被誉为我国海洋科学人才培养的“蓝色摇篮”。在海洋科学专业，你可以学习水声通信，探究如何利用声波在海底传递信息；可以学习海洋里各种生物、微生物和藻类的知识；还可以学习全球气候变化、潮汐、洋流等多种和海洋有关的气象知识。除此之外，厦门大学还开展了一些特色实践类课程，如搭乘“嘉庚”号科考船体验出海作业、海洋生物摄影等。

大学生活

趣味选修课

作为一所依山傍海的大学，厦门大学充分发挥了自己的地理优势，将教室搬到了“水底”，创设了一门潜水课。日常的课程安排都是在校区内的游泳池进行练习，但是每学期的最后一节课，老师会带着学生来一次真正的下海体验。学生可以潜到海底，亲眼看看梦幻的海洋世界。

潜水课

早在《周礼》中就有记载，先秦时期的君子要学习“六艺”——礼、乐、射、御、书、数，其中“射”指的就是射箭技术。厦门大学继承了这一优良传统，专门开设了中华射艺选修课，同学们既能学到射箭技能，又能学到中华礼仪文化。正所谓“射者，进退周还必中礼”，礼仪是射艺中十分重要的一部分，这门课的设置真正做到了文化的传承。

射箭课

厦门大学的中西结合并不仅限于嘉庚风格的建筑，在课程中也多有体现。2011 年，校长朱崇实先生观摩了国外大学的攀树课，回国之后便立刻做了调研，决定在厦大开设一门“攀树”选修课。此后厦大还陆续举办过几次攀树比赛，让学生在挑战自我的过程中认识树木、亲近自然。

攀树课

那些你不知道的厦大

◇ 厦大翔安校区由于道路两旁种植的都是芒果树，因此也被戏称为“厦门农业大学”和“大型芒果种植基地”。在经过食品安全检测后，厦大校方将采摘的 2000 多斤芒果分给了翔安校区的师生。

◇ 每逢中秋佳节，闽南地区都会举行一种特殊的民俗活动——“博饼”。厦门大学延续了这一传统，每年都会在农历八月十五当晚举行一次千人博饼会，让学生们一起体验闽南民间文化。

福州大学 FUZHOU UNIVERSITY

福州大学位于福建省省会福州市，是福建省三所重点建设的高校之一。

校　训

明德至诚　博学远志

概况总览　211　双一流

创办时间：1958 年

学校类别：理工类

校区分布：福州旗山校区、怡山校区、铜盘校区，厦门集美校区等

地　　址：福建省福州市福州大学城乌龙江北大道 2 号

历史一刻

1958 年 创办福州大学

1997 年 进入国家“211 工程”重点建设行列

2010 年 入选教育部首批“卓越工程师教育培养计划”试点高校

2017 年 入选国家“双一流”建设高校

2019 年 被认定为首批高等学校科技成果转化和技术转移基地

2022 年 入选第二轮“双一流”建设高校及建设学科

走进校园

福州大学的风景区面积占比较大，旗山校区的校园中有 2/3 的面积都是湖泊和花草树木。学校山环水绕，天气晴朗的时候阳光投射到校园，仿佛给校内的美景加了一层滤镜。话不多说，快跟随我的脚步，逛逛福州大学的校园吧！

游览摆渡车

第一站：火山地质园·梅园

福州大学坐落在 1 亿年前的古火山地质遗址之上，校园里还有 3 个保存较完好的古火山遗迹，火山地质园·梅园因此而形成。这里有校内独有的地质文化风景线，可以让学生了解地球物质的组成与演化，夏日的夜晚，这里还会有萤火虫光顾哦！

第二站：福友阁

福友阁由“福州大学福州校友会”出资建成，为中国古典亭阁的样式。白天，福友阁在阳光的照射下与波光粼粼的湖面相得益彰；夜晚，在皎洁的明月与灯光中，福友阁倒映在水面上，又形成了一幅美丽的画卷。

第三站：图书馆

福州大学图书馆的建筑设计借鉴了福建特色建筑围楼的布局。日晷静静地立在一旁，提醒着每一位踏入图书馆的学生不要虚度光阴。

学科重点

第二轮“双一流”建设学科
化学
二级学科国家重点学科
物理化学
国家重点（培育）学科
结构工程

特色专业

化学

当你走进一片树林，会明显地感受到自己呼吸的空气比城市里的清新，因为植物的光合作用可以将空气里的二氧化碳和水转化为氧气。那你知道什么叫光催化作用吗？光催化是光合作用的“反义词”，就是以光照为能量，把一些物质转化为二氧化碳和水。福州大学的化学专业由中国科学院院士卢嘉锡创建，该专业师资力量雄厚，在光催化领域的研究达到了国际领先水平。福州大学还拥有“能源与环境光催化国家重点实验室”等 3 个国家级研究平台，同学们可以在这里学习无机化学、结构化学、晶体化学等基础化学知识，也可以选择光催化基础与应用、催化基本原理等具有特色优势的专业选修课进行学习。

大学生活

丰富的校园文化

福州大学的校园文化活动丰富多彩，其中最让人期待的就是每年的跨年烟火晚会。热闹的青春广场上群花簇拥，学生可以欣赏好听的歌曲、极具节奏感的舞蹈和搞笑的语言节目，还有可能看到神奇的魔术，仿佛举办了一场小型“春晚”。在新年倒计时的呐喊中，象征着理想与志向的气球伴着灿烂烟花升上天空，迎来新一年的校园与学习生活。除了这一年一次的狂欢盛典之外，福州大学还会举办心理推理大赛、合唱比赛、朗诵比赛等活动。

浙江大学坐落于中国历史文化名城、旅游胜地杭州，是一所特色鲜明的综合型、研究型、创新型大学，其前身求是书院是中国人自己最早创办的新式高等学校之一。

校　训

求是创新

概况总览

985　211　双一流

创办时间：1897 年

学校类别：综合类

校区分布：杭州紫金港校区、玉泉校区、西溪校区、华家池校区、之江校区，舟山校区，海宁校区

地　　址：浙江省杭州市西湖区余杭塘路 866 号

历史一刻

1897 年 创建求是书院

1928 年 定名为国立浙江大学

1995 年 进入国家“211 工程”建设计划

1998 年 原浙江大学、杭州大学、浙江农业大学、浙江医科大学合并组建为新的浙江大学

1999 年 进入国家“985 工程”建设计划

2017 年 入选国家“双一流”建设高校

2022 年 入选第二轮国家“双一流”建设高校

走进校园

浙江大学有 7 个校区，其中有 3 个在西湖景区旁边。不光校外有“淡妆浓抹总相宜”的西湖，校内也有许多值得打卡的地标风景区。中西元素结合的建筑、优美的自然环境、网红拍照景点……不愧是位于“人间天堂”杭州的高校。让我们一起走进紫金港校区，感受浙江大学的魅力吧！

游览摆渡车

第一站：南校门

南校门是浙大紫金港校区的主校门，位于该校区贯穿南北的中轴线上。建筑风格融合了中西方文化元素，体现了浙江大学海纳百川、有容乃大的精神。

第二站：铜门楼 & 求是大讲堂

紫金港西区的铜门楼仿明清式全铜制作，工艺精美生动，显得古色古香，庄严厚重。铜门楼上“求是书院”的牌匾源自旧址界碑，承载着浙大的历史。走过铜门楼，便是临湖而建的求是大讲堂，采用主殿、厢房和廊道的古建布局，彰显了文化传承。

第三站：月牙楼

月牙楼坐落在启真湖上，从高处看，如同蓝天中挂着的一弯明月，充满了浓郁的人文气质。内部为建工学院和浙大的校史馆，这里不仅有活动预告展板，有时还会举办学生作品展。

第四站：启真湖

月牙楼东南侧的学生长廊是欣赏启真湖的好去处。夏天的启真湖“接天莲叶无穷碧，映日荷花别样红”，被浙大学子称为“西湖浙大分湖”。秋天湖边纷飞的芦苇充满了“蒹葭苍苍，白露为霜”的诗情画意。

第五站：南华园

南华园三面临水，主体由两座明清古建筑组成，中间有一个小广场，辅以长廊，园外则是一片竹林，称为“南华梦竹”。南华园是 300 年前的古雅园林风貌与现代文明和谐相融的建筑，动静相宜。

学科重点

第二轮“双一流”建设学科			
化学	生物学	生态学	机械工程
光学工程	材料科学与工程	动力工程及工程热物理	电气工程
控制科学与工程	计算机科学与技术	土木工程	农业工程
环境科学与工程	软件工程	园艺学	植物保护
基础医学	临床医学	药学	管理科学与工程
农林经济管理			
一级学科国家重点学科			
数学	化学	机械工程	光学工程
材料科学与工程	动力工程及工程热物理	电气工程	控制科学与工程
土木工程	生物医学工程	园艺学	农业资源利用
植物保护		管理科学与工程	
二级学科国家重点学科			
宪法学与行政法学	教育史	应用心理学	中国古典文献学

（续表）

理论物理	凝聚态物理	植物学	生物物理学
生态学	固体力学	通信与信息系统	计算机应用技术
化学工程	农业机械化工程	环境工程	作物遗传育种
特种经济动物饲养	内科学（传染病）	儿科学	外科学（普外）
肿瘤学			
国家重点（培育）学科			
外国哲学	政治经济学	计算机软件与理论	生物化工
动物营养与饲料科学	病理学与病理生理学	妇产科学	眼科学
药物分析学		农业经济管理	

小贴士：浙江大学的“精英培养”基地

◇ 竺可桢学院：浙大有一个特殊的学院，名叫竺可桢学院。竺可桢学院是浙大拔尖创新人才的培养基地，培养类别涵盖所有 7 个学部、12 个学科门类。重视培养理工科人才的混合班，致力于激发学生创造力、强化数理基础和学科前沿的学习；人文社科实验班被称为“未来社会创新发展领导者”的训练营；求是科学班是国家“基础学科顶尖科学家”的培养基地；还有公共英才班、智慧能源班、新农科实验班、机器人工程班、智能财务班和国家“重大战略领域紧缺人才”的培养基地——强基班。

◇ 巴德年医学班：竺可桢学院的这个班实行“八年一贯，两段完成”的精英培养模式。学生前 4 年在浙大竺可桢学院学习，同时完成 33 个学分的医学预科课程，然后进入后 4 年的医学博士培养阶段。

特色专业

生物工程

生物工程专业可不是只专于研究自然界生物的专业，它与我们的生活息息相关，蔬菜瓜果驱虫的农药、食品加工的食用菌和食品发酵、杂交水稻的培育和转基因食品的研发、疫苗和抗生素等药物的研制都涵盖在生物工程领域之中。浙江大学的化学工程与生物工程学院（前身化学工程系）是我国化工教育先驱李寿恒先生在中国创建的第一个化工系，化工院的生物工程专业采用全过程量身定做的导师制，按照研究生的培养模式进行全程学业指导。学生不仅可以学到工业微生物学、分析化学、蛋白质工程、生物分离工程等专业核心类课程，生物制药技术、工业微生物遗传育种等拓展类课程，还能在生物工程专业技能训练等课堂上将理论付诸实践。

大学生活

校园文化

浙江大学的校园文化如“万花筒”一样丰富多彩，你可以沉醉于植物世界的一草一木，可以走进书画的世界感受山水的起伏，还可以伴着茶香品读诗词。

“永和九年，岁在癸丑，暮春之初，会于会稽山阴之兰亭，修禊事也……”王羲之的《兰亭集序》描绘了文人在兰亭聚会的画面。三月初三的上巳节是汉民族传统节日，人们在这一天临水宴饮、郊游踏青。浙江大学承袭了在上巳节“流觞赋诗”的风俗，举办“三月风吟”诗会，参与者可以即兴创作诗词或朗诵中外古今的诗歌，还伴以歌舞表演和民乐合奏。学生们坐在南华园里，品味着杯中清雅的茶香，仿佛与诗词一同回到1000多年前的兰亭。

三月风吟

浙江大学从2002年开始，每年春秋两季都会各举办一次“飘渺毅行”活动，即长距离团队户外徒步运动，由浙江大学的在校学生和校友自发组织，以“健康、环保、团队、非商业、非竞技”为活动理念。学生从浙大玉泉校区出发，终点为之江校区，历届毅行路线都有所不同，时刻让参与者保持新鲜感。在徒步爬山的过程中，不仅可以锻炼身体，在快节奏的学习生活中寻得片刻放松，还可以回归自然，感受万物有灵的美好。

春季毅行

浙大密语及趣名

◇你知道“BG”是什么意思吗？饼干？表格？不！BG在浙大是请客约饭的意思，来源于“报告”的首字母。通常，浙大学生开完报告会后便相约在玉泉校区门前的雪松下，再一同出去聚餐，所以“BG”慢慢就演变出了“请客”的含义。

◇浙江大学紫金港校区实行对外开放的政策，允许外面的市民自由进出，又因位于杭州市西湖区三墩镇，而得名“三墩镇人民公园”。

南昌大学

NANCHANG UNIVERSITY

南昌大学地处“英雄城”南昌市，是江西省唯一的一所国家“211 工程”重点建设高校，也是一所“文理工医渗透、学研产用结合”的综合性大学。

校训

格物致新 厚德泽人

概况总览

211 双一流

创办时间：1921 年

学校类别：综合类

校区分布：前湖校区、青山湖校区、东湖校区

地　　址：江西省南昌市红谷滩新区学府大道 999 号

历史一刻

1921 年 江西公立医学专门学校（江西医学院的前身）创办

1958 年 江西大学和江西工学院先后设立

1993 年 江西工业大学与江西大学合并为南昌大学

1997 年 进入国家“211 工程”建设行列

2005 年 与江西医学院正式合并组建新的南昌大学

2017 年 入选国家首批“双一流”建设高校

2022 年 入选第二轮国家“双一流”建设高校

走进校园

南昌大学位于物华天宝、人杰地灵的南昌市，校园内各具特色的建筑、青葱的树木与满园花朵让来到这里的学生们感叹恍若置身于园林之中。快和我一起骑上电动车，向着南昌大学前湖校区出发吧！

游览摆渡车

第一站：正校门

南昌大学的正校门呈半圆形，全长 323 米，被学生和网友们誉为“亚洲第一大校门”，门前矗立着和平女神的塑像。蓝天下的校门如同一叶扬帆之舟，寄意着与南昌大学学子一起乘风破浪。

第二站：贝莲喷泉

贝莲喷泉的外观像一朵莲花，红色花瓣绽开，在喷泉的水汽中显得格外纯净。喷泉的水洒在花瓣上，再落到池水里，喻示知识的财富喷涌而出。红莲的花瓣像几个贝壳，上面刻着古今的励志名言，更能体现出南昌大学的积极与热情。

第三站：润溪湖

坐在润溪湖畔的木椅上，头顶是依依垂柳，眼前是波光粼粼的湖水，偶尔有优雅的天鹅、可爱的麻鸭与大雁在湖上嬉戏，看着眼前美景，就会不由自主地静下心来，享受独属于南昌大学的旖旎风光带来的片刻放松。

第四站：主教学楼

主教学楼是大部分学生上课的地点，从高处俯瞰主教学楼，你会发现它的结构像一只望着天空的眼睛，故被称为“智慧之眼”，承载着学生们对知识与学习的渴望。晚上教室的灯光亮起，与夜色构成了一幅特别的画卷。

第五站：正气广场

正气广场是校园内一个圆形的下沉式广场，这里是轮滑社同学们练习轮滑的最佳去处。广场上最引人瞩目的便是龙腾湖上那两条相对而立的威武金龙，栩栩如生，仿佛下一秒就会腾空而起。

学科重点

第二轮“双一流”建设学科	
材料科学与工程	
二级学科国家重点学科	
食品科学	材料物理与化学
国家重点（培育）学科	
材料加工工程	

特色专业

食品科学与工程

“民以食为天”，食物是我们赖以生存的基础，食品安全更是重中之重。近些年，人们对于食品安全、营养和卫生的关注度越来越高，食品科学与工程专业便是以食品科学和工程科学为基础，研究食品健康、生产、加工与食品安全的一门学科。南昌大学的食品科学与工程学科为 A 级学科，拥有“食品科学与资源挖掘全国重点实验室”等 6 个国家级平台和 16 个省部级平台，还拥有由中国工程院院士带队的师资队伍。同时，南昌大学食品学院还与许多著名相关产业开展产学研合作，拓宽学生的视野，将理论付诸实践。

大学生活

“花花”世界

南昌大学的校园如同一座大花园，除了有校徽上标志性的樟树，还有各种各样的果树，比如枇杷树、桃树、李树、橘树，不过树上的水果可不能随便摘下来吃哦！每到春夏，校园里便会百花齐放，山茶、月季、玉兰花……每年，南昌大学还会举办兰花展，学生们可以在校园内观赏到近百种兰花，可以了解到兰花的文化与科普知识，还可以在展会上品尝花茶、花粥，用味蕾体会兰花的美好。

“花花”世界

南昌大学见闻录

◇ 如果你仔细观察，会发现校园内的井盖和石墩上有很多卡通的小涂鸦，这些可爱的涂鸦为南昌大学的校园文化添上了充满活力的一笔。

◇ 还记得 2008 年的北京奥运会吗？南昌大学的前湖校区就是奥运会火炬传递南昌站的首站。

◇ 正气广场的地势较低，每到下暴雨的时候周边的路面就会被淹没，所以你有可能看到湖里的观赏鱼“上岸”。如果你在雨天的正气广场看到地上有小鱼在游泳，记得要送它回到湖里哦！

卡通石墩

华中地区

地区介绍： 华中地区历史文化厚重，资源丰富，水陆交通便利，是全国工业、农业的心脏和交通枢纽之一，起着承东启西、连南望北的作用。河南作为国家政治、经济、文化的中心地带长达3000多年，可以说“一部河南史，半部中国史”。湖北气候湿润，有着“千湖之省”的美称，展现出水乡泽国独有的自然景观。湖南风景秀丽、历史悠久、人文荟萃、物产富饶，是著名的“鱼米之乡”。

主要城市：郑州、洛阳、武汉、岳阳、长沙

优势产业：装备制造、建材、电子信息、食品产业、现代农业等

華中科技大學
HUAZHONG UNIVERSITY OF SCIENCE AND TECHNOLOGY

华中科技大学是一所以工为主，多学科协调发展的综合性大学，绿化覆盖率72%，被誉为“森林式大学”。森林造就了它与众不同的外表，理工赋予了它别具一格的气质。

校 训

明德 厚学 求是 创新

概况总览

985 211 双一流

创办时间：1953 年

学校类别：综合类

校区分布：主校区、同济校区

地　　址：湖北省武汉市洪山区珞喻路 1037 号

历史一刻

1907 年 成立上海德文医学堂

1951 年 内迁武汉，与武汉大学医学院合并，组建中南同济医学院

1988 年 更名为华中理工大学

1995 年 进入国家“211 工程”建设行列

2000 年 华中理工大学、同济医科大学、武汉城市建设学院合并为华中科技大学

2001 年 正式列入国家“985 工程”重点建设高校名单，同年成为首批获准试办国家示范性软件学院的高等学校

2017 年 入选国家“双一流”建设高校

走进校园

华中科技大学校园内树木葱茏、碧草如茵。当绿意盎然的“森林式大学”搭配上厚重沉稳的“苏式”建筑，能够描绘出怎样的奇景？让我们一起走进华中科技大学，从那些独特的地标建筑里感受独属于华科大的历史与情怀吧。

游览摆渡车

第一站：爱因斯坦广场（主校区）

爱因斯坦广场是华中科技大学的著名地标之一，广场由光滑的大理石铺成，中央是一座爱因斯坦的雕塑，雕塑背后则是著名的爱因斯坦质能方程 $E=mc^2$。广场周边的彩柱在夜晚会发出七彩的光芒，吸引学生们来这里举办各种有趣的活动。

第二站：梧桐语问学中心（主校区）

梧桐语问学中心原是华中科技大学最古老的一批建筑，经历改造后，变成了文艺范十足的多功能建筑群。问学中心里除了会议室，还有咖啡厅、餐厅、书店等场所，以及开放的桌椅和露台，它是同学们日常交流谈心的绝妙去处。

第三站：校史馆（主校区）

梧桐树下，绿草环绕，鲜艳的红色钢结构置于其上，华中科技大学的校史馆正坐落于此。走进馆内，各类文物、史册令人应接不暇，它们向我们诉说着一个个华科大人与祖国和人民同呼吸、共命运的故事。

第四站：醉晚亭（主校区）

醉晚亭原本只是镜湖上一座无名的湖心亭，1994 年，这里举办了第一届“醉晚亭”器乐欣赏晚会，并获得了巨大反响。后来，晚会举办到第四届，得到了时任校长杨叔子的大力支持，校务会于是将该亭命名为“醉晚亭”。

第五站：碧珠长廊（同济校区）

碧珠长廊始建于 20 世纪 80 年代末，充盈着同济历史元素，有仿建的“同济德文医学堂”古典门楼，还有刻画着医学院不同时期五座大门的地面艺术井盖。绿荫环绕的廊前广场、精致典雅的仿古牌坊、错落有致的幽长廊道交相辉映，是莘莘学子寻梦追梦的圣地和陶冶医者仁心的伊甸园。

学科重点

第二轮“双一流”建设学科		
机械工程	光学工程	材料科学与工程
动力工程及工程热物理	电气工程	计算机科学与技术
基础医学	临床医学	公共卫生与预防医学
一级学科国家重点学科		
机械工程	光学工程	材料科学与工程
动力工程及工程热物理	电气工程	控制科学与工程
生物医学工程		

（续表）

二级学科国家重点学科（内科学、外科学按三级）		
西方经济学	高等教育学	生物物理学
微电子学与固体电子学	计算机系统结构	水利水电工程
病理学与病理生理学	内科学（心血管病）	内科学（血液病）
内科学（呼吸系病）	外科学（普外）	外科学（泌尿外）
妇产科学	麻醉学	劳动卫生与环境卫生学
国家重点（培育）学科		
通信与信息系统	内科学（传染病）	影像医学与核医学
儿少卫生与妇幼保健学	中西医结合基础	药理学
管理科学与工程		

特色专业

生物医学工程

生物医学工程专业旨在培养具备生命科学的基本理论、知识和技能的高级专门人才。华中科技大学的生物医学工程专业师资力量强，有科学院院士坐镇，还有国家高层次人才和国家杰出青年科学基金获得者参与教学。华中科技大学还创新了人才培养模式，充分利用学院与科研院所、知名企业的合作资源，让学生能参与到科学前沿的研究项目中。

大学生活

“野生动物园”

你听说过华中科技大学的野猪落水事件吗？这头闯入学校的倒霉野猪，自由地在大马路上飞奔，没想到一不小心栽进了水塘里，最后还是消防员们齐心协力将它打捞起来，送回了林区。

在华中科技大学，你将有机会见到“大师兄”——猴子、“二师兄”——野猪、小狐狸以及小刺猬等动物。良好的生态环境加上足够茂盛的植被，这里简直是野生动物的乐园！

华科大发现的小狐狸

武汉大学办学历史悠久，学术底蕴深厚，学科门类齐全，是教育部直属的重点综合性大学。

校　训

自强 弘毅 求是 拓新

概况总览

985　211　双一流

创办时间：1893 年

学校类别：综合类

地　　址：湖北省武汉市武昌区八一路 299 号

历史一刻

1893 年
张之洞创办自强学堂，专门培养外语和商务人才

1902 年
更名为方言学堂

1913 年
以原方言学堂为基础，改建成国立武昌高等师范学校

1925 年
更名为国立武昌大学

1926 年
建立国立武昌中山大学

1928 年
改组国立武昌中山大学，组建国立武汉大学

1949 年
更名为武汉大学

2000 年
武汉大学、武汉水利电力大学、武汉测绘科技大学、湖北医科大学合并，组建新的武汉大学

走进校园

烟波浩渺的东湖之畔，耸立着绿树葱茏的珞珈山。湖光山色之间，就是驰名中外的武汉大学校园。依山环湖的格局、鸟语花香的环境、中西合璧的建筑、意蕴深厚的雕塑……武汉大学校园内的自然景观和人文景观都蕴含着非同寻常的风物之美。

游览摆渡车

第一站：校门牌坊

1931、1933、1993、2013 年，80 余年间，武大校门牌坊经历了四度变迁，见证了武汉大学自强奋进的风雨历程。现在的校门牌坊落成于 2013 年，其纹路、式样和风格都与老牌坊保持了一致，仍是武大的标志性建筑。武汉大学的“四大景观”分别是老图书馆、老斋舍、樱花、校门牌坊，前三处均在校内。而伫立在街道口的老校门牌坊（1933 年）、校园外的校门牌坊（2013 年）与武大正大门在同一条轴线上，它融入城市烟火，成为武汉人身边的老地标。

第二站：图书馆总馆

武汉大学图书馆由总馆、信息科学分馆、工学分馆和医学分馆四部分组成。其中总馆是全国高校中占地面积最大的庭院式图书馆。低调大气的银灰色外观墙体,搭配上墨绿色琉璃瓦屋顶,天井栽种着翠竹芭蕉，青石铺就的小径蜿蜒，正是学习的好去处！

第三站：万林艺术博物馆

武汉大学万林艺术博物馆存放了武汉大学建校以来积累下的各种藏品,有动物标本、考古专业师生抢救发掘出的珍贵文物,还有南极测绘研究中心科考队员从极地带回的标本等。

第四站：樱顶

樱顶，即武汉大学樱园宿舍的房顶，也是武大第二高的地方。每个来到武汉大学的人，都会站在樱顶上欣赏樱花或登高望远。樱顶经过精心设计，气势非凡，樱园宿舍也被称作“樱花城堡”“武汉的布达拉宫”。

学科重点

第二轮“双一流”建设学科			
理论经济学	法学	马克思主义理论	化学
地球物理学	生物学	土木工程	水利工程
测绘科学与技术	口腔医学	图书情报与档案管理	
一级学科国家重点学科			
理论经济学	图书馆、情报与档案管理	水利工程	
测绘科学与技术	生物学		
二级学科国家重点学科			
马克思主义哲学	环境与资源保护法学	金融学	中国哲学
国际法学	马克思主义基本原理	中国现当代文学	中国古代史
世界史	基础数学	凝聚态物理	无线电物理
分析化学	地图学与地理信息系统	计算机软件与理论	口腔基础医学
社会保障			
国家重点（培育）学科			
宪法学与行政法学	思想政治教育	中国古代文学	
法语语言文学	空间物理学	内科学（心血管病）	

特色专业

测绘工程

四方上下曰宇，古往今来曰宙。时间和空间是宇宙万物的基本存在形式，时空信息是客观世界的基础信息。

测绘工程就是通过卫星导航、遥感等空天地海传感器获取时空信息并应用于国民经济、社会发展以及国防安全等领域的科学与技术。武汉大学测绘学院是世界上规模最大、综合实力最强的高层次测绘类人才培养基地，被誉为“世界测绘教育之都”。入学时按照测绘类（大类）进行招生，第三学期末根据学生意愿可选择测绘工程专业或导航工程专业，实现个性化培养。

大学生活

赏樱

武大樱花

武大校园内有许多樱花树,遍布于樱花大道、人文科学馆、行政大楼等地方。每到3月中旬樱花盛开，校园里充满了春天的气息，吸引了诸多前来赏花的游客。如果春天来到武汉大学，可不要忘了与樱花来一场浪漫的邂逅。

“百团大战”

武大每年开学季都会有热闹非凡的“百团大战”。桂园操场中，近万名新生欢聚一堂。环视四周，映入眼帘的便是波浪般的帐篷。操场中央展板林立，构成千回百转的迷宫，照片、绘画、剪纸琳琅满目，目不暇接。在这里，百花齐放的社团任你挑选：可以翩翩起舞，轮滑跳跃，舞剑耍枪；可以享受各种乐器带来的天籁之音；还可以投身志愿服务活动，帮助偏远地区解决饮水安全问题，让唇腭裂儿童重新展开笑颜。

“百团大战”

华中农业大学是我国高等农业教育起点之一，建校历史悠久，学科优势明显，许多高价值的农林研究成果在此诞生。

校　训

勤读力耕　立己达人

概况总览

211　双一流

创办时间：1898 年

学校类别：农林类

地　　址：湖北省武汉市洪山区狮子山街 1 号

历史一刻

1898 年 湖北农务学堂成立

1903 年 扩建为湖北高等农务学堂

1952 年 武汉大学农学院、湖北省农学院的整体和中山大学、南昌大学、河南大学、广西大学、湖南农学院、江西农学院的部分系（科）合并组建华中农学院

1985 年 更名为华中农业大学

2005 年 入选国家“211 工程”重点建设高校

2017 年 入选国家“双一流”建设高校

2022 年 入选第二轮“双一流”建设高校

走进校园

华中农业大学坐拥狮子山，三面环湖，景色优美。在这样一片土地上，一代又一代的华农人书写着他们的故事。让我们翻开书页，一起去读一读那些生动的华农故事吧！

游览摆渡车

第一站：“未来之窗”

“未来之窗”是连接人文楼和图书馆的一座天桥，为学校的地标性建筑之一。远远看去，它犹如一扇窗户，透过这扇窗户，便能看到知识的世界。它是亚洲第一跨式建筑，华农学子亲切地称它为“亚跨”。站在天桥上，可以俯瞰华农大半景色。

第二站：狮子山广场

狮子山广场素有“全国最大的校园广场”之称，步行道的设计理念展现了学校蓬勃发展的生命力。几经修建、美化，现在的狮子山广场是集集会、文化、学习、休闲于一体的校园场所。华农学子经常在此举办活动、读书交流或是散步娱乐。

第三站：华中农业大学博物馆

华中农业大学博物馆由华中农业大学标本馆更名而来，收藏了近 30 万份珍贵藏品。你可以在这座宝库中近距离接触中华鲟、团头鲂、红白鼯鼠、金毛羚牛、金斑喙凤蝶、巨嘴鸟等一众珍贵标本，感受生命的魅力。

第四站：油菜花田

油菜花田也是华农的一处著名景点。大片金黄色的油菜花格外赏心悦目。除了观赏之用，这里还是科研基地。中国工程院院士、“杂交油菜之父”傅廷栋就在这片油菜花田中，带领团队培育出了 80 多个油菜品种。

学科重点

第二轮“双一流”建设学科		
生物学	畜牧学	
园艺学－作物学学科群	兽医学	农林经济管理
一级学科国家重点学科		
作物学		
二级学科国家重点学科		
果树学	微生物学	生物化学与分子生物学
水产养殖	动物遗传育种与繁殖	农业经济管理
国家重点（培育）学科		
蔬菜学		

特色专业

动物医学

华中农业大学的动物医学专业设置在动物科学技术学院、动物医学院中，学院设立较早，有着丰厚的学术资源。如果用我们耳熟能详的职业来解释动物医学专业，大概就是“兽医”了。与大多数专业的四年制不同，动物医学专业是五年制学习。同学们需要学习动物解剖学、兽医临床诊断学、兽医内科学、兽医外科学等理论课程，并且需要完成大量的实验课程。学生们可以选择养殖企业、科研机构等工作单位，从事动物健康管理、疾病预防等方面的工作。

大学生活

“华农三宝”

华农学子之间流传着这样一句顺口溜——华农有三宝，早操、听力、环湖跑。这便是每一位华农学子都要完成的事情。早操为大一、大二学生的专属活动。每天早上 6 点 50 分，同学们便会来到指定地点做两遍早操，迎接崭新的一天。听力则需要去机房完成，学生们需要根据老师的安排，按时完成相应的听力练习。环湖跑在南湖周边指定区域进行，并计入体育课程成绩。在“华农三宝”的陪伴下，华农学子的大学生活健康又快乐，并且这段时光也让许多毕业的学生时常怀念。

环湖跑

农林活动

农林活动

作为一所农林类院校，自然少不了一些与农业、林业相关的特色活动，比如昆虫宴。油炸天牛幼虫、柠檬面包虫、蚕蛹寿司、凉拌蚂蚁卵等一道又一道美味佳肴，打破了人们对昆虫食物的固有偏见。再比如渔文化节。在活动中，同学们或穿着水裤下水摸鱼，或架起钓竿待鱼上钩，或身着围裙烹饪一桌“全鱼宴”，享受渔文化的乐趣与魅力。再比如茶文化周。在茶学系诸多师生的带领下，师生们了解茶叶采摘知识，品鉴茶叶，学习茶礼，在茶香之中体会中华传统茶文化的韵味。

华中师范大学位于九省通衢的湖北省武汉市，作为教育部直属的师范院校，是我国教师教育发展的重要力量。

概况总览

211　双一流

创办时间：1903 年

学校类别：师范类

校区分布：桂子山校区、南湖校区

地　　址：湖北省武汉市洪山区珞喻路 152 号

校　训

求实创新 立德树人

历史一刻

1871 年
文华书院建立

1903 年
文华书院创办大学部，这是华中师范大学的起点

1924 年
和武昌博文书院大学部、汉口博学书院大学部合并，组成私立华中大学

1952 年
中华大学、湖北教育学院等并入，更名为华中高等师范学校

1985 年
更名为华中师范大学

2005 年
被选入国家“211 工程”重点建设高校

2017 年
入选国家“双一流”建设高校

走进校园

华中师范大学（桂子山校区）坐落于南湖之滨的桂子山上，树木成荫、花草繁茂，金秋时节，整个校园都飘荡着桂花的香气。用手轻轻拨开花与叶，映入眼帘的是华中师范大学充满文化色彩的建筑与丰富多彩的“山民”生活，仿佛一幅生动的画卷。

游览摆渡车

第一站：文华公书林

文华公书林开放于 1910 年，名称寓有“公之于众而非为文华独有”的含义，它是我国近代第一个真正意义上的公共图书馆。现如今的文华公书林服务功能完备，为华中师大学子承载历史，开启华章。文华公书林所传承的“传播新知，弘扬真理，立德达材，服务大众”的人文精神激励着一代又一代华中师大学子。

第二站：一号楼

在华中师范大学，有一种体验叫作“我在文物中上课”。一号楼建于 1956 年，是桂子山上最老的“居民”之一。其外观仿古，绿瓦红柱、飞檐斗拱，独具特色。室内则是一派现代化的风格。

第三站：新南门

比起一号楼，2021 年落成的南门可谓是“年轻小伙”。身着灰白色花岗岩外衣，显得坚实、有力；两侧篆书版校训“耳饰”的佩戴，则让其走在了文化时代的潮流前端。2023 年，新南门作为华中师大 120 周年校庆的视觉符号，让华中师大又以崭新的面貌进入了更多人的视野，展现了华中师大的新风采。

学科重点

第二轮“双一流”建设学科		
政治学	教育学	中国语言文学

二级学科国家重点学科	
中外政治制度	科学社会主义与国际共产主义运动
马克思主义基本原理	教育学原理
汉语言文字学	中国近现代史
农药学	理论物理

国家重点（培育）学科
文艺学

特色专业

马克思主义理论

你一定听过“马克思”“马克思主义”，可是你真的了解马克思主义理论吗？马克思主义理论是国家重点专业之一，而华中师大马克思主义理论专业作为积淀深厚的马克思主义学院的下属专业，有得天独厚的优势。这一专业课程主要包括马克思主义哲学原理、马克思主义政治经济学、科学社会主义、习近平新时代中国特色社会主义思想概论等。在学习的过程中，你可以尝试用所学知识，分析、研究当下现实问题，提出你的想法。毕业后，你可以到党政机关学习，从事马克思主义教学以及宣传工作。

大学生活

露天电影

一定要在露天电影场看一场电影——这件事被无数华中师大的同学们写在了“大学必做清单”上。华中师范大学校内的露天电影场最多可容纳 6000 人，自 20 世纪 50 年代起，每周都会放映电影。不仅校内的“山民”们来看电影，附近高校的学子、居民也常常准时到场，一同观影。

华中师大的露天电影

武漢理工大學

WUHAN UNIVERSITY OF TECHNOLOGY

武汉理工大学坐落于湖北省武汉市，是建材建工、交通、汽车三大行业人才培养和科技创新的重要基地。建校以来为这三大行业输送了大量高层次人才。

校　　训

厚德博学　追求卓越

概况总览

211　双一流

创办时间：1898 年

学校类别：理工类

校区分布：马房山校区、余家头校区、南湖校区

地　　址：湖北省武汉市洪山区珞狮路 122 号

历史一刻

1898 年　湖北工艺学堂成立，后发展为武汉工业大学

1946 年　国立海事职业学校成立，后发展为武汉交通科技大学

1958 年　武汉工学院成立，后发展为武汉汽车工业大学

1996 年　前身武汉工业大学入选国家“211 工程”重点建设高校

2000 年　武汉汽车工业大学、武汉交通科技大学、武汉工业大学合并为武汉理工大学

2017 年　入选国家“双一流”建设高校

2022 年　入选第二轮“双一流”建设高校

走进校园

长江滨、南湖畔，武汉理工大学正在书写着自己的第二个百年华章。篇章的内容究竟如何？到余家头校区走一走，南湖校区看一看，马房山校区转一转，你自然会有结论。

游览摆渡车

第一站：建筑群（余家头校区）

余家头校区的建筑群主要包括主楼以及东西配楼，始建于 1959 年，属于苏联式建筑风格，原为武汉水运工程学院教学大楼。走近主楼，细细观察，你还能够发现船锚、海浪等充满航海特色的雕饰。

第二站：图书馆（南湖校区）

南湖校区图书馆又名心至楼，取“读书务须心到”之意以勉励莘莘学子。远观南湖图书馆，你或许以为它就是一个普通的方正建筑，而近距离观看，你便能发现它的独特与精妙——通过对传统斗拱、排架的拆分和重组，以钢结构构架演绎传统木构的形态；东西立面覆以木色金属板，并将校园历史文化通过抽象篆书文字镂刻在上面。

第三站：大学生创新创业园（南湖校区）

大学生创新创业园是南湖校区极具特色的建筑群，五栋形态看上去有些“随意”的建筑引得同学们纷纷驻足，一度成为校园中的新焦点。五栋楼分别为立德楼、立功楼、立言楼、立行楼、立心楼，意喻人的学习、创新、成才逐级提升、追求卓越的过程。

第四站：飞马广场（马房山校区）

提到校园里的标志性建筑，马房山校区的飞马广场一定不可不提。飞马雕塑呈昂首挺胸、奔腾向前之姿，象征着学校积极进取、培育满园英才的信心和抱负。在特定的日期，广场上有喷泉表演。

学科重点

第二轮“双一流”建设学科	
材料科学与工程	
一级学科国家重点学科	
材料科学与工程	船舶与海洋工程
二级学科国家重点学科	
材料学	船舶与海洋结构物设计制造
轮机工程	材料物理与化学
材料加工工程	水声工程
机械制造及其自动化	
国家重点（培育）学科	
矿物加工工程	

特色专业

材料科学与工程

武汉理工大学的材料科学与工程专业，依托在国家第四轮学科水平评估中获 A+ 评价的材料科学与工程学科而建，是国家级一流本科专业、国家级特色专业，拥有雄厚的师资力量和坚实的物质基础。在材料科学基础、材料工程基础、物理化学、材料研究与测试方法等课堂上，学生们会学到材料的成分、结构、加工及其性能，以及和应用相关的内容，从而研制出更高强度的卫星外壳、更清晰的手机液晶面板、更耐用的假肢等。毕业之后，可以服务于能源、交通、汽车、船舶、军工、航空航天等行业。

大学生活

大橘“学长”

在武理的课堂上，你可能会跟一群特殊的“学长”们做同桌。老师点名时，“学长”们还会发出“喵呜”声来回应。其中，富有名气的大橘“学长”常驻新一教学楼 105 教室。它喜欢趴在课桌上，跟同学们一起接受知识的熏陶。于是，它又有了一个“高数猫”的响亮名号。当然，如果这些“学长”扰乱课堂秩序，也会被老师不客气地请出教室。有的同学还将“学长”的照片做成生动的表情包，在朋友圈广为流传。从此武理的交流群里又多了一个快乐源泉。

大橘“学长”

那些你不知道的武理

◇ 武理的校门数量极多，据统计，几个校区的校门加起来共有 37 个。因此，每一届的新生都会花些时间来“认门”。

◇ 基本上，每一位从武理走出的同学都带有“理工科背景”。因为文科专业如法学，也需要学习 python、线性代数等课程，而且个性化选课也是理工类课程居多。

武理的校门之一

中国地质大学

CHINA UNIVERSITY OF GEOSCIENCES

武汉 · WUHAN

中国地质大学（武汉）位于湖北省武汉市东湖之畔，南望山麓，学校以地球科学为主要特色，是教育部直属全国重点大学。

校　训

艰苦朴素 求真务实

概况总览

211　双一流

创办时间：1952 年

学校类别：理工类

校区分布：南望山校区、未来城校区

地　　址：湖北省武汉市鲁磨路 388 号

历史一刻

1952 年 中国地质大学的前身——北京地质学院成立（位于北京）

1974 年 学校定址湖北省武汉市，更名为武汉地质学院

1978 年 在北京旧校址设立武汉地质学院北京研究生部

1987 年 原国家教育委员会批准组建中国地质大学，武汉、北京两地办学，总部在武汉

1997 年 入选国家“211 工程”重点建设高校

2005 年 武汉、北京两地独立办学

2017 年 入选国家首批“双一流”建设高校

走进校园

中国地质大学（武汉）位于武汉市东湖国家自主创新示范区和光谷科创大走廊腹地，校园环境优美，学术氛围浓厚，拥有现代化的教学楼、图书馆、学生公寓、体育场馆等相关配套设施。让我们一起去地大的校园逛逛吧！

游览摆渡车

第一站：化石林（南望山校区）

化石林是地大的地标性景观，结合学校学科特色，融观赏、科普于一体，是华中地区唯一异地保存的化石林。化石林始建于 2002 年，近 150 株来自不同地区、不同国家的树木化石，吸引着众多化石爱好者前来观赏，探寻化石的奥秘。

第二站：恐龙馆（南望山校区）

恐龙馆藏身于地大的逸夫博物馆中。在这里，你可以了解地球 46 亿年的沧桑巨变，感受地球生命 38 亿年的进化历程，探秘 2 亿年前的恐龙时代。你还可以近距离观赏和平永川龙、鹦鹉嘴龙等恐龙骨架化石。

第三站：地质工作者雕塑（未来城校区）

未来城校区的中心广场上，矗立着一座崭新的地质工作者雕塑，雕塑以主校区的地质工作者形象为蓝本，左手拿矿石，右手紧握地质锤，聚精会神地观察矿物标本，为新时代的学子指引方向！

学科重点

第二轮“双一流”建设学科			
地质学		地质资源与地质工程	
一级学科国家重点学科			
地质学		地质资源与地质工程	
湖北省重点学科			
海洋科学	管理科学与工程	应用经济学	马克思主义理论
地理学	地球物理学	材料科学与工程	计算机科学与技术
土木工程	水利工程	测绘科学与技术	石油与天然气工程
环境科学与工程	安全科学与工程	公共管理	设计学

特色专业

地质学

地质学是研究地球的演化过程，研习地质调查、资源开发等地质基本工作技能，进行地矿、石油、煤田、天然气等资源的开发利用，勘测地形、地质构造，监测地震等地质灾害的学科。中国地质大学的地质学在 2017 年被评为 A+ 档，是地大的优势学科和重点建设学科。地质学有着优秀的科研团队、教学团队，拥有地史古生物学、地球化学和矿物岩石学国家级教学团队，师资力量雄厚；采取导师制，大二选择导师，个性化、小班化、国际化的培养方式，确保每位同学都能得到导师的充分指导。

大学生活

室内攀岩

中国地质大学（武汉）攀岩馆除了国际标准的速度赛岩壁和抱石墙之外，还配有一间专项技术训练房。

作为一种挑战极限、超越自我的酷炫燃脂的运动方式，攀岩受到了地大学子的热烈欢迎。在钢筋水泥的都市中，到微晶玻璃钢材质的攀岩墙上，一起体验最天然、最纯粹的快乐吧！

室内攀岩

中南财经政法大学

ZHONGNAN UNIVERSITY OF ECONOMICS AND LAW

中南财经政法大学自建校以来，形成了以经济学、法学、管理学为主干，多学科融通发展的办学特色，是教育部直属的全国重点大学。

校　训

博文明理　厚德济世

概况总览

211　双一流

创办时间：1948 年

学校类别：财经政法类

校区分布：南湖校区、首义校区

地　　址：湖北省武汉市东湖新技术开发区南湖大道 182 号

历史一刻

1948 年 在河南创办中原大学

1949 年 中原大学南迁湖北武汉

1958 年 组建湖北大学

1978 年 更名为湖北财经学院

1985 年 湖北财经学院更名为中南财经大学

2000 年 中南财经大学与中南政法学院共同组建中南财经政法大学

2005 年 入选国家“211 工程”重点建设高校

走进校园

中南财经政法大学的南湖校区风景秀丽，有许多标志性建筑；首义校区环境优雅，底蕴深厚，给许多中南大学子留下了难忘的记忆。我们一起去逛一逛吧！

游览摆渡车

第一站：中原楼（南湖校区）

中原楼造型独特，气势恢宏，是一座行政楼。这座独栋建筑楼层较高，两侧的楼体倾斜展开，像是鸟儿张开的双翼一样，给新生们留下了深刻的印象。

第二站：文波钟楼（南湖校区）

文波钟楼是中南财经政法大学独具特色的地标性建筑，也是武汉高校中的“网红”楼。钟楼位于文波楼的左侧，是学子们拍照打卡的“圣地”！

第三站：晓南湖（南湖校区）

晓南湖是校园里一道靓丽的风景线。不论是嫩芽青青、含苞待放的早春，还是莲开并蒂、一碧万顷的夏日，抑或是晴空万里的金秋、白雪茫茫的寒冬，晓南湖的美景都能让你沉醉其中，流连忘返。

第四站：九孔桥（南湖校区）

九孔桥位于晓南湖之上，在阳光的照耀下，桥身与水中的倒影相映成趣，美轮美奂。湖面上，不时有水鸟从九孔桥下飞过，发出几声啼鸣，为静谧的校园增添几分乐趣。

第五站：1948 咖啡厅（首义校区）

位于首义校区的 1948 咖啡厅全名叫作“1948 校友创业咖啡”，是由 2012 级电影学专业的校友创办的。这家咖啡厅不仅给中南大的学子提供了享受悠闲时光的空间，还激励着每一位中南大学子勇于尝试，敢于创业！

学科重点

第二轮“双一流”建设学科			
法学			
二级学科国家重点学科			
财政学	会计学	金融学	民商法学
国家重点（培育）学科			
经济史			

特色专业

财政学

财政学专业依托中南财经政法大学的国家级重点学科财政学开展教学工作，拥有国家级优秀教学团队。本专业目标是将学生培养成为以财政学专业为核心，具有经济学、管理学和法学相融通的学科背景，具备财税及相关领域实际工作基本能力的专业性人才。学生们在四年的学习生活中会学到政治经济学、宏观经济学、货币金融学、财政学、计量经济学和会计学等专业知识。毕业后可到政府部门、金融机构、企事业单位从事税收规划、审计、财务分析等工作。

大学生活

特色体育课

中南大开设的户外运动课程受到了学生们的一致好评。除了常规课程之外，中南大体育部还开设了桨板、滑翔伞、大学生极限飞盘、腰旗橄榄球、体态纠正等新课程，给中南大的学子提供了多重选择，进一步发挥体育教学的育人功能。快来选择一门你感兴趣的体育课吧！

桨板课

湖畔音乐会

南湖湖畔，清风徐来，碧水粼粼，落霞为伴，和音乐人相聚在南湖湖畔，一起欣赏优美动听的音乐，是一件多么令人神往的事情！在这里，你能感受到民族管弦和西洋乐器的相互碰撞，找到志同道合、多才多艺的朋友，还不赶快一起来筹备一场校园音乐会，你心动了吗？

国防科技大学
NATIONAL UNIVERSITY OF DEFENSE TECHNOLOGY

国防科技大学建设发展始终得到国家和军队的高度重视，是第一个五年计划国家 156 项重点建设工程之一，是中共中央 1959 年确定的全国 20 所重点大学之一。

概况总览

985　211　双一流

创办时间：1953 年

学校类别：综合类军事院校

地　　址：湖南省长沙市开福区德雅路

校　训

厚德博学　强军兴国

历史一刻

1953 年
在哈尔滨创办中国人民解放军军事工程学院，即著名的“哈军工”

1970 年
学院主体南迁长沙，改名为长沙工学院

1978 年
改建为中国人民解放军国防科学技术大学

1996 年
入选国家“211 工程”重点建设高校

2006 年
入选国家“985 工程”重点建设高校

2017 年
重建国防科技大学

走进校园

国防科技大学究竟是一所怎样的军事院校呢？让我们一起走进国防科技大学，一睹它的英姿吧！

游览摆渡车

第一站：南大门石雕

迈进学校的大门，迎面看到的是一座松树状的石雕，上面刻着习近平总书记为国防科大成功自主研发天河超级计算机的题词。这座石雕是校园必打卡的景点之一。

第二站：功德碑

标志性石雕建筑后面是一条通往校园的主干道，道路两旁是建校以来知名校友的功德碑。功德碑上的每一位前辈都对国防科大的建设乃至国家的发展作出了不可磨灭的贡献。学子们无不以功德碑上的前辈们为榜样，当作自己前进的动力。

第三站：陈赓大将雕像

陈赓大将的雕像高十余米，其向前行走的姿态，鼓励着学子们不管遇到任何困难都要勇往直前，坚决不放弃。雕像后面是学校的教学楼——305 教学综合实验楼，里面的多媒体教室宽敞明亮，教学、实践设备一应俱全，是学子们探求真知的乐园。

第四站：实验大楼

实验大楼是学校三号院的最高地，站在楼顶，可以俯瞰整个校园。上午，站在这里能看到学子们训练的身影，听到他们铿锵有力的声音；傍晚时分，可以站在这里俯瞰宁静的校园，太阳即将落山，晚霞艳丽动人，这个场景别提有多美好了。

第五站：校史馆

校史馆里面承载了学校的光辉历史，是来学校参观的同学们绝对不能错过的一站。校史馆以“肩负重任、不辱使命、强军兴国”为主题，共分为“历史时期”“重大专题”“实物展陈”三个部分,客观、全面、生动地展现了学校 70 多年的非凡历程和成就。

第六站：训练场

这里是学子们训练的地方，就在这小小的一方场地，他们从最开始的跌跌撞撞到如今的矫健刚毅，这中间不知经历了多少的磨炼，看似不长的一段路却需要他们花费几年的时间来跨越。

学科重点

第二轮“双一流”建设学科		
信息与通信工程	计算机科学与技术	航空宇航科学与技术
软件工程	管理科学与工程	
一级学科国家重点学科		
光学工程	信息与通信工程	控制科学与工程
计算机科学与技术	管理科学与工程	
二级学科国家重点学科		
原子与分子物理	机械电子工程	航空宇航推进理论与工程
国家重点（培育）学科		
飞行器设计	微电子学与固体电子学	

小贴士：钱班 & 卓班

◇ 钱学森创新拓展班：培养具有国防科技领军人物潜质的拔尖创新人才。通过笔试、面试和体能测试，综合考量创新精神与创新潜能、数理基础与人文素质、思想方法与思维发展等因素，每年从工程技术类新生中遴选一定数量的优秀学员进入“钱学森创新拓展班”学习。

◇ 卓越指挥人才创新拓展班：强化培养具有驾驭未来战争军事家发展潜质的卓越军事指挥员。通过笔试、面试和体能测试，综合考核思想政治素质、科学文化基础、军事基本技能、表达能力和军人气质作风等，每年从合训类新生中遴选约 40 名综合素质优秀的学员进入“卓越指挥人才创新拓展班”学习。

特色专业

航空宇航科学与技术

航空宇航科学与技术是以数学、物理学及现代技术科学为基础，以飞行器设计、推进理论与工程、制造工程、人机与环境工程等专业为主干的高度综合的学科体系。

国防科大的空天科学学院创建于 1958 年，历史悠久，底蕴深厚。学院拥有一批先进的教学科研实验设施，建有 3 个国家级科研实验室，2 个国家级实验教学中心，12 个省部（军队）级教学科研平台。毕业生可以从事卫星、导弹等各种飞行器的总体设计、推进、控制和测试发射、新材料实验等方面的科学研究工作。

大学生活

军事文化节

军事文化节是国防科技大学的传统之一。每次文化节，学子们都整装待发，以饱满的精神迎接它的到来。为了锻炼学子的实战能力，学校开创了“谁是枪王”轻武器射击挑战赛；为了提高学子的指挥能力和战斗技能，又创立了“烽火杯”战术对抗赛。军事文化节已经成为国防科技大学的一大特色活动。

军事文化节

学校待遇

在校期间，学子享受部队待遇，着军官制服，学费、伙食费用均由军队承担，并按月发放津贴。此外，每年还按标准发放探亲路费，乘坐远程交通工具享受“军人优先”。学子享受公费医疗，在校期间的全部医疗费用由军队承担。据国防科技大学招生简章介绍，本科毕业后，授予学子少尉军衔，长期服役还可分配全军安置住房。现役军官配偶及双方直系亲属享受军队免费或优惠医疗。

湖南大学坐落于有“屈贾之乡”美誉的历史文化名城长沙，这里有起源于北宋时期的岳麓书院，是一座集厚重历史与诗情画意于一体的高雅学府，也是湖南文化教育的典型象征。

校　训

实事求是　敢为人先

概况总览

985　211　双一流

创办时间：1926 年（定名）
学校类别：综合类
校区分布：南校区、北校区
地　　址：湖南省长沙市岳麓区麓山南路麓山门

历史一刻

976 年
北宋开宝九年（公元 976 年）创建岳麓书院

1903 年
改制为湖南高等学堂

1926 年
正式定名为湖南大学

1996 年
入选国家“211 工程”重点建设高校

2000 年
湖南大学与湖南财经学院合并，组建成新的湖南大学

2001 年
入选国家“985 工程”重点建设高校

2017 年
入选国家“双一流”建设高校

走进校园

湖南大学位于湘江西畔、岳麓山下，自北宋岳麓书院而始，如今已历经千年变迁，文脉延续不绝，堪称世纪奇迹。走进这座历史悠久的高等学府，试问何人不艳羡这一片充满诗意的秀丽风光，不惊叹这横亘古今的求学传统呢？让我们带上好奇心与敬畏心，到巍巍岳麓山下的湖南大学南校区游历一番吧！

游览摆渡车

第一站：东方红广场

“东方红，太阳升。”东方红广场是校内重要的“交通枢纽”。在这里，来来往往的人群总会为一座雕像驻足，这就是伟大领袖毛泽东的雕像。晨曦中的东方红广场，庄严不失活力，“东方欲晓”被誉为湖大“新八景”之一。

第二站：湖大“红楼”

站在东方红广场上向旁边望去，你一定会被一座庄严的“红楼”所吸引，这座“红楼”就是湖南大学的行政楼。说起“红楼”，除了中西合璧的建筑风格之外，其不凡的经历也为人称道。“红楼”原为湖南大学科学馆，曾遭遇战火破坏，后经修复焕然一新。

第三站：自卑亭

东方红广场东北角的绿荫丛里，藏有一座颇有寓意的小亭——自卑亭。自卑亭始建于清康熙年间，取名自《礼记》，蕴含“君子之道，辟如行远，必自迩；辟如登高，必自卑”的深刻哲理——自卑不是妄自菲薄，而是谦卑内敛。这种踏实进取的精神激励着一代又一代湖大学子。

第四站：岳麓书院

说起湖大，就不得不提岳麓山；说起岳麓山，就不得不提中国四大书院之一的岳麓书院。历史上，从这里走出了诸多英才——魏源、曾国藩、左宗棠……他们的名字熠熠生辉，他们的传奇故事彪炳史册。入秋，爱晚亭红枫尽染；寒冬，书院银装素裹……每一个季节的岳麓书院都美不胜收，是学生们休闲读书的好去处。

学科重点

第二轮“双一流”建设学科		
化学	机械工程	电气工程

一级学科国家重点学科	
机械工程	土木工程

二级学科国家重点学科			
分析化学	国际贸易学	环境工程	控制理论与控制工程

国家重点（培育）学科
电工理论与新技术

特色专业

工业设计

工业设计是一门关于造物的学科，比如日常生活中规模化生产的各类产品，从硬件设备到软件应用都是工业设计研究的对象。湖大的工业设计专业隶属于设计艺术学院，是国内高校办学历史最长的工业设计专业之一，工业设计专业的教师有着不同的专业背景，了解跨学科的学术前景，能为学生的学习和发展提供指引。学生期末考核主要是提交作品集，很少参加考试。就业领域涉及互联网、电子、文娱、金融、教育等多个行业。

大学生活

一所没有围墙的大学

“想进湖南大学？门都没有！”看到这句话可不要愤怒，因为它只是一个“梗”。不同于其他大学的建造方式，湖南大学是开放式的，没有校门和围栏束缚，真正做到了城市与校园融为一体。在湖大校园，不仅能感受到校园的清静，还能近距离接触长沙的人文氛围，别具魅力。

交通出行

湖南大学的南北校区之间隔着一座岳麓山，有的人可能宿舍在山的这头，教室却在山的那头，往来通勤还需“翻山越岭”。若是要赶上清晨的课，那怎一个“苦”字了得！别急，湖大校园内交通发达，学生们乘坐公交车上下学乃是家常便饭。最特别的一点是，湖大校园内有地铁通行，学生们从宿舍出来就是地铁站，无比便捷。另外，湖大周边坐拥多个风景名胜区，学生们还可以乘坐地铁去橘子洲、五一广场等地方游玩。

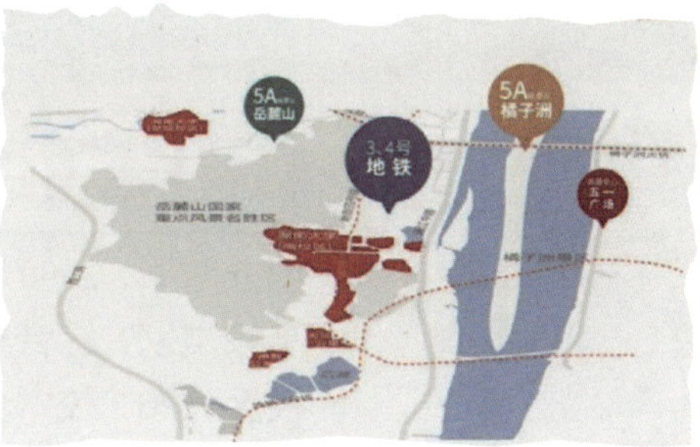

交通出行线路图

中南大學 CENTRAL SOUTH UNIVERSITY

中南大学位于历史文化名城长沙，是教育部直属的全国重点大学，坚持自身的办学特色，是求知治学的理想高校。

校训

知行合一 经世致用

概况总览

985 211 双一流

创办时间：2000 年

学校类别：综合类

校区分布：校本部、新校区、南校区、铁道校区、湘雅新校区、湘雅老校区

地　　址：湖南省长沙市麓山南路 932 号

历史一刻

1903 年 湖南高等实业学堂创办。中南工业大学的前身中南矿冶学院、长沙铁道学院的前身中南土木建筑学院的主体学科最早溯源于其矿科和路科

1914 年 湖南医科大学的前身湘雅医学专门学校创办

2000 年 中南工业大学、湖南医科大学与长沙铁道学院三校合并组建中南大学

2001 年 入选国家“985 工程”重点建设高校

2017 年 入选国家“双一流”建设高校

走进校园

在湖南，流传着这样一句话：“长沙有多大，中南大学就有多大。”中南大学由三校合并而来，共有六大校区，人们逛完全部的校园要用很长时间。我们特地挑选了几处最具代表性的景色，带你感受一下中南大学之美。

游览摆渡车

第一站：校门（本部校区）

中南大学本部的校门是许多中南学子对学校的最初记忆，淡雅的粉色配上雪白的浮雕，“中南大学”4 个大字位于正中，从远处望去，可以看到岳麓山，更显威严、庄重。

第二站：红楼（湘雅老校区）

湘雅老校区的标志性建筑就是红楼建筑群了，金色的琉璃瓦、古朴的屋顶、红白相间的墙，象征着一代又一代湘雅学子的医者仁心。

第三站：“鸟巢体育馆”（新校区）

提到“鸟巢体育馆”，你的第一反应可能是 2008 年北京奥运会开幕式的举办场地。但对于中南大学的学子来说，他们会立刻想到位于新校区的体育馆。每年的开学典礼、新生报到都是在“鸟巢”里完成的。

第四站：铁路园（铁道校区）

来到中南大学铁道校区，你一定不能错过铁路园里的3辆“古董”级火车头，这里是铁道校区的学生们“拍照”打卡胜地。3辆火车头代表的分别是“蒸汽机车”“内燃机车”与“电力机车”的3个时代，也是中国铁路发展的里程碑。

学科重点

第二轮“双一流”建设学科		
数学	材料科学与工程	冶金工程
矿业工程	交通运输工程	
一级学科国家重点学科		
机械工程	土木工程	材料科学与工程
交通运输工程	矿业工程	管理科学与工程
二级学科国家重点学科		
概率论与数理统计	控制理论与控制工程	有色金属冶金
地球探测与信息技术	病理学与病理生理学	精神病与精神卫生学
内科学（内分泌与代谢病）	神经病学	外科学（胸心外）
耳鼻咽喉科学	遗传学	药理学
国家重点（培育）学科		
外科学（普外）		

特色专业

冶金工程

冶金与环境学院是中南大学久负盛名的重要二级学院，由武汉大学等5所院校的冶金类系、科合并进入中南矿冶学院后组建而成，办学历史可追溯至1906年。学院与国内同类学科相比具有研究领域宽（全面覆盖重、轻、稀、贵等各类金属的提取与加工）、综合实力强的优势。学院师资力量雄厚，先后承担了国家“973”“863”、国家科技攻关计划（国家科技支撑计划）项目、国家技术创新项目等，获国家科技成果奖25项，为我国有色金属工业的科技进步发挥了重大作用。

大学生活

别有意味的“路名”

中南大学的文化蕴藏在每栋建筑中，沉淀在图书馆的藏书里，表现在一条条道路上。中南大学的路有着独特的寓意与意境，如南校区栽满了桂花树的月桂路，名字来源于唐代诗人王维的“人闲桂花落，夜静春山空”；还有出自“行吟泽畔，哀哉不平”的行吟路，象征“天行健，君子以自强不息”的天健路等。中南大学的路名不仅来源于诗词典籍，有的还和校园的景色或建筑相关，比如通向半月湖的伴月路，标志性建筑甘棠楼附近的甘棠路……还有哪些独一无二的路名呢？你自己去寻找吧！

月桂路

伴月路

湖南师范大学西靠麓山，东邻湘江，坐拥一派秀丽风景，是全国绿化“400 佳”单位之一。

校　训

仁爱精勤

概况总览

211　双一流

创办时间：1938 年

学校类别：师范类

校区分布：二里半校区、南院校区、咸嘉湖校区等

地　　址：湖南省长沙市岳麓区麓山路 36 号

历史一刻

1938 年　国立师范学院成立

1949 年　国立师范学院并入湖南大学

1953 年　院系调整，撤销湖南大学，建立湖南师范学院、中南土木建筑学院

1984 年　更名为湖南师范大学

1996 年　入选国家“211 工程”重点建设高校

2017 年　入选国家“双一流”建设高校

走进校园

湖南师大的学子们经常说“湖南师范大学是一所自由的大学”“湖南师范大学是一所有人文历史气息的大学”“湖南师范大学是一所风景秀美的大学”。当你行走在湖南师大的校园内，亲身感受到湖南师大二里半校区的魅力后，这些话会被逐一证实。

游览摆渡车

第一站：校门

湖南师范大学的校门是在原址老校门的基础上重建而成的，寄托着人们对先辈的缅怀与敬意。门前的两个小狮子是附近孩童的童年玩伴。

第二站：中和楼天文馆

中和楼天文馆始建于1953年，是当时湖南省乃至中南地区的第一座大型天文馆。中和楼天文馆里拥有被称为“湖南天眼”的全省最大的科普天文望远镜。学生们不仅可以参加与天文相关的科普活动，还可以近距离感受宇宙，探索宇宙。

第三站：岳王亭

岳王亭坐落于湖南师大赫石坡岳王路西端的池塘中间。亭子周边草木林立，绿水荡漾，风景秀丽。亭中石碑上刻有岳飞的遗像，其“精忠报国”的精神激励着湖南师大的学子们不断前进。

第四站：桃子湖

桃子湖位于湖南师大的南部，其名称源于周边的桃林。近些年，经过治理开发，桃子湖一改之前混乱的面貌，成为山清水秀的游览胜地，被越来越多的湖南师大学子青睐。沿着桃子湖漫步，阅山观湖，与同学谈笑二三，对于湖南师大学子来说，也许是一天中最幸福的时刻。

学科重点

第二轮“双一流”建设学科		
外国语言文学		
世界一流重点培育学科		
哲学	生物学	
国家重点学科		
英语语言文学	伦理学	中国近现代史
发育生物学	理论物理	基础数学

特色专业

教育学

湖南师范大学的教育学实力强劲，拥有全省唯一的教育学一级学科博士点和教育博士点，拥有教育学博士后流动站。在教育学专业，你将学习到教育哲学、学校管理学、德育论、高等教育学等相关的课程。同时，湖南师大还开设了英语教育学、语文教育学、数学教育学、小学教育原理、课程与教学设计等方向性更强的课程供同学们选修。经过主修和选修的配合学习，同学们毕业后除了可以继续深入理论研究外，还可以走上讲台，成为老师。

大学生活

一所没有校门的大学

和湖南大学一样，湖南师大也没有真正意义上的校门。校内的道路和校外的道路连通，公交站、地铁站均在校园范围内。另外，师大附小、师大附中也建在湖南师大的校园中。所以，在湖南师大，同中小学生一同上下学，跟教授一起等公交、地铁，都是校园出行的日常。

文创店

位于桃子湖文创园中的湖南师大文创店，几乎是每一个湖南师大学子的必去之处。在这里，诸多充满湖南师大气息的文创品等待你的光顾，校园文化衫、饰品、背包、水杯、文具套装、卡套、U 盘等物件应有尽有，每一件都与湖南师大元素搭配得相得益彰。无论是赠予他人还是毕业留念，湖南师大文创店都能满足你。

湖南师大文创店

郑州大学
ZHENGZHOU UNIVERSITY

郑州大学是中华人民共和国教育部与河南省人民政府“部省合建”高校、国家“双一流”建设高校、“211工程”重点建设高校。

校　训

求是　担当

概况总览

211　双一流

创办时间：1956 年

学校类别：综合类

校区分布：主校区（新校区）、南校区、北校区、东校区

地　　址：河南省郑州市高新区科学大道 100 号

历史一刻

1928 年
原河南医科大学成立

1956 年
原郑州大学创建

1963 年
原郑州工业大学成立

1996 年
原郑州大学入选国家“211 工程”重点建设高校

2000 年
原郑州大学、郑州工业大学和河南医科大学合并组建成郑州大学

2017 年
入选国家“双一流”建设高校

走进校园

踏入郑州大学主校区的大门，你会发现校园内每个建筑都有自己的风格，它们见证着学校的过去，参与着学校的现在，同时也等着和你共建学校的未来。这些精美的建筑、厚重的底蕴等着你去用心感受。

游览摆渡车

第一站：五星广场

五星广场位于学校南门入口，迎面可见五星红旗迎风飘扬。“五”表示多，“星”则表示人才、成就，此名寓意着郑大群星灿烂、成就辉煌。

第二站：钟楼

钟楼位于元和广场，是郑大“最高”的地标。它默然而立，让郑大人对“晨钟暮鼓”充满无限遐想和期待。每年的元旦跨年夜，校领导和师生代表会登上钟楼敲钟。

第三站：“问鼎”

郑州是我国商代遗址，“问鼎”是郑州张寨出土的商代“乳钉纹铜方鼎”的复制品，展现了灿烂的青铜文化，使春秋时期“问鼎中原”的观念得到了延续，给学子们带来了极大的精神力量。

第四站：中心体育馆

中心体育馆是郑大学子进行体育锻炼、上体育课的场所，也是举办校运会、迎新晚会、毕业典礼等大型活动的地方。这里是郑大学子挥洒汗水和放声喝彩的地方，记录了每一位学子最好的青春模样！

学科重点

<table>
<tr><th colspan="12">第二轮“双一流”建设学科</th></tr>
<tr><td colspan="4">临床医学</td><td colspan="4">材料科学与工程</td><td colspan="4">化学</td></tr>
<tr><th colspan="12">二级学科国家重点学科</th></tr>
<tr><td colspan="6">凝聚态物理</td><td colspan="6">材料加工工程</td></tr>
<tr><th colspan="12">国家重点（培育）学科</th></tr>
<tr><td colspan="3">中国古代史</td><td colspan="3">有机化学</td><td colspan="3">化学工艺</td><td colspan="3">病理学与病理生理学</td></tr>
</table>

特色专业

考古学

郑大考古学设立于 1976 年，是较早设立考古学专业的全国高校之一。

专业课程主要包括考古学导论、史前至隋唐宋元时期考古、世界考古学概论、田野考古学、科技考古、博物馆学、文化遗产概论、古文字学、历史文献学、田野考古实习等。

在教学上，考古学要求理论与实践并重。学生需要参加为期一个学期的田野考古实习，配以考古绘图、考古测绘与 GIS、环境考古、体质人类学、动植物考古等操作性较强的课程。

大学生活

郑大樱花节

每年 3 月末到 4 月中旬，校园里的樱花竞相开放，为美丽的校园增添了别样的景致。郑大人赋予樱花美丽、热情、纯洁、高尚的精神品质。自 2011 年起，在樱花盛开之际，郑大会举办一年一届的樱花节，以丰富校园文化生活，提升校园文化品位，增进同学们热爱美、热爱自然、热爱学校的真挚感情。

郑大校园的樱花

那些你不知道的郑大

◇ 从神舟七号到神舟十四号飞船，航天员使用的出舱宇航服头盔面窗和相关塑料件均由郑州大学科研团队研制。

◇ 郑州大学有 13 家附属医院，包括获全国“百佳医院”的郑州大学第一附属医院。

◇ 郑州大学荷球队于 2005 年开始组建，是国内第一批组建的荷球队。以郑州大学学生为主力的荷球队时常参加各种国际荷球比赛，并获得过诸多荣誉。怎么样，想不想亲身参与一下这项“神秘”的球类运动项目？

郑州大学第一附属医院

郑州大学荷球队

华南地区

地区介绍： 华南地区位于中国南部，气候湿润，热带资源和海洋资源丰富；代表文化为岭南文化，尤以广东文化为主。位于东南地区的珠三角城市群是我国的先进制造业基地和现代服务业基地，也是我国的科技创新与技术研发基地，更是全国经济发展的重要引擎，有“南海明珠”之称。

主要城市：深圳、广州、珠海、海口、南宁

优势产业：信息技术、金融、先进制造业、外贸、高端服务业等

华南理工大学坐落于云山珠水的羊城广州，是直属于教育部的全国重点大学。

校训

博学慎思 明辨笃行

概况总览

985 211 双一流

创办时间：1952 年

学校类别：综合类

校区分布：五山校区、大学城校区、广州国际校区

地　　址：广东省广州市天河区五山路 381 号

历史一刻

1918 年 成立广东省立第一甲种工业学校，史称“红色甲工”

1952 年 组建华南工学院，是“四大工学院”之一

1960 年 被国家确定为全国重点大学

1988 年 更名为华南理工大学

1995 年 入选国家“211 工程”重点建设高校

2001 年 入选国家“985 工程”重点建设高校

2017 年 入选国家首批“双一流”建设高校

2022 年 入选第二轮“双一流”建设高校

走进校园

华南理工大学至今已走过百余年的辉煌历程，形成了“同城一校三区”的格局，为莘莘学子提供了良好的读书和生活环境。本次旅程，让我们去看一看学校本部五山校区的特色景观，寻找现代化城区里难得一见的古色古香，深刻感受岭南文化的独特魅力。

游览摆渡车

第一站：孙中山塑像

从华南理工大学的南门进入，沿着中山路向北走一小段，我们便可看到一座宏伟的雕塑，这便是华工重要的历史人文景观之一——孙中山塑像，正如校歌“华工吾校，伟人遗芳”中唱的那样，它是华工的标志。

第二站：百步梯

在五山校区中山广场西侧，有一道百级石阶倚山向阳而建，这便是华工“校园十景”之一的百步梯。学生们拾级而上时，颇有古人入山修炼的架势，这其中也践行着克服困难、勇攀高峰的进取精神。

第三站：老体育馆

位于中山广场周边的老体育馆，是华工赓续红色血脉的一处剪影。如今，老体育馆已改为学校电影院，师生可以享受优惠票价，携亲友共度美好欢快的周末时光。

第四站：海丽文体中心

在老体育馆的北面，我们可以看到一座圆形建筑，这就是海丽文体中心。文体中心建造时采用了当时国内先进的斜拉索钢筋混凝土环桥结构体系，整体建筑空间跨度达 54 米。学校的大型活动和比赛都在这里举行，空闲的时候，这里是学子们的“打球胜地”。

第五站：西湖

西湖？杭州的西湖怎么跑到广州了？其实，此西湖非彼西湖，西湖之称不过是因为湖泊在学校的西边。除了西湖，五山校区还有东、南、北 3 座湖泊。在湖边步行道上，一排高大的大王椰子树像卫士一样矗立着，颇具南国风情。湖上还横跨着一座石桥，供行人往来通行。平时学习累了，可以从教学楼出来沿湖漫步，欣赏钟塔、金银岛、湖中亭等美景，偶尔还会看到鸭子戏水呢。

学科重点

<table>
<tr><th colspan="12">第二轮“双一流”建设学科</th></tr>
<tr><td colspan="3">化学</td><td colspan="3">轻工技术与工程</td><td colspan="3">材料科学与工程</td><td colspan="3">食品科学与工程</td></tr>
<tr><th colspan="12">一级学科国家重点学科</th></tr>
<tr><td colspan="6">材料科学与工程</td><td colspan="6">轻工技术与工程</td></tr>
<tr><th colspan="12">二级学科国家重点学科</th></tr>
<tr><td colspan="4">通信与信息系统</td><td colspan="4">化学工程</td><td colspan="4">食品科学</td></tr>
<tr><th colspan="12">国家重点（培育）学科</th></tr>
<tr><td colspan="6">机械制造及其自动化</td><td colspan="6">建筑设计及其理论</td></tr>
</table>

特色专业

轻化工程

提到生产工厂，你可能会想到一间间机器轰鸣的厂房。生活中常见的纸张、纺织品和布料，又是怎样从工厂里生产出来的呢？这就是轻化工程专业的同学们研究的课题。华南理工大学的轻化工程由中国工程院院士、制浆造纸领域的资深专家担任学科带头人，依托制浆造纸工程国家重点实验室等平台进行制浆造纸，综合实力居国际领先地位。学生们在学习植物纤维化学、制浆造纸原理与工程、制浆造纸机械与设备等专业课程知识的同时，用当代的科技感受古人造纸的智慧。

大学生活

“华南鲤工芒果莲雾大学”

华南理工大学又被称为“华南鲤工芒果莲雾大学”。每到果实成熟、鲤鱼变肥的时节，学校就会组织一场类似“农家乐”的活动。学校专门请人来捕捞鲤鱼，让食堂的师傅们做成松鼠鱼、烤鱼等美食。采摘的时候，大家团结协作，有人用带弯钩的长竿割芒果，有人撑起网布接芒果，一起体验丰收的快乐。大学城校区和五山校区的莲雾林粉红一片，轻轻摇晃树枝，粉嫩嫩、胖嘟嘟的莲雾就会掉落。春天，校园里盛开的木棉花还可以用来煲汤哦。

华南理工花园

广州一年四季如春，没有明显的季节变化，因而常年都能见到不同的鲜花盛开。像红花羊蹄甲、美丽异木棉等，花开时节芳香四溢，满树粉红，为校园增添了一丝梦幻的气息。鸡蛋花星星点点地缀在枝头，香气迷人。每次闻到那种清香，人们都驻足不愿离去。11 月的时候看到博学楼前盛开的花朵，转念想起此时北国已是万物凋零，不禁惊叹于它们的生机和美丽。南北差异令人更有一番新奇的感慨。

鸡蛋花

中山大學
SUN YAT-SEN UNIVERSITY

中山大学由伟大的爱国主义者孙中山先生于1924年创办。在近百年的办学历史中，中山大学汇聚一大批蜚声海内外的名家大师，学术文脉积淀深厚。

校　训

博学 审问 慎思 明辨 笃行

概况总览

985　211　双一流

创办时间：1924 年
学校类别：综合类
校区分布：广州校区、珠海校区、深圳校区
地　　址：广东省广州市海珠区新港西路 135 号

历史一刻

1924 年
成立国立广东大学

1926 年
正式更名为国立中山大学，成为广东最高学府

1935 年
设立研究院，开始招收研究生，是中国第一批成立“研究院”的三所高等院校之一

1997 年
入选国家“211 工程”重点建设高校

2001 年
入选国家“985 工程”重点建设高校

2017 年
入选国家首批“双一流”建设高校

2022 年
入选国家第二轮“双一流”建设高校

走进校园

想欣赏中山大学独特的建筑风格，感受其历史韵味，就要去广州校区南校园好好逛一逛。南校园也被称为“康乐园”，曾是山水诗的创始人康乐公谢灵运的旧居，后为中山大学的前身之一岭南学堂的校址。仔细看，这里的一砖一瓦、一草一木似乎都有属于自己的故事，快跟我一起去感受一下中式园林的大学校园吧！

游览摆渡车

第一站：中大北门广场

中大北门广场上矗立着中山大学的标志性建筑——中山大学牌坊，牌坊正面是“国立中山大学”6个字，背面为“格致诚正修齐治平”，可谓是中山大学精神的寄托。

第二站：孙中山铜像、惺亭

惺亭是原岭南大学的同学为纪念革命的烈士所建，亭中悬挂着一口大钟，所以也被叫作钟亭。现在，惺亭已经变成英语角，是广大英语爱好者交流、举办活动的场所。站在惺亭向前看，能看到孙中山铜像，它是中山大学的象征与骄傲，历届中大毕业生都要与它合影，以激励自己奋勇前行。

第三站：马丁堂

马丁堂是康乐园内第一栋永久性建筑，正是它奠定了中大红墙绿瓦的基调。马丁堂门外的小石狮子也十分有特色，它与我们常见的“门卫”石狮不同，其蹲姿回头望的动作更显俏皮可爱。中山大学以它为原型设计了吉祥物“中大狮”，足见大家对它的喜爱。

第四站：怀士堂

怀士堂为原岭南大学遗留建筑，是中山大学人文精神与灵魂的凝聚处，外墙以红砖为主，配以翠绿花砖装饰，楼前绿草如茵，像是一位藏在森林深处的隐士，独自记载着时间的流逝。

第五站：广寒宫

在中山大学，如果有人问你广寒宫在哪里，你可不要以为他在问月亮上嫦娥姐姐和玉兔居住的宫殿，而是南校园的一栋建筑。中山大学的广寒宫是原岭南大学的女生宿舍，因外观设计如同一座气派豪华的古代宫殿，而得名“广寒宫”。

学科重点

<table>
<tr><th colspan="12">第二轮“双一流”建设学科</th></tr>
<tr><td colspan="3">哲学</td><td colspan="3">工商管理</td><td colspan="3">数学</td><td colspan="3">化学</td></tr>
<tr><td colspan="3">生物学</td><td colspan="3">生态学</td><td colspan="3">电子科学与技术</td><td colspan="3">材料科学与工程</td></tr>
<tr><td colspan="4">基础医学</td><td colspan="4">临床医学</td><td colspan="4">药学</td></tr>
<tr><th colspan="12">一级学科国家重点学科</th></tr>
<tr><td colspan="6">生物学</td><td colspan="6">工商管理</td></tr>
<tr><th colspan="12">二级学科国家重点学科</th></tr>
<tr><td colspan="3">马克思主义哲学</td><td colspan="3">逻辑学</td><td colspan="3">人类学</td><td colspan="3">思想政治教育</td></tr>
</table>

（续表）

中国古代文学	英语语言文学	中国古代史	中国近现代史
基础数学	凝聚态物理	无机化学	高分子化学与物理
人文地理学	内科学（内分泌与代谢病）	内科学（肾病）	神经病学
外科学（普外）	眼科学	耳鼻咽喉科学	肿瘤学
卫生毒理学	药理学	行政管理	

小贴士：中山大学为探索本科教育体制改革而专门设置的学院

◇ 博雅学院：中山大学每年都会从新生中以二次遴选的方式择优选出约 30 名学生进入博雅学院，学院每学期的课程较少，但是会布置大量的阅读内容和作业。本科的 4 年期间，博雅学院的学生不仅要深入研究中国文明传统及其经典著作，还要广泛研究西方的文化和语言。古希腊语、拉丁语等古典文明语言是必修课程，学生还可以学习艺术理论与哲学，做到“会通古今中西”。

特色专业

人类学

人类学是一门十分注重实地调查的专业。中山大学人类学已经建立了系统的人类学田野调查方法研究理论和实践经验，成为中国人类学田野教学的范式。中山大学人类学主要研究方法有田野调查，以民族志的方式记录生计模式、亲属关系、民风民俗等。基础课程有人类学概论与方法 、语言人类学、民族志研究方法、亲属和社会组织、体质人类学等。同时，该专业要求学生完成 1 个月的田野调查实习。

大学生活

学术权杖

如果你问已经毕业的学长学姐，最让他们念念不忘的是什么？他们的回答大概就是毕业典礼仪式了。这是独属于中山大学的传承。每年的毕业典礼上，教授手拿神圣又庄重的学术权杖缓步走来，全体人员肃立恭迎学术权杖入场，体现了中山大学对于学术权威的敬畏。权杖设计考究，上面的荷

学术权杖

花托载着明珠寓意学术的高洁。在大学生涯中最重要的毕业典礼上看到这一幕，相信每个人内心的骄傲与感动都会油然而生。

康乐“植物园”

中山大学的南校园处处草木葱茏，枝繁叶茂。这里的一草一木承载了历史的记忆，也陪伴了每个中大学子在学校的学习、生活与成长。当年岭南大学有一个有趣的传统，师生在寒暑假返校后要带来新的植物品种到校园种植，一点一点创造出现在具有植物多样性的康乐园。这里有挺拔的苍松翠柏，也有美丽的木棉花、葱兰和紫荆。为了记载中大的植物，中山大学生命科学学院师生还整理出了一本植物图谱，上面记录的植物有 200 多种，可见中山大学生态环境之优越。在一个阳光明媚的午后，和朋友走在康乐园里，随时随地都可以来一场植物知识竞赛。

你不知道的中山大学

◇ 中山大学的学生晚上最喜欢散步或夜跑的地点不是操场，而是北门外的沿江道。吹着风在夜晚的珠江边行走，是独属于中山大学学子的浪漫时光。

◇ 很多高校的图书馆都设立了借书逾期未还就要交罚金的规定，但是在中山大学，借书逾期有另一种“惩罚方式”——做题，要根据还书的时间完成不同要求的测试题才可以消除逾期记录，继续借书。

華南師範大學
SOUTH CHINA NORMAL UNIVERSITY

华南师范大学是一所教师教育特色鲜明、学科门类齐全的高水平综合性师范大学，是中国培育教育人才的南方高地。

校　训

艰苦奋斗　严谨治学　求实创新　为人师表

概况总览

211　双一流

创办时间：1933 年

学校类别：师范类

校区分布：广州校区、佛山校区、汕尾校区

地　　址：广东省广州市天河区中山大道西 55 号

历史一刻

1933 年
成立广东省立勷勤大学师范学院

1935 年
更名为广东省立勷勤大学教育学院

1951 年
中山大学师范学院、私立华南联合大学教育系并入，组建华南师范学院

1952 年—1953 年
全国院系大调整，岭南大学教育系等多所学校院系并入华南师范学院

1982 年
定名为华南师范大学

1996 年
入选国家“211 工程”重点建设高校

2017 年
入选国家首批“双一流”建设高校

2022 年
入选国家第二轮“双一流”建设高校

走进校园

华南师范大学有“三校区四校园”，每个校园的建筑和一草一木都各有特色。石牌校园繁华热闹，大学城校园宁静美好……快坐上观光游览车，跟我一起去欣赏华南师大独有的美好景色吧。

游览摆渡车

第一站：第一课室大楼（广州校区石牌校园）

第一课室大楼分为东南西北 4 个区域，是华南师大学子大部分课程的上课地点，白色与橙色搭配的外观更显大气。这里也是石牌校区的学生们最重要的回忆地点之一，是毕业照的必备打卡地点。

第二站：蝴蝶亭（广州校区大学城校园）

站在教学楼向下看，在树林中有一只展开翅膀的白色蝴蝶，那就是蝴蝶亭。这里是华南师大学子晨读和上武术课的地点，墙上刻着华南师大的校训。清新的早晨，学子们坐在亭子里读书，感受从林中吹来的微风，这是华南师大限定的美好享受。

第三站：文化广场（广州校区石牌校园）

文化广场是学生们最喜爱的活动场所，里面矗立着体现华南师大文化传承的雕塑——《孔子和他的弟子》。晚上，广场上有歌手唱歌，学生们可以用手机微信提前点歌哦。结束了一天的课业，和同学们一起在绽开的木棉花下伴着月光听歌，多么惬意。

学科重点

第二轮“双一流”建设学科		
物理学		
二级学科国家重点学科		
光学	发展与教育心理学	教育技术学
国家重点（培育）学科		
体育人文社会学		

特色专业

教育技术学

老师在上课的时候不只会用到课本和黑板，有的时候还需要打开多媒体设备，用幻灯片或视频来讲解一些重点知识，这看似普通的一个举动，却也是一门需要研究的专业——教育技术学，也叫电化教育。华南师范大学开创了新中国第一个教育技术学本科专业，拥有国内高校同类学科专业中一流的教学与实验环境条件。教育技术学专业的学生们不仅要掌握教学相关的知识，还要学习大学物理、多媒体系统原理与技术、python语言和人工智能等跟科技有关的内容，把最前沿的科技发展成果运用到教学中去。

大学生活

大学“健身房”

华南师范大学有健身房、排球场、网球场、篮球场、羽毛球馆和游泳馆等各类运动场地，不管你喜欢什么运动，都能在这里找到适合你的。其中还有一个特殊的场地——手球馆。手球是一种结合了篮球和足球的特色发展而来的运动项目，华南师大的手球馆硬件设施好，空间大，还有环绕式的观众席。正因如此，许多大型活动也经常在这里举办，比如重大会议和毕业典礼、开学典礼。

手球馆

暨南大學 JINAN UNIVERSITY

暨南大学是我国第一所由政府创办的华侨学府，在我国高等教育史上有着不凡的意义。历经百年发展，今天的暨南大学已成为文科优势明显、理工医学发展迅速的新时代强校。

校　训

忠信笃敬

概况总览

211　双一流

创办时间：1906 年

学校类别：综合类

校区分布：广州石牌校区、番禺校区、广园东校区，深圳校区，珠海校区

地　　址：广东省广州市天河区黄埔大道西 601 号

历史一刻

1906 年
暨南学堂建成，校址在南京

1927 年
更名为国立暨南大学

1958 年
在广州重建

1996 年
被选入国家“211 工程”重点建设高校

2011 年
获批“985 工程优势学科创新平台”

2017 年
入选国家首批“双一流”建设高校

2022 年
入选国家第二轮“双一流”建设高校

走进校园

暨南大学校本部在石牌校区，该校区是暨大整体风貌的缩影。你如果想近距离感受暨南大学独特的风情，去石牌校区走一趟绝对是个好选择。

游览摆渡车

第一站：南门

南门为拱形，像海面上初升的半轮太阳，远远望去又像一道悬在天空中的彩虹，于是暨大人也称它为“彩虹门”。南门在每一个暨大人心中都有着不可撼动的地位，它承载着暨大人面向海外传播中华文化的志向与情怀。

第二站：万国墙

万国墙建于暨南大学 95 周年校庆之际。1978 年以来，暨大学子的 100 多个生源国鉴证了暨大的桃李满天下。亮丽的黄色与具有时尚感的造型设计，也让万国墙成了校内著名的游览、拍照“打卡地”。

第三站：世界华侨华人文献馆

世界华侨华人文献馆位于图书馆 6 楼，是充分彰显学校办学历史与办学特色的场馆。在此，你可以通过图片、文字、实物、多媒体等多元的方式，了解华人华侨的历史、贡献与文化，体会中华儿女共同的家国情怀。

第四站：四海艺术空间

四海艺术空间位于校友楼第三层，这里会定期展出各国精致的艺术作品，开展艺术交流活动，为师生带去“美”的体验。我国的“国礼”景泰蓝、历史典故原创连环画都曾在此展出。

学科重点

第二轮“双一流”建设学科			
药学			
二级学科国家重点学科			
产业经济学	金融学	文艺学	水生生物学

特色专业

新闻学

我们每天都会接触到各种各样的信息，通过各种媒介了解到世界各地发生的新鲜事，能够公正客观地记录事件的媒体就是新闻。暨南大学的新闻学专业排名位于全国前列，在 70 余年的发展中，有着诸多的实践经验与理论积累，已具有本科、硕士、博士和博士后在内的人才培养体系。其理论课程主要由新闻采写、新闻编辑、新闻评论、新闻摄影等课程组成。学生们可以亲身投入“报纸工作坊”“准记者南方训练营”等实践课和实习活动。同学们在毕业后可以进入媒体行业，从事新闻采编、文字编辑等工作。

大学生活

旭日运动场

要论缓解学习疲惫感的好去处，旭日运动场肯定占有一席之地。首先，不同于大部分学校热烈的红色跑道，暨南大学的跑道是典雅的蓝色。踏上跑道，即刻让你感受轻松、宁静的氛围。傍晚时分，天边晚霞会悄然挂在体育场上空。伴着霞光，围绕跑道缓步前行，这是再惬意不过的事情了。既然都来了运动场，何不运动一下消除烦恼呢？经国家田联认证过的跑道一定能够为你提供更加舒适的运动体验。

旭日运动场

“影迷圣地”

你如果是一个电影爱好者，那大概率会更加喜欢暨南大学。暨大的电影活动非常丰富：大学生电影节、电影周常安排在此开幕；诸多知名电影首映礼、见面会在此举办；学校设有时光机影视协会，并连续多年举办微电影大赛。热爱电影的你，定然会在这些活动中一饱眼福、收获快乐。

走向国际的文体活动

作为一所华侨学府，多元、国际化的活动必然不能错过。如在国际土风舞（富有乡土气息的舞蹈）大赛中，中国彝族舞蹈、美洲踢踏舞、大洋洲毛利战舞、乌克兰传统戈帕克舞等各国各地区的舞蹈都会登上舞台，呈现一场文化盛宴。而除了国际土风舞大赛，“侨生杯”系列体育竞赛、民族文化节等活动也丰富了暨大学子的生活，成为暨大内地学子与华侨同胞、外国友人交流的平台。

彝族舞蹈

美洲踢踏舞

深圳大学位于广东省深圳市，是由广东省主管、深圳市人民政府主办的综合性大学，形成了“特区大学、窗口大学、实验大学”的办学特色。

校训

自立 自律 自强

概况总览

101 计划

创办时间：1983 年

学校类别：综合类

校区分布：粤海校区、丽湖校区

地　　址：广东省深圳市南山区南海大道 3688 号

历史一刻

1983 年
创办深圳大学

2006 年
被批准增列为博士学位授予单位，同年，深圳国家生化工程技术开发中心成建制整体并入深圳大学

2013 年
入选国家级大学生创新创业训练计划

2018 年
进入广东省高水平大学重点建设高校名单

2020 年
加入深圳高校创新创业教育联盟

走进校园

深圳大学是一所年轻的大学，校内的建筑和环境洋溢着青春的氛围，虽然没有红砖绿瓦的古色古韵，但独特的现代化建筑也承载了深大的灵魂。《深圳当代建筑》一书收录了深圳市 45 个代表性的建筑作品，其中深圳大学就上榜了 7 个哦。快拿好相机，我们一起去校园里看看吧！

游览摆渡车

第一站：日晷（粤海校区）

深圳大学的日晷坐落在校园的中轴线上，大理石的盘面上刻有仿青铜古篆字的十二时辰，记录着学生在校园里度过的青春时光。日晷背面还刻有朱熹语录，提醒学生要潜心学习，不要荒废时间。

第二站：“仰望星空”立柱（粤海校区）

元平体育馆前 4 根抽象的立柱名为“仰望星空”，寄托了深大学子脚踏实地、仰望星空的美好追求。不过它还有一个更有趣的名字，许多学生都因它奇特的造型，而戏称其为“天线宝宝”。

第三站：汇元楼（粤海校区）

汇元楼是深圳大学的地标性建筑：岩石墙面上“深圳大学”4 个大字和旁边三人行的浮雕图案，旨在用先贤的思想启示学生；墙壁背面除了校训“三自”精神外，还有一个大大的脚印形状，配合“实地”两个字，寓意脚踏实地。

第四站：档案馆（粤海校区）

快看，前面那栋大楼有奇特的纹路和方正的外表，好像一个巨型立体二维码！其实这是深圳大学的档案馆，里面存放着深大的各种“宝物”，记录着深圳大学一路以来的成长历程。

第五站：图书馆（丽湖校区）

深圳大学丽湖校区的中央图书馆是勤奋的深大学子的聚集地，馆内不仅可以满足大家研讨交流、查阅书籍的需求，还有读者培训、文化沙龙等活动。从高处向下看，图书馆的“K”字形轮廓就像一把钥匙，带领学子打开知识的大门。

学科重点

广东省攀峰重点学科			
理论经济学	信息与通信工程	光学工程	计算机科学与技术
广东省优势重点学科			
法学	外国语言文学	新闻传播学	材料科学与工程
建筑学	土木工程	生物医学工程	管理科学与工程
设计学			

特色专业

计算机科学与技术

计算机的出现给我们的生活提供了很大的便利，我们可以在上面看视频、玩游戏、搜集资料，但是你知道计算机是如何运行的吗？计算机科学与技术专业主要研究计算机的各种硬件结构和软件编程，随着计算机的广泛应用而迅速发展。深圳大学的计算机科学与技术专业是培养计算机方面人才的摇篮，学生会在课堂上学到计算机导论、计算机系统、数据结构与算法、编程语言、软件工程与算法等课程。号称“世界创客之都”的深圳，给计算机科学与技术专业的学生提供了广阔的专业发展前景与浓厚的创业氛围，周边世界级的企业也为该专业所培养的人才提供了大量的工作机会和无限的发展可能。

大学生活

“深圳荔枝大学”

深圳大学还有两个响亮的名字：“荔园”与“深圳荔枝大学”。这是因为校园内有千余棵荔枝树。在建校之初，这些荔枝树就生长于此。对于深大来说，荔枝不是一种普通的水果，而是一种校园文化象征。每年深圳大学都会举办荔枝节，全校师生在荔枝树下一起摘荔枝，食堂还会优选古树荔枝做荔枝果木烤肉、荔枝慕斯蛋糕等限定美食。采摘下来的荔枝当天就派发到同学们手里，让所有人都能吃到最新鲜的荔枝。

荔园

荔枝节

深大冷知识

深圳大学的体育场馆非常“豪华”，有游泳池、保龄球场、击剑馆，还有高尔夫球场。学校每年还会给每人发 300 元的运动经费，鼓励学生走进体育场馆运动哦！

深圳大学又被称为“深圳世界杯大学”，在这里，你可以坐在演会中心舒适的座位上，和 2000 人一起吃荔枝，看大屏幕上精彩的世界杯赛事转播，氛围感十足。

海边游泳池

广西大学坐落于素有“中国绿城”之称的广西首府南宁，是教育部和广西壮族自治区人民政府“部区合建”高校。

校　训

勤恳朴诚　厚学致新

概况总览

211　双一流

创办时间：1928 年

学校类别：综合类

地　　址：广西南宁市西乡塘区大学东路 100 号

历史一刻

1928 年
省立广西大学在广西梧州成立

1939 年
成为国立广西大学

1997 年
广西大学与广西农业大学合并组建新的广西大学，被列为“211 工程”重点建设大学

2017 年
入选国家“双一流”建设高校

2018 年
成为教育部和广西壮族自治区合建高校

2022 年
入选第二轮“双一流”建设高校

走进校园

在广西大学，如果没有交通工具，单纯靠两条腿走路，恐怕得累坏了。要知道广西大学的学校占地面积达到了 2.14 万余亩。或许你对“万亩”这个单位还没什么概念，这么说吧，一个标准 400 米跑道的操场，占地约为 15 亩，你可以算算西大的校园能抵多少个操场？约 1427 个！如果没有导航或者领路人，你迷路的概率会很大哦！

游览摆渡车

第一站：时光之门

时光之门是广西大学的标志性建筑。3 根脚柱分别代表了过去、现在和未来，表达了对西大学子美好的祝愿，也激励西大的学生珍惜时光、发奋读书。

第二站：碧云湖

碧云湖风景如画，两旁种有紫荆花，每当清风徐来，花瓣就会飘落在湖面上，随着湖水漂荡。夏天湖内会有荷花绽放，碧空如洗、风和日丽，有不少学生会来这里放松心情或讨论学术问题。

第三站：大礼堂

大礼堂被两片碧湖捧在手心，历史悠久，具有法式建筑风格，学校很多大型活动都在这里举办。

第四站：三角梅瀑布

西大校园里树木成荫，一年四季都有不同种类的鲜花盛放，表现出浓浓的南亚风情。当然，最独特的便是这株巨型三角梅，它有30多米高，相当于7层楼的高度，沿着一栋教学楼的外墙攀爬到了楼顶，成为全国罕见的“三角梅瀑布”。

第五站：试验田

在西大的边缘地区是农学院的试验田。来到这里，你仿佛进入了另一个桃源世界，远离了都市生活的喧嚣，静看落日、晚霞与稻田，运气好的时候，还可以看到萤火虫。农学院的学生把自己的作业布置成一道风景，装饰了西大的校园。

学科重点

第二轮“双一流”建设学科	
土木工程	
二级学科国家重点学科	
结构工程	动物遗传育种与繁殖
国家重点（培育）学科	
微生物学	

特色专业

矿物资源工程

矿物资源是重要的自然资源，我们的生活离不开煤、石油、铁等矿产，矿物资源工程专业研究的就是如何合理利用、科学开采我国的矿物资源。广西的矿产资源种类较多，是全国十个重点有色金属产区之一。广西大学的矿物资源工程专业利用地域优势，与有色金属产业紧密结合，拥有省部共建特色金属材料与组合结构全寿命安全国家重点实验室等科研平台。广西大学注重培养学生的专业技能，开设有地质学、岩石鉴定、矿物加工、工程流体力学等核心课程，还开设了矿物粉碎工程、矿床地下开采等实践课。

大学生活

学习氛围

广西大学实行本科生导师制，刚考进大学的本科生，就能像硕士或博士研究生一样，有相应的指导老师。每个导师只指导几个学生，可以更好地关心学生的学习生活，甚至学生的工作、考研，他们都会操不少心呢。

“蘑菇乐园”

在校园里你随处可以看到打着伞的学生，毕竟广西的太阳可是非常晒的，无论男生还是女生，在这里生活都需要遮阳伞保护皮肤。不用等到下雨天，你就能看到校园里张开一朵朵可爱的“蘑菇伞”，是不是很有画面感？

水果乐园

广西的水果种类丰富、价格实惠，来到西大，你将实现“水果自由”。校内路边的各种果树上，荔枝等水果可以现摘现吃。这可真应了苏轼的那句诗“日啖荔枝三百颗，不辞长作岭南人”。

海南大学 HAINAN UNIVERSITY

海南大学的主校区坐落在“滨海之城”海口，与全球最大的自由贸易港相近，站在了改革开放的最前沿，为海南经济社会发展作出了积极贡献。

校　训

海纳百川 大道致远

概况总览

211　双一流

创办时间：1958 年

学校类别：综合类

校区分布：海口海甸校区、观澜湖校区、城西基础教学部，儋州校区

地　　址：海南省海口市人民大道 58 号

历史一刻

1983 年
在原海南师范专科学校、海南医学专科学校和海南行政区农学院（海南农业专科学校）的基础上组建原海南大学

2007 年
华南热带农业大学与原海南大学合并组建成新海南大学，成为海南省人民政府与教育部、财政部共建的高校

2008 年
列为国家“211 工程”重点建设高校

2012 年
获得国家“中西部高校综合实力提升工程”的建设支持

2017 年
入选国家首批“双一流”建设高校

2022 年
入选第二轮“双一流”建设高校

走进校园

海南大学的主校区（海甸校区）位于海口市北部的海甸岛上，走在校园里，清新的海风带着咸湿的气息扑面而来，四周一派热带风光。我已经迫不及待要去见一见海南大学独有的海岛美景，快点跟上我的脚步！

游览摆渡车

第一站：东坡湖

从海甸校区的东门进入校园，映入眼帘的是一片湖泊，名为东坡湖。湖心岛上栽种了郁郁葱葱的红树林，为白鹭等鸟类提供了一个歇脚的“休息站”。

小贴士：东坡湖与海水相通，可以在校园里看到它与大海一同潮起潮落的奇特景象哦！

第二站：起点草坪

起点草坪是学生课余时间的好去处，“起点”为草坪中心的三角形雕塑，随时都有人抱着自己的专业书或单词本坐在雕塑旁认真学习。草坪上可以闲坐聊天，可以铺上野餐垫分享零食，还可以举办小型的社团活动。

第三站：东坡像

东坡像是海南大学的特色文化地标，当年苏东坡被贬儋州时，最伟大的功绩便是在当地开办学堂，教书育人，开启了海南文化教育的先河。石像既是为纪念苏东坡先生而建，也是为传递他的精神而立。

第四站：青春记忆广场

青春记忆广场是海南大学为学生活动而建造的主题广场，相互交错的小路构成了广场的“脉络”。广场上有很多长凳，学生可以在这里享受晨读时光，也可以散步游览热带园林景观。这里可是栽种着 100 多种热带、亚热带植物呢！

第五站：农科楼

作为热带农林学院教学楼的农科楼是海南大学校园内最大、最高的建筑。学院的老师在这里办公、教学，学生在这里上课、做实验。它承载了一代又一代海大人的青春回忆。楼前还有一个广场，广场上立着一个刻有“丹心耀南疆”的纪念碑。

学科重点

第二轮“双一流”建设学科	
作物学	
国家重点学科	
作物遗传育种	植物学
国家重点（培育）学科	
作物栽培学与耕作学	

特色专业

植物保护

当我们行走在城市的街道上，会看到道路两旁的树木下半截躯干总有一些白色的油漆，这是为了防止害虫从地面爬上树木，危害其健康。植物和动物一样，都需要我们细心呵护，尤其是对我们至关重要的农作物，如水稻、玉米等。植物保护专业学习的就是相关的理论、知识和技能。海南大学的植物保护专业是原华南热带作物学院与原华南热带作物研究院最早设立的本科专业之一，因我国天然橡胶事业的发展需求而建立，是国内院校中少有的以天然橡胶等热带作物为研究对象的植物保护专业。该专业还开设了热带农业病理学、热带农业昆虫学等特色课程，依托当地的自然环境，为学生提供了热带农林生物灾害绿色防控教育部重点实验室等科教平台，已经成为海南大学的国家特色专业之一。

大学生活

“平民高尔夫”

在海南大学有一个特殊的体育选修课，叫作木球，球门、球杆与球本身都是由原木制成的，球门两边为木瓶，中间悬挂着一个由木头做成的杯子，击球进门时挂着的木杯要转动一圈才可计入成绩。草坪、普通地面和沙地都可以作为木球的场地。听上去是不是和我们所熟悉的高尔夫比较相似？没错，它也被叫作“平民高尔夫”。顺便一提，海南大学的木球队可是很厉害的，多次在全国木球锦标赛中获得优异的成绩。

木球比赛

海南大学攻略

海南大学校园内的道路上都设立有减速带，无论是小汽车还是电动车，在校园里都只能缓慢前行。这些减速带是学生行走在校园内的安全保障。

海南是多雨的热带气候，每次下完雨后，天空都美得让人沉醉。在教学楼或路上抬头仰望，你能看到粉色与蓝色交织的天空，金黄的云朵在阳光照射下慢慢飘动。如果赶上夕阳西下，你还能看到漂亮的火烧云呢！

西南地区

地区介绍： 西南地区是21世纪以来中国实施“西部大开发战略”的重要发展区域之一，也是中国有色金属工业发展和战略储备的重要基地。西南地区地形复杂，气候多样，有四川盆地、云贵高原、青藏高原三个显著地形区；江河、林木、牧草资源十分丰富，是我国发展橡胶、甘蔗、茶叶等热带经济作物的重要地区。

主要城市：成都、贵阳、昆明、重庆、拉萨

优势产业：机械电子工业、冶金工业、化学工业、能源工业、旅游业等

电子科技大学

University of Electronic Science and Technology of China

电子科技大学是一所完整覆盖整个电子信息类学科，以电子信息科学技术为核心，以工为主，理工渗透，理、工、管、文、医协调发展的多学科性研究型大学，是国内电子信息领域高新技术的源头、创新人才的基地。

校　训

求实求真　大气大为

概况总览

985　211　双一流

创办时间：1956 年

学校类别：理工类

校区分布：清水河校区、沙河校区、九里堤校区

地　　址：四川省成都市高新区（西区）西源大道 2006 号

历史一刻

1956 年
由交通大学、南京工学院、华南工学院的电讯工程有关专业合并创建为成都电讯工程学院

1961 年
被中共中央确定为七所国防工业院校之一

1988 年
更名为电子科技大学

1997 年
成为国家“211 工程”重点建设大学

2001 年
成为国家“985 工程”重点建设大学

2017 年
入选国家首批“双一流”建设高校

2022 年
入选第二轮“双一流”建设高校

走进校园

电子科技大学虽为理工类大学，但它的校园中不只有精密的仪器、零件或公式，也同样蕴藏着丰富的人文情怀，为每一位学子营造出严谨又温馨的学术氛围。来吧，让我们去电子科技大学的校园一探究竟。

游览摆渡车

第一站：主楼（沙河校区）

沙河校区的主楼仿照苏联“莫洛托夫动力学院”教学主楼设计。当年在建设这座大楼的时候，成电的师生也参与了进来——主楼的水磨地板就是他们利用课余时间磨出来的。

第二站：主楼（清水河校区）

清水河校区的新主楼沿袭了沙河校区主楼的文化内涵和体貌风格，内部设计又融合了现代特色并进行创新。厚重、大气、典雅的新主楼代表的是成电人对老校区主楼的回忆，以及对“求实求真、大气大为”成电精神的发扬光大。

第三站：电子科技博物馆（清水河校区）

清水河校区的电子科技博物馆是中国第一座综合性电子科技博物馆，这里珍藏着电子科技发展的点点滴滴。你可以在里面看到通信、雷达、广播电视、电子测量仪器、电子元器件和计算机 6 个电子工业领域的近 1.4 万件藏品。

第四站：银杏大道（清水河校区）

成电的银杏大道不光广受学生欢迎，还吸引了附近居民、外来游客前来“打卡”。每到秋天，满地金黄，浓郁的秋之气息扑面而来。这时，成电的学生就会约上二三好友，去银杏大道游玩打卡，捡几片银杏叶做书签，按动快门记录下这美好的秋景。

学科重点

第二轮“双一流”建设学科	
电子科学与技术	信息与通信工程
一级学科国家重点学科	
电子科学与技术	信息与通信工程
国家重点（培育）学科	
光学工程	计算机应用技术

特色专业

电磁场与无线技术

电磁场与无线技术听起来像是遥不可及的高科技，好像离我们的日常生活很远。但其实我们手机的5G信号、连的Wi-Fi网络、导航时用到的北斗系统、听歌用的蓝牙，都是与电磁场与无线技术专业研究相关的东西。电子科技大学的电磁场与无线技术专业属于电子科学与工程学院，学院的研究领域覆盖了电子科学与技术的主流方向，依靠国家电磁辐射控制材料工程技术研究中心等国家级科研平台开展教学工作。学生毕业后可以到邮电、通信、航空航天、雷达等领域从事理论研究和工程设计等工作。

大学生活

成电讲坛

成电讲坛对于成电学子来说，是一个极具吸引力的地方。成电讲坛会不定期邀请国内外各领域知名人物来学校举办讲座，全校师生皆可参与。讲座的内容丰富多元，至今已有“人文·科学”“艺术·人生”“校友·成才”“天下·视野”“诺奖·大师”等多个系列。两院院士、诺奖得主、文化名人、政企精英……各个领域的名人都曾做客成电讲坛，向成电师生讲述他们的故事。在举办讲座之前，学校会通过多个渠道发布讲座信息，感兴趣的同学们会早早地在会场前排起长队，迫不及待地前来一睹大师风采。

成电讲坛

钢琴小屋

如果你在电子科技大学的校园里突然听到一阵悠扬的钢琴声，不妨去探访一下钢琴小屋。为了丰富师生们的校园生活，满足大家对艺术和美的追求，6 个钢琴小屋在众创空间草坪上落户，它们分别以“贝多芬”“莫扎特”等 6 位著名钢琴家的名字命名。在午间休息或晴朗的下午，悦耳的琴声便会从同学们灵巧的指尖流出，飘荡在校园里，为师生们带来一场场不期而遇的音乐盛宴。

钢琴小屋

四川大學 SICHUAN UNIVERSITY

四川大学是国家布局在中国西部重点建设的高水平研究型综合大学，地处美丽富饶的“天府之国”成都，校园环境优美，是读书治学的理想园地。

校　训

海纳百川 有容乃大

概况总览

985　211　双一流

创办时间：1896 年

学校类别：综合类

校区分布：望江校区、华西校区、江安校区

地　　址：四川省成都市一环路南一段 24 号

历史一刻

1896 年
开办四川中西学堂

1926 年
组建国立成都大学

1931 年
国立成都大学、国立成都师范大学和公立四川大学合并为国立四川大学

1994 年
原四川大学和原成都科技大学合并为四川联合大学

1998 年
更名为四川大学

2000 年
四川大学与原华西医科大学合并，组建成新的四川大学

2017 年
入选国家首批“双一流”建设高校

2022 年
入选第二轮“双一流”建设高校

走进校园

四川大学的校园树木繁茂、碧草如茵、景色宜人，不仅有中西风格融合的建筑精品，还有山水花草等自然景观，令人心旷神怡。话不多说，一起走进四川大学，欣赏一下独一无二的美景吧！

游览摆渡车

第一站：大红门（望江校区）

“大红门”是望江校区的北大门，是一座中式仿古牌坊，呈“品”字形结构。4 根红色立柱分外惹眼，故而得名“大红门”。作为川大的“门面”，前来这里打卡的游客络绎不绝。

第二站：明德楼（望江校区）

明德楼是学校的行政楼，整体造型呈现中西合璧之特色，红柱青砖的外观饱含浓烈的中国传统色彩。如今的明德楼，不仅是四川大学的地标建筑，更是国家重点文物保护单位，被誉为“中国高校建筑之精品”。

第三站：长桥（江安校区）

长桥，顾名思义就是一座很长的桥（桥长 418 米）。长桥在江安校区，横跨江安河与明远湖两大水域，是中国高校中最长的步行桥。同学们课余闲暇时间在此欣赏两岸风光，拍拍照、赏赏花、吹个风，真是别样的体验。

第四站：钟楼（华西校区）

华西校区的钟楼目前是成都仅存的一座机械式钟楼。华西钟楼的楼内有一座西洋铸钟，早期由人工敲打，后改为电力驱动。从 1926 年竣工到如今，一直都是川大和成都的地标象征。

学科重点

第二轮“双一流”建设学科			
数学	化学	材料科学与工程	基础医学
口腔医学		护理学	
一级学科国家重点学科			
中国语言文学	数学	材料科学与工程	生物医学工程
口腔医学			
二级学科国家重点学科			
宗教学	政治经济学	历史文献学	专门史
原子与分子物理	有机化学	植物学	遗传学
固体力学	计算机应用技术	岩土工程	水力学及河流动力学
化学工程	皮革化学与工程	核技术及应用	法医学
儿科学	内科学（呼吸系病）	内科学（消化系病）	影像医学与核医学
外科学（骨外）	外科学（普外）	外科学（胸心外）	妇产科学
肿瘤学	营养与食品卫生学	药剂学	

特色专业

口腔医学

口腔是人体消化系统的重要组成部分，内含牙齿、牙床、舌头等器官。因而口腔医学不只是单纯地关注牙齿，而是研究口腔常见病、多发病诊治和预防。口腔医学是医学大类的一个分支，学习时长通常为 5 年。四川大学华西口腔医（学）院被誉为中国现代口腔医学的发源地和摇篮，专业水平很高，学科评估多次位列全国第一。川大的口腔医学专业属于口腔医（学）院，口腔医（学）院包含口腔基础医学系、口腔内科学系、口腔颌面外科学系等 6 个学科系，拥有专业教研室和国家级精品课程群，还依托华西口腔医院，拥有良好的实习实践平台。目前我国的口腔专业人才呈现供不应求的局面，有很大发展前景。

大学生活

文化资源丰富的川大

四川大学不仅建有 4 个图书馆，还建有“六馆一廊”文化资源平台。川大学子可以在这座庞大的知识殿堂中尽情游览：查文献、读专著，就到卷帙浩繁的图书馆去；了解书画、陶瓷等文物藏品，就到规模宏大的人文历史博物馆去；探寻一些奇花异草、奇珍异兽，就到包罗万象的自然博物馆去……

川大图书馆

生活环境安逸的川大

每到 5 月，校园内的蓝花楹盛开，将川大变成了童话故事中的小镇。9 月，校园内丹桂、金桂飘香十里。川大的望江校区还是成都最优秀的鸟类观察点位之一，春回大地之时，鸟儿就会穿着五彩斑斓的衣装，在川大的校园里自由飞翔。作为百年老校，川大积极承担传播传统文化的重任，举办了“陌上花开”国学月、名家“国学讲坛”、诗歌展和“国风市集”等活动。特别是在“国风市集”上，川剧、皮影戏、木刻、羌绣、扎染、空竹等应有尽有，充分展现了四川文化的独特魅力。

“陌上花开”国学月

独一无二的川大

四川大学的校园里依旧延续着 20 世纪七八十年代在露天看电影的传统，众人坐在一起，在夜晚的广场上观看“坝坝电影”。

小贴士：在四川地区，露天电影被叫作“坝坝电影”，是 20 世纪电视未普及时人们进行文娱活动、了解世界的方式。这种观影方式通常需要放映员操作放映机和幕布并配合发电机来放映电影。

四川農業大學
SICHUAN AGRICULTURAL UNIVERSITY

四川农业大学坐落于被誉为“民族走廊”的雅安市，背靠青山，面向全国，是一所以生物科技为特色、农业科技为优势，多学科协调发展的国内知名高校。

校 训

追求真理 造福社会 自强不息

概况总览 211 双一流

创办时间：1906 年

学校类别：农林类

校区分布：雅安校区、成都校区、都江堰校区

地 址：四川省雅安市雨城区新康路 46 号

历史一刻

1906 年 成立四川通省农业学堂

1927 年 成立公立四川大学农科学院

1956 年 四川大学农学院整体迁至雅安，独立建校为四川农学院

1985 年 更名为四川农业大学

1999 年 确定为国家“211 工程”建设高校

2017 年 入选国家“双一流”建设高校

2022 年 入选第二轮“双一流”建设高校

走进校园

四川农业大学的 3 个校区各有特色，每一处都焕发着独属于川农大的生机与活力。上车！我们一起去感受川农大的魅力！

游览摆渡车

第一站：老板山（雅安校区）

老板山是雅安校区内的知名山丘，北面为读书公园，配有台阶、亭子等基础设施，是川农大学子学习、休息的场所。川农大的图书馆就坐落在老板山的半山腰。

第二站：九曲廊桥（都江堰校区）

都江堰校区蜿蜒的九曲廊桥静静地立在湖面之上，在颇具巴蜀风情的校园中形成了独具一格的江南气息，每天都陪伴着湖畔晨读、散步的川农大学子。

第三站：拓荒牛（雅安校区）

《拓荒牛》是川农大百年校庆时诞生的作品。简约的骨架线条展现了牛的生命力，显示了牛的韧劲与闯劲，与川农大艰苦奋斗的精神一脉相承。

学科重点

第二轮“双一流”建设学科	
作物学	
二级学科国家重点学科	
动物营养与饲料科学	作物遗传育种
国家重点（培育）学科	
动物遗传育种与繁殖	预防兽医学

特色专业

草坪科学与工程

公园、广场、高尔夫球场和足球场等地方的草坪都是草坪科学与工程专业的学生研究的对象。四川农业大学的草坪科学与工程专业源于全国首个中美草坪管理专业，拥有高水平的师资力量，侧重面向草坪园林景观绿化和运动场建设等行业产业需要。学生主要学习草类植物育种学、绿地景观规划设计、草坪保护学、运动场草坪、草坪灌排水工程学、园林工程制图、园林植物栽培学等基本理论和知识，毕业后可以在景观绿化、运动场草坪、区域生态保护等行业从事技术和管理工作。

大学生活

“搬牛”

作为雕塑的拓荒牛，最初只在固定的位置“品味美草”。但在某一天，川农大学子发现这头牛开始在校园中“散步”了，之后，在夜间帮助拓荒牛“散步”的搬牛活动便成了川农大校园中的流行活动。校方知道后并没有制止学生的行为，还复制了雅安校区的牛到成都校区和都江堰校区，供同学们“搬牛”，支持同学们的创意之举。久而久之，搬牛活动成为川农大的特色校园文化，承载了同学们很多美好的回忆。

西南财经大学
SOUTHWESTERN UNIVERSITY OF FINANCE AND ECONOMICS

西南财经大学一直秉持着“经世济民、孜孜以求”的精神，致力于为国家的金融、经济事业建设作出贡献。

校　训

严谨 勤俭 求实 开拓

概况总览

211　双一流

创办时间：1925 年

学校类别：财经类

校区分布：光华校区、柳林校区

地　　址：四川省成都市光华村街 55 号

历史一刻

1925 年 光华大学成立

1946 年 更名为成华大学

1952 年—1953 年 院系调整，西南地区 16 所财经院校或综合大学的财经系科并入成华大学，组建四川财经学院

1979 年 划归中国人民银行主管

1985 年 更名为西南财经大学

1997 年 进入国家“211 工程”建设高校

2000 年 划转教育部管理，四川银行学校并入西南财经大学

2017 年 入选国家“双一流”建设高校

2022 年 入选第二轮“双一流”建设高校

走进校园

西南财经大学有将近百年的历史沉淀，在波澜壮阔的时光长河中，今天的西财又变成了什么模样？快来！西财校园已经准备好一展风采，敞开大门迎接我们的到来了。

游览摆渡车

第一站：光华门（柳林校区）

光华门是西财前身光华大学的校门，屹立在西南财经大学的柳林校区，以纪念光华大学办学时期辉煌的历史。它承载着“日月光华，生生不息”之意，指引西财人不忘使命，担当重任。

第二站：钟楼（柳林校区）

钟楼整体造型典雅庄重，是西财历史发展的见证，被赋予了“继承光华精神，敲响时代钟声”的含义。

第三站：光华铁树（光华校区）

明德楼前的光华铁树无疑是校园里的“老前辈”。1939 年，光华大学的师生将它栽种在校园内。从此，光华铁树成为光华人坚韧不拔、不屈不挠、勇于拼搏的精神的象征。

第四站：思想者（柳林校区）

“思想者”雕像扶膝托头，目视下方，一副凝神沉思的模样，似乎在思考一个深刻的问题。它立于图书馆前，默默地向来往的西财学子传达探寻真理的精神。

第五站：张寿镛像（柳林校区）

张寿镛先生是西财重要的奠基人，也是光华大学的首任校长。他引领了光华大学的办学方向，提出了“复兴中华，复兴光华”的愿景，不断激励后辈。他的塑像立于校园之中，见证着一代又一代西财学子登上更高的知识殿堂。

学科重点

第二轮“双一流”建设学科			
应用经济学			
二级学科国家重点学科			
金融学	政治经济学	会计学	统计学

特色专业

审计学

每一个公司都有一个不可或缺的职位——会计，他们要把公司的各种经济业务换算成货币，通过记账、算账、报账来反映这个企业的经营状况，而审计的工作则是负责检查会计的报账结果。西南财经大学审计学专业的前身由中国第一号注册会计师谢霖创办，拥有先进的教学理念与雄厚的师资队伍，联合数学学院、计算机与人工智能学院和统计学院进行跨学科专业培养。学生在大学 4 年的时间会学到计算机与大数据基础等计算机类课程，数学分析、高等代数等数学统计课程以及会计学、审计学、大数据审计、会计信息系统、货币金融学等会计专业课程。毕业之后可以在会计师事务所、证券公司、基金公司和商业银行等地从事审计和咨询工作。

大学生活

人文关怀

提起西财，金融、经济的学科特色总会让人产生“高大上”“遥远”的感受。殊不知西财已经通过种种温情的细节走入了每一位学生的心：当学生因寝室物品损坏报修时，第二天维修师傅就会上门免费维修；当洗衣房付费不便时，学校快速响应，调整付费制度；每到元宵节、端午节，学校食堂会给学生赠送免费的汤圆、粽子，并送上节日祝福；当世界杯开幕时，学校特意开放两个阶梯教室通宵转播世界杯实况，并允许同学们这一段时间在教室内饮食。

西财新闻

西财又被称为“西南活动大学”，各类比赛、社团活动数不胜数，篮球赛、足球赛、排球赛、辩论赛、健康活力大赛、十佳歌手、舞动西财都是你表现的舞台。

西财篮球赛

西财小吃街

走出西财的大门，有一条被称为“小香港”的美食街，各地美食种类齐全且物美价廉。有同学笑言“常常光顾东门，一学期吃胖三十斤”。

西财小吃街

西南交通大學
Southwest Jiaotong University

西南交通大学是中国第一所工程教育高等学府，是中国土木工程、交通工程、矿冶工程高等教育的发祥地，也是 1921 年中国首次建立“交通大学”的源头之一。

校　训

精勤求学　敦笃励志　果毅力行　忠恕任事

概况总览

211　双一流

创办时间：1896 年

学校类别：理工类

校区分布：成都九里校区、犀浦校区，峨眉校区等

地　　址：四川省成都市二环路北一段 111 号

历史一刻

1896 年 创办山海关北洋铁路官学堂

1928 年 学校更名为交通大学唐山工程学院

1946 年 更名为国立唐山工学院

1960 年 成为 64 所全国重点大学之一

1972 年 更名为西南交通大学

1994 年 成为全国最早进入“211 工程”建设高校之一

2017 年 入选国家“双一流”建设高校

2022 年 入选第二轮“双一流”建设高校

走进校园

西南交通大学位于“锦城”成都，拥有悠久的建校历史、深厚的人文气息与文化底蕴。快坐上自行车后座，和我一起从校门出发，体会一下这座名校的风韵吧！现在就让我们走进犀浦校区看看吧！

游览摆渡车

第一站：西南交大南门

西南交通大学的南门气势恢宏，是绝对不能错过的一个打卡地点。大门前面的字为“交通大学”，后面的字为“唐山路矿学堂”，见证了西南交大建校以来所经历的风风雨雨。

第二站：“竢实扬华”校史浮雕墙

“竢实扬华”校史浮雕墙是一座承载着历史的墙，正面“竢实扬华”4个大字是对学校精神的总结，周围的浮雕是西南交大各个时期的校门，正上方为校徽，墙体背面则记载了数次搬迁校址的艰辛历程并嵌有各时期的校章。

第三站：机车博物园

西南交通大学最具特色的打卡地点是机车博物园，这里是中国铁路发展史的一个缩影。园内有来自20世纪的蒸汽机车与内燃机车，静静地停在陈旧的铁路上，诉说着过去的故事；也有电力机车和第一辆由中国人自主研发的磁悬浮列车，彰显着中国铁路的未来。走进这里，仿佛自己与梦想都被打包进入了火车内部，沿着轨道驶向远方。

第四站：虹桥

虹桥连接着宿舍区和教学楼区，是西南交通大学的学生每天上学的必经之路。阳光明媚的早晨，学子经过桥上，欣赏桥下的流水与河畔的美景，开启一天的学习生活。告诉你一个秘密，晚上在霓虹灯映照下的虹桥更美哦！

第五站：堂吉诃德像

在西南交通大学体育馆前的草坪上，矗立着一个抽象的堂吉诃德艺术雕像，造型简约，具有独特的艺术气息。这个象征着堂吉诃德坚定与执着、永不妥协、永不退缩精神的雕像激励着西南交大的学子。

学科重点

<table>
<tr><th colspan="4">第二轮“双一流”建设学科</th></tr>
<tr><td colspan="4">交通运输工程</td></tr>
<tr><th colspan="4">一级学科国家重点学科</th></tr>
<tr><td colspan="2">机械工程</td><td colspan="2">交通运输工程</td></tr>
<tr><th colspan="4">二级学科国家重点学科</th></tr>
<tr><td>机械制造及其自动化</td><td>机械电子工程</td><td>机械设计及理论</td><td>车辆工程</td></tr>
<tr><td>道路与铁道工程</td><td>交通信息工程及控制</td><td>交通运输规划与管理</td><td>载运工具运用工程</td></tr>
<tr><td colspan="2">电力系统及其自动化</td><td colspan="2">桥梁与隧道工程</td></tr>
</table>

特色专业

交通运输

我们出行乘坐的汽车，海上行驶的轮船，铁路上的火车、高铁和空中的飞机都属于交通运输领域，它与我们的生活密不可分。交通运输专业是西南交通大学轨道交通办学特色的重要支撑，历史悠久，可追溯到 1937 年在唐山铁道学院建立的铁道管理系，如今专业建设水平和本科人才培养质量均处于全国领先地位。西南交通大学拥有国家教学名师、国家特色专业、国家实验教学示范中心等。交通运输专业的学生会学到交通运输概论、轨道运输设备与设施、交通运输与承层分析等专业基础课；交通工程、旅游运输组织、交通规划原理与设计等专业核心课程。

大学生活

食话食说

“食在中国，味在四川。”四川是名副其实的美食之都，对美食尤为看重。在巴蜀之地的西南交通大学也深受影响，开创了一门可以一边吃火锅，一边修学分的课程——《食话食说》。在这门选修课的课堂上，“教授”是国家级的烹饪大师，“助教”是学校食堂的厨师长，每节课都会讲授两道菜的制作方法。不过，学校开创这门课程可不单单是为了让学生大饱口福，其目的是锻炼学生自主生活的能力。通过这门课程，学生不仅能学到一些独家菜谱，还能学习做饭、洗碗、切菜的小技巧，是一门有趣的生活体验课。

吉祥物“小火车”

西南交通大学有一个可爱的吉祥物——“小火车”，它的形象是一个正在飞驰的火车头。“小火车”承载着西南交大厚重的文化和历史，也代表了西南交大对中国轨道交通作出的贡献与对未来发展的美好期盼。

“小火车”

重庆大学是一所以工科见长，多学科协调发展的高校，位于中国四大直辖市之一、九大中心城市之一的“山城”重庆。

校　训

耐劳苦　尚俭朴　勤学业　爱国家

概况总览

985　211　双一流

创办时间：1929 年

学校类别：综合类

校区分布：A 校区、B 校区、C 校区、虎溪校区、两江校区

地　　址：重庆市沙坪坝区沙正街 174 号

历史一刻

1929 年
成立重庆大学

1960 年
被确定为全国重点大学

1998 年
入选国家“211 工程”重点建设高校

2001 年
成为国家“985 工程”重点建设高校

2017 年
入选国家首轮“双一流”建设高校

2022 年
入选第二轮“双一流”建设高校

走进校园

重庆大学的校园内不仅有人文建筑景观，还有四时变换的自然景观。紧跟我的脚步，不要迷失在蜿蜒错落的楼梯和接连不断的上坡路上哦！

游览摆渡车

第一站：文字斋（A 校区）

文字斋采用中国传统建筑风格，是学生最喜欢打卡的地点之一。文字斋的后门人迹罕至，站在古色古香的建筑旁，可以远眺嘉陵江。黄昏时站在江边，看着奔腾的江水与美丽的晚霞，别有一番风味。

第二站：B 校区

从地下通道走到 B 校区，映入眼帘的是一片绿树红墙。假如在综合楼顶俯视校园，你会发现 B 校区几乎所有的建筑都是由红砖砌成的。走在校园的小路上，四周是挺拔的重阳木、茂盛的小叶榕，如同行走在森林之中。

第三站：植物园（虎溪校区）

坐上重庆大学的小白车，现在我们来到了重庆大学的虎溪校区。虎溪校区的植物园里有牡丹、木兰、蔷薇、美人蕉等花朵争奇斗艳，也有槐树、香樟等树木撑起一片阴凉，师生可以在植物园内感受自然的宁静与奇妙。

第四站：启兹亭（虎溪校区）

启兹亭位于虎溪校区松林公园的最高处，名字源于重庆大学校歌中的“启兹天府，积健为雄”一句，为清朝南式的建筑风格。找一个清闲的周日，登上亭台便能看到虎溪校区的云湖、缙湖，令人心旷神怡。

学科重点

<table>
<tr><th colspan="12">第二轮“双一流”建设学科</th></tr>
<tr><td colspan="4">机械工程</td><td colspan="4">电气工程</td><td colspan="4">土木工程</td></tr>
<tr><th colspan="12">一级学科国家重点学科</th></tr>
<tr><td colspan="4">机械工程</td><td colspan="4">电气工程</td><td colspan="4">生物医学工程</td></tr>
<tr><th colspan="12">二级学科国家重点学科</th></tr>
<tr><td colspan="3">机械制造及其自动化</td><td colspan="3">机械电子工程</td><td colspan="3">机械设计及理论</td><td colspan="3">车辆工程</td></tr>
<tr><td colspan="3">电机与电器</td><td colspan="3">电力系统及其自动化</td><td colspan="3">高电压与绝缘技术</td><td colspan="3">电力电子与电力传动</td></tr>
<tr><td colspan="3">电工理论与新技术</td><td colspan="3">生物医学工程</td><td colspan="3">精密仪器及机械</td><td colspan="3">材料学</td></tr>
<tr><td colspan="3">工程热物理</td><td colspan="3">城市规划与设计</td><td colspan="3">岩土工程</td><td colspan="3">采矿工程</td></tr>
<tr><td colspan="12">技术经济及管理</td></tr>
<tr><th colspan="12">国家重点（培育）学科</th></tr>
<tr><td colspan="6">计算机软件与理论</td><td colspan="6">钢铁冶金</td></tr>
</table>

特色专业

车辆工程

汽车已经成为人们出行不可或缺的交通工具，车辆工程专业研究的就是汽车的设计、制造和试验等相关知识。为满足汽车行业多学科交叉的人才需求，打破原有专业的禁锢，重庆大学将机械设计制造及其自动化、土木工程、建筑环境与能源应用工程、车辆工程、航空航天工程等专业设置为一个大类——工科试验班，在经过大类基础课程的学习后，再分流到各相关专业。重庆大学背靠长安福特、长安马自达、红岩汽车等企业，拥有“机械传动国家重点实验室”“科技部创新人才培养基地”等国家教学科研基地，为学生提供了优秀的科研平台。车辆工程专业的学生会学习汽车理论、汽车设计、汽车构造等专业课程，汽车优化设计、通信与车联网系统等特色课程。

大学生活

声音图书馆

重庆大学的图书馆是中国西部地区最大的图书馆之一。位于A校区的理工图书馆，硬件设施完善，为同学们提供了舒适的学习环境和营造了安静的学习氛围。这里还藏着一个特殊且有趣的地方——声音图书馆。我们熟悉的图书馆里大多是各种类型、各种风格的藏书，但是在声音图书馆里，不仅有与声音相关和可以发声的各类书籍，还有录音带、录像带、唱片，为师生提供了丰富的多媒体馆藏资源。看！声音图书馆里还有高保真耳机、电脑和钢琴！

声音图书馆

“燃烧吧！脂肪”

如果你发现重庆大学的校园里突然多了很多锻炼的人，那么一定是学生体育协会在举办“燃烧吧！脂肪”活动。只要你在规定时间内有一定的减肥成效，就会获得体育协会颁发的奖金或奖品。为了防止参与者半途而废，体育协会有时候还会组织团队PK赛，大家一起相互监督、相互鼓励，养成日常锻炼的良好习惯。在活动结束后，学生还可以互相交流健康减肥的方法和心得，养成积极主动锻炼的优良习惯。

西南大學
SOUTHWEST UNIVERSITY

西南大学背靠苍茫的缙云山，守望着泱泱的嘉陵江水，是国家实行免费师范教育的高校之一，也是重庆市大学联盟的创始者之一。

校　训

含弘光大 继往开来

概况总览

211　双一流

创办时间：1906 年

学校类别：综合类

校区分布：北碚校区、荣昌校区

地　　址：重庆市北碚区天生路 2 号

历史一刻

1906 年
建立川东师范学堂

1950 年
建立西南师范学院、西南农学院

1985 年
分别更名为西南师范大学、西南农业大学

2005 年
西南师范大学和西南农业大学合并组建西南大学，入选国家“211 工程”重点建设高校

2017 年
入选国家首轮“双一流”建设高校名单

2022 年
入选第二轮“双一流”建设高校名单

走进校园

西南大学的地图像一个巨大的脚印，但仅凭步行可逛不完校园。西南大学的占地面积约为 8380 亩，有 10000 多个篮球场那么大！为了方便学生出行，学校内部设有 9 条观光车的路线。学生只需要用校园卡刷一块钱，就可以从南区坐观光车到北区。现在，和我一起坐上观光车，前往西南大学北碚校区进行参观吧！

游览摆渡车

第一站：共青团花园

20 世纪 50 年代，学校共青团自发建设了这座花园，因此得名“共青团花园”。花园左右完全对称。西南大学的学生喜欢在春日漫步在花园中，看百花齐放，闻淡淡花香。

小贴士：西南大学是一所被花园环绕的大学，内部一共有“十大花园”，校园被誉为“皇家园林”。

第二站：地理科学学院

在共青团花园旁的工程技术学院门口乘坐 3 路观光车，便可以直接到达地理科学学院。这里有西南大学的天文地质馆，还有一个高级的天文台。在寂静的夜晚，你可以登上天文台，通过天文望远镜观测星空，追寻宇宙的奥秘。

第三站：文学院

文学院又叫“雨僧楼”，是西南大学最有书卷气息的地方之一，这个名字是为了纪念一代国学大师吴宓先生（字雨僧）。每逢秋日，学长学姐会换上长衫或旗袍，与门口的吴宓先生、鲁迅先生的雕像合影。

学科重点

第二轮“双一流”建设学科		
生物学	教育学	
国家重点学科		
课程与教学论	基础心理学	特种经济动物饲养
国家重点（培育）学科		
生态学	果树学	

特色专业

蚕学

蚕以桑叶为食，会吐丝结茧。它们吐出来的蚕丝可以作为纺织材料，再变成我们的衣服或床上盖的被子等日用品。蚕学专业主要研究的便是蚕，蚕有哪几个种类、蚕的生活习性是什么样的、如何饲养蚕以及蚕会在什么地方出现等，还要研究桑树的栽种和蚕丝的生产，这是一门亲近自然的科学。西南大学的蚕学是首批国家一流专业建设点，是国家级特色专业，也是西南大学生物学“世界一流学科”建设的重要支撑专业。这里有包含蚕学界工程院院士的师资队伍，还有资源昆虫高效养殖与利用全国重点实验室（原家蚕基因组生物学国家重点实验室绘制了全球第一张家蚕超级泛基因组图谱），国家级引智基地等科研及教学平台。西南大学还为蚕学专业的学生提供了世界最大的家蚕遗传资源基因库与我国中西部最大的桑树资源圃等得天独厚的校内实践平台。

大学生活

西南大学的“小秘密”

◇ 西南大学占地面积较大，校园里经常举行定向越野赛和迷你马拉松比赛，偶尔还会承办大学生马拉松联赛。爱好运动的小伙伴可以呼朋唤友，一起在香樟林中晨跑。

◇ 学校背靠重庆自然博物馆和缙云山景区。缙云山在温暖的春日会渐渐被雾气掩盖，清晨带着相机，你一定能拍到缙云山云雾缭绕的样子，仿佛看到了人间仙境。而且，缙云山就是“巴山夜雨涨秋池”中的“巴山”，诗词爱好者们不要忘了来打卡哦！

雲南大學 YUNNAN UNIVERSITY

云南大学位于“春城”昆明，是我国西南边疆最早建立的综合性大学之一，也是在国际上有影响力的中国著名的大学之一。

校　训

自尊 致知 正义 力行

概况总览

211　双一流

创办时间：1922 年

学校类别：综合类

校区分布：东陆校区、呈贡校区

地　　址：云南省昆明市五华区翠湖北路 2 号

历史一刻

1922 年 始建私立东陆大学

1938 年 更名为国立云南大学

1946 年 被《不列颠百科全书》列为中国 15 所在世界最具影响的大学之一

1978 年 列入全国 88 所重点大学之一

1997 年 成为国家“211 工程”建设高校

2017 年 入选国家首轮“双一流”建设高校

2022 年 入选第二轮“双一流”建设高校

走进校园

云南大学东陆校区位于翠湖旁，林木茂密，在苍松翠柏中屹立着诸多历史建筑。大门对着宽阔的台阶，一共有 95 级——著名的“九五台阶”，不仅是进入校园的主要通道，也是学业进取、接受高等教育的象征。现在一起登上这台阶，开启我们的云大之旅吧！

游览摆渡车

第一站：会泽院（东陆校区）

沿着 95 级台阶一路向上，走到尽头便到了会泽院。东陆校区里有许多民国时期的建筑，最具有标志性的便是的会泽院。会泽院仿照巴黎大学的主楼而建，是昆明第一座大型的西式建筑。它见证了云南大学百年的风雨历程。门口高大威武的 4 根立柱有一种顶天立地的威严。登上会泽院的台阶，在窗台上远眺翠湖的景色，美不胜收。

第二站：贡院（东陆校区）

云南大学的校址原为明清时期云南的贡院，是古代学子科举考试的考场，也是云南文化教育的中心。现在透过东号舍（贡院考棚）的窗户望进去，仿佛还能看到当时屋里考试的场景。贡院中心的至公堂与会泽院一前一后，一中一西，交相辉映。

第三站：映秋院（东陆校区）

映秋院由著名的建筑学家梁思成与林徽因主持设计，建筑风格古朴典雅，中西合璧，别具匠心。屋顶设计采取琉璃瓦形式，无装饰，与其东部的至公堂遥相呼应。擦亮眼睛仔细观察，可以发现四合院的主体、走廊与塔楼的房顶形态都不一样，有各自的特色。

第四站：钟楼（东陆校区）

东陆校区的钟楼原来是一座水塔，供应理科教学楼的用水。每天旭日东升的时候，太阳的光辉映照在钟楼上，形成了云南大学校园内独特的风景——“钟铎接晖”。

第五站：明远楼（呈贡校区）

呈贡校区最亮眼的建筑就是长阶梯上的明远楼，上面刻有“会泽百家，至公天下”的云大精神。它的名字的来源与东陆校区的贡院有关，古时全国各地贡院的主建筑都叫作“明远楼”，足以体现出云南大学对于历史的传承。

学科重点

第二轮“双一流”建设学科			
民族学		生态学	
二级学科国家重点学科			
民族学	生态学	专门史	微生物学

特色专业

民族学

我国幅员辽阔，人口众多，拥有56个民族。每个民族都有自己的起源、文化和习俗，民族学就是一门研究民族的社会学科学。云南是我国少数民族分布最多的省份，云南大学因地制宜，将民族学打造成了“王牌”专业。云南大学的民族学创建于 20 世纪 30 年代，成为当时民族问题、边疆和边界问题研究的重要学术阵地，形成“云南大学—燕京大学社会研究室”,即学界俗称“魁阁”的学术共同体运行模式。云南大学民族学开设的课程内容丰富，学生的学习选择多。专业开设了学习工作坊，形成了课堂、田野、语言、技术、艺术五维人才培养模式，在课堂学习、影视实验的同时开展实地调查。民族学专业的学生还可以选修西南少数民族语言和东南亚国家语言文字，深度感受其他民族的文化特色。

大学生活

玫瑰宴

云南昆明的鲜花四季开不败。云南大学呈贡校区内种植了 30 余亩可以食用的玫瑰花，4 月的校园里飘散着玫瑰的芳香。云南大学的食堂每年都会在花开之时举行“玫瑰宴”。最受学生欢迎的是作为云南特产的鲜花饼和油炸玫瑰花瓣，拿在手中咬上一口，香甜的玫瑰味便会在舌尖盛开。还有玫瑰寿司、玫瑰冰粉、玫瑰山药……现在食堂已经推出了二三十种用玫瑰花瓣做成的美食，同学们在每个窗口都排起了长队，都想感受具有云南特色的鲜花宴。

鲜花宴

小贴士：除了玫瑰花海，云南大学在春天还有油菜花、樱花和海棠可以观赏哦！

贵州大學
GUIZHOU UNIVERSITY

贵州大学位于我国黔中地区，是教育部与贵州省人民政府“部省合建”高校，既有丰厚的历史文化底蕴，又富有活力。

校　训

明德至善　博学笃行

概况总览

211　双一流

创办时间：1902 年

学校类别：综合类

校区分布：东校区、西校区、南校区等

地　　址：贵州省贵阳市花溪区花溪大道南段 2708 号

历史一刻

1902 年
贵州大学堂在贵山书院的基础上成立

1950 年
定名为贵州大学

2001 年
成为“西部大开发”教育部重点建设大学

2004 年
在原贵州大学、贵州工业大学的基础上组建了新的贵州大学

2005 年
入选国家“211 工程”项目院校进行重点建设

2017 年
入选国家首轮“双一流”建设高校

2022 年
入选第二轮“双一流”建设高校

走进校园

漫步在贵州大学的校园，你会感觉这里新鲜与古朴并存，洋溢的活力中又透出稳重。如果你想探寻历史留下的痕迹，或是领略现代化建筑设计的巧思，贵州大学的校园一定不会让你失望。来吧，一起穿梭在贵大的时间光影中吧！

游览摆渡车

第一站：大礼堂（东校区）

东校区的大礼堂建于 1952 年，主体为砖木结构，用来举行各种晚会、活动、演出和讲座。大礼堂就像一位记录者，默默地书写着贵州大学的发展历程。

第二站：育贤广场（西校区）

贵州大学西校区的育贤广场是各个社团开展活动、部分体育课教学、新生军训的场所，场地开阔、绿树成荫，广场中间还伫立着具有民族风情的鼓楼——育贤楼。

第三站：图书馆（西校区）

西校区的图书馆是贵州大学的标志性建筑，又称“贵大之印”，外观以“中国红”为主要颜色，图案为回转的印章体，融入了许多“贵”和“图”字。阵阵凉风吹拂着楼前的阅湖湖面，同学们学习之余凭窗远眺，观赏如一条玉带环抱图书馆的阅湖和大片草坪也是一种享受。

学科重点

第二轮“双一流”建设学科	
植物保护	
部省合建高校地方服务特色产业学科群	
植物保护	大数据科学与技术
国家重点学科	
农药学	

特色专业

烟草

如果你行走在贵州大学的校园内，听到前面有人频频提到“烟”或“烟草”，别误会，这很有可能是烟草专业的学生在讨论课程内容或实验情况呢！烟草是贵州省的特色产业，贵州大学凭借优越的地域环境，成立了极为特殊的烟草学院。烟草专业的学生要学习烟草栽培学、烟草育种学、烟草病理学、烟草品质分析、卷烟工艺学等核心课程，毕业后可以在烟草行业及农业部门从事与烟草、农学有关的技术推广与研发、经营与管理等方面的工作。

大学生活

摆渡校车

很多大学的校车是大巴车，但在贵州大学，摆渡车则占据了一席之地，是贵大人出行的重要交通工具。没有玻璃窗的间隔，一路上你可以看到有师生匆匆往来的教学楼，有同学挥洒汗水的运动场，可以和温柔的阳光、轻柔的微风撞个满怀，还能跟沿路遇见的同学亲切地打个招呼。坐上摆渡车，穿梭在贵州大学的各处，是一种享受。

贵州大学校车

西藏大学

西藏大学位于西藏自治区首府拉萨，历经 70 余年的发展，现在已经成为极具高原边疆民族区域特色的教学研究型综合大学。

校　训

团结 勤奋 求实 创新

概况总览 211 双一流

创办时间：1951 年

学校类别：综合类

校区分布：纳金校区、河坝林校区、罗布林卡医学院校区、罗布林卡财经学院校区等

地　　址：西藏自治区拉萨市藏大东路 10 号

历史一刻

1951 年
进藏部队创办藏文干部训练班

1952 年
在藏文干部训练班的基础上创办西藏军区干部学校

1975 年
改为西藏师范学院

1985 年
更名为西藏大学

2008 年
入选国家“211 工程”项目院校进行重点建设

2017 年
入选国家首轮“双一流”建设高校

2022 年
入选第二轮“双一流”建设高校

走进校园

西藏被称为“眼睛的天堂”，来到这里的人都被大自然的鬼斧神工所震撼。西藏大学的校园里不仅有令人心旷神怡的自然风光，还有具有民族特色和地域风情的人文建筑。快骑上可爱的小牦牛，一起去西藏大学逛一逛吧！

游览摆渡车

第一站：老校区校门（河坝林校区）

老校区的校门有藏族建筑的风格，上面镶嵌着带有校名的牌匾，红色象征着热烈与希望，配上蓝色与粉色更有民族特色。

第二站：后花园（河坝林校区）

老校区的后花园树木繁茂、绿草如茵，是藏大学子休闲娱乐的秘密花园。经常有人坐在草坪上野餐，和同伴谈天说地，也有人寻找一个安静角落，坐在石凳上背书学习。

第三站：思源湖（纳金校区）

思源湖倒映着西藏蔚蓝的天空，湖水如蓝宝石一样晶莹，湖面偶尔有几只小鸭子游过，荡起一圈圈涟漪。每个藏大学子行走在湖边都会感叹这自然的美。

第四站：藏文典藏室（纳金校区）

推开面前这扇古色古香的门，我们来到了西藏大学的藏文典藏室，这里处处可见繁复古朴的花纹，还有为保存古籍《菩日文献》开辟的单独房间。

第五站：图书馆（纳金校区）

这栋红白相间的建筑是西藏大学新校区的图书馆，也是新校区内最具民族特色的标志性建筑，还是录取通知书上的常客呢！室内冬暖夏凉，是藏大学子学习、读书的好去处。

学科重点

<table>
<tr><th colspan="4">第二轮“双一流”建设学科</th></tr>
<tr><td colspan="4">生态学</td></tr>
<tr><th colspan="4">自治区级重点学科</th></tr>
<tr><td>中国少数民族语言文学</td><td>中国少数民族历史</td><td>美术学</td><td>音乐学</td></tr>
<tr><td>行政管理</td><td>计算机应用技术</td><td>理论物理</td><td>外科学</td></tr>
<tr><td>生态学</td><td>森林培育</td><td>水利水电工程</td><td>预防兽医学</td></tr>
<tr><td colspan="4">作物栽培与耕作学</td></tr>
</table>

特色专业

藏语言文学

西藏大学的文学院是学科建设历史最悠久，特色学科最多、最强的学院之一。学校还拥有藏族语言研究所、藏语文教学研究所和藏族文学研究所等多个研究所，为学科建设与人才培养奠定了良好的基础。西藏大学中国语言学（藏语言文学）专业师资力量雄厚，先后编写出版了20余种专业教材，建设具有西藏特色的课程体系。经过4年的学习，同学们毕业以后可以选择在西藏地区的文化、教育、出版、传媒机构以及政府机关等部门从事藏语翻译和文秘等工作，成为藏汉双语的应用型人才。

大学生活

世界最高学府

西藏大学有“世界最高学府”之称，不过这里的“最高”是指海拔。西藏大学位于海拔3000多米的拉萨市，你躺在宿舍的床上，要比五岳中最高的华山还高1000多米呢。不过高海拔可能会引起高原反应，比如缺氧、头晕等症状。但是不要为此紧张，藏大的学长学姐建议大家提前准备好“高原康”或“红景天”，刚到西藏的时候不要剧烈运动，也不要立刻洗澡。即使受到了高反的影响，歇上两三天也会恢复如初。等满血复活之后，再背着背包去感受西藏和藏大的美吧！

藏大密卷

◇在西藏大学，大一下学期要统一学习藏文，汉族的同学需要考过藏文一级才能拿到毕业证哦！不过不用担心，只要你认真听讲，用心感受这门民族语言的美，一定会轻松过关的！

◇西藏与北京的经度相差较大，所以西藏的日出时间要比北京晚两个小时。东部其他地区的高校8点开始上早课，在西藏大学要9点半才开始。

其他“211”“双一流”推荐院校 34 所

地区顺序： 北京 天津 山西 陕西 上海 江苏 浙江 湖南 河南 广东 四川

陕西　“双一流”211

中国人民解放军空军军医大学（第四军医大学）

“双一流”建设学科	临床医学
学校类别	军事类
学校简介	中国人民解放军空军军医大学是中国人民解放军直属的综合性军事医学院，是一所培养中高层次医学专业人才的全国重点大学。

上海　“双一流”211

中国人民解放军海军军医大学（第二军医大学）

“双一流”建设学科	基础医学
学校类别	军事类
学校简介	海军军医大学是一所培养卫生事业专门人才的全国重点医科大学，学校综合实力全军领跑。学校设有全国唯一的中医学 8 年制专业。现有的海军医学系、卫生勤务学系、中医系、麻醉系均为全军唯一的专业系。

北京　“双一流”

中国医学科学院北京协和医学院

“双一流”建设学科	生物学、生物医学工程、临床医学、公共卫生与预防医学、药学
学校类别	医药类
院校概括	我国最高医学研究机构和最高医学教育机构，为国内众多重要医学和卫生机构的建立提供了人才与技术支持。

北京　“双一流”

首都师范大学

“双一流”建设学科	数学
学校类别	师范类
院校概括	北京市与教育部“省部共建”高校，是北京市人才培养的重要基地。

北京

外交学院

“双一流”

“双一流”建设学科	政治学
学校类别	语言类
院校概括	外交部唯一直属高校，被誉为“中国外交官的摇篮”。

北京

中国科学院大学

“双一流”

“双一流”建设学科	化学、材料科学与工程
学校类别	综合类
院校概括	在2023年3月公布的ESI（Essential Science Indicators）最新数据中全球排名32位，位列内地高校第一位。

北京

中国人民公安大学

“双一流”

“双一流”建设学科	公安学
学校类别	政法类
院校概括	目前唯一入选国家“世界一流学科建设高校”的公安院校。

北京

中国音乐学院

“双一流”

“双一流”建设学科	音乐与舞蹈学
学校类别	艺术类
院校概括	“全球音乐教育联盟”秘书处学校，被誉为“中国音乐家的摇篮”“中国音乐的殿堂”。

北京

中央美术学院

“双一流”

“双一流”建设学科	美术学、设计学
学校类别	艺术类
学校简介	中央美术学院是中华人民共和国教育部直属的唯一一所高等美术学校，也是中国高等美术教育领域具有代表性、引领性和示范性的美术院校。

北京

中央戏剧学院

“双一流”

“双一流”建设学科	戏剧与影视学
学校类别	艺术类
学校简介	中央戏剧学院是中华人民共和国成立后第一所戏剧教育高等学校，是中国戏剧影视艺术教育的最高学府，为中国戏剧影视事业的繁荣和发展作出了卓越贡献。

天津工业大学

天津 “双一流”

“双一流”建设学科	纺织科学与工程
学校类别	综合类
学校简介	天津工业大学是一所以工为主，多学科协调发展的高等学府，也是我国最早开展纺织高等教育的学府之一，办学历史悠久。

天津中医药大学

天津 “双一流”

“双一流”建设学科	中药学
学校类别	医药类
学校简介	天津中医药大学是一所以中医药为特色的高等学府，校园内以中药植被为标志、中医药文化为主线，是全国最大的中药植物园。

山西大学

山西 “双一流”

“双一流”建设学科	哲学、物理学
学校类别	综合类
学校简介	山西大学是中国最早的3所国立大学之一，开创了中国近代高等教育发展的新纪元，是中国办学历史最悠久的高等学府之一。

上海海洋大学

上海 “双一流”

“双一流”建设学科	水产
学校类别	农林类
学校简介	上海市人民政府与国家海洋局、农业农村部共建高校，被誉为“中国现代水产教育的摇篮”。

上海体育大学

上海 “双一流”

“双一流”建设学科	体育学
学校类别	体育类
院校概括	上海体育大学以体育学为主干，高水平交叉融合理学、医学、文学、工学等学科门类的学科体系，致力于培养全面发展的体育人才。是国家体育总局与上海市人民政府共建的“双一流”建设体育高校。

上海音乐学院

上海 “双一流”

“双一流”建设学科	音乐与舞蹈学
学校类别	艺术类
院校概括	上海音乐学院是中国第一所独立建制的国立高等音乐学府，是中国现代专业音乐教育的奠基者和孵化器。音乐学科实力卓越，被誉为“音乐家的摇篮”。

上海中医药大学

上海 "双一流"

"双一流"建设学科	中医学、中药学
学校类别	医药类
院校概括	上海中医药大学是中华人民共和国成立后国家首批建立的4所中医药高等院校之一，也是国家"双一流"建设高校。学校以中医药学科为特色，拥有强大的学科实力和科研实力，在中医药领域享有盛誉。

上海科技大学

上海 "双一流"

"双一流"建设学科	材料科学与工程
学校类别	理工类
院校概括	上海科技大学是一所小规模、高水平、国际化的"双一流"大学。以理工科为主，着重培养从事科学发现、高技术创新与新兴产业创业的拔尖人才，在光子科学、人工智能、生物医药、能源科学等重大创新领域取得了多项重大原创性成果。

南京医科大学

江苏 "双一流"

"双一流"建设学科	公共卫生与预防医学
学校类别	医药类
院校概括	南京医科大学是首批教育部、国家卫生健康委与江苏省人民政府共建医学院校，江苏高水平大学建设高峰计划A类建设高校。学校以医药类学科为特色，拥有强大的师资力量和科研实力。

南京林业大学

江苏 "双一流"

"双一流"建设学科	林业工程
学校类别	农林类
院校概括	南京林业大学是江苏省高水平大学建设高峰计划A类建设高校，江苏省人民政府与教育部、国家林业和草原局共建高校。学校以林科为优势，以服务国家生态文明建设为引领，理、工、农、文、管、经、法、艺等多学科协调发展。

南京信息工程大学

江苏 "双一流"

"双一流"建设学科	大气科学
学校类别	理工类
院校概括	南京信息工程大学是江苏高水平大学建设高校，前身是1960年设立的南京大学气象学院，办学特色鲜明，气象学为国家重点学科。

南京邮电大学

江苏 "双一流"

"双一流"建设学科	电子科学与技术
学校类别	理工类
院校概括	南京邮电大学是一所以工学为主体，以电子信息为特色，多学科相互交融、多层次教育协调发展的高校。

南京中医药大学

江苏　"双一流"

"双一流"建设学科	中药学
学校类别	医药类
院校概括	南京中医药大学是全国建校最早的高等中医药院校之一。

中国美术学院

浙江　"双一流"

"双一流"建设学科	美术学
学校类别	综合类
院校概括	中国美术学院是国内学科最完备、规模最齐整的第一所国立高等美术院校，美术学、设计学等学科专业建设名列前茅。

宁波大学

浙江　"双一流"

"双一流"建设学科	力学
学校类别	综合类
院校概括	宁波大学是一所综合性教学研究型大学，综合实力居全国高校百强行列。浙江省首批重点建设高校、浙江省高水平大学建设高校。

湘潭大学

湖南　"双一流"

"双一流"建设学科	数学
学校类别	综合类
院校概括	湘潭大学是一所综合性全国重点大学，是国家"双一流"建设高校。

河南大学

河南　"双一流"

"双一流"建设学科	生物学
学校类别	综合类
院校概括	河南大学是一所办学历史悠久、学科门类齐全、专业特色鲜明、文化底蕴深厚的国家"双一流"建设高校。

广州中医药大学

广东　"双一流"

"双一流"建设学科	中医学
学校类别	医药类
院校概括	中国中医药高等教育学府的翘楚。

华南农业大学

广东　"双一流"

"双一流"建设学科	作物学
学校类别	综合类
院校概括	以农业科学、生命科学为优势，多学科协调发展的综合性大学。

广州医科大学

广东　"双一流"

"双一流"建设学科	临床医学
学校类别	医药类
院校概括	以医学为优势和特色，开展博士、硕士、本科多层次人才培养的高校。

广东

南方科技大学

“双一流”

“双一流”建设学科	数学
学校类别	理工类
院校概括	深圳在中国高等教育改革发展的时代背景下创建的一所高起点、高定位的公办新型研究型大学。

四川

成都理工大学

“双一流”

“双一流”建设学科	地质资源与地质工程
学校类别	理工类
院校概括	以理工为主，地质、石油、资源、核技术、环境为优势，土木、化工、材料、电子、机械、信息、管理为特色，多学科协调发展。

四川

成都中医药大学

“双一流”

“双一流”建设学科	中药学
学校类别	医药类
院校概括	以中医药学科为主、医药健康相关学科专业相互支撑、协调发展的特色鲜明的高水平中医药大学。

四川

西南石油大学

“双一流”

“双一流”建设学科	石油与天然气工程
学校类别	理工类
院校概括	以工为主、多学科协调发展、石油天然气优势突出和特色鲜明的大学，石油主干学科专业在全国处于领先水平。

中国大学之最

☆ 历史 **最悠久** 的大学——湖南大学

湖南大学起源于公元 976 年创办的岳麓书院，距今有 1000 多年的历史，素有“千年学府、百年名校”之称，是中国同址办学时间最长的高等学府。

☆ 中国第一所 **现代** 大学——天津大学

天津大学坐落于天津市，其前身为北洋大学，始建于 1895 年 10 月 2 日，是中国第一所现代大学，开中国近代高等教育之先河。

☆ **海拔最高** 的大学——西藏大学

西藏大学坐落于海拔 3600 米以上的拉萨市，被称为“距离天空最近的大学”。同时，它也是世界上海拔最高的大学。

☆ **留学生最多** 的大学——北京语言大学

每年到北京语言大学学习的国际学生有 6000 多人，因此北京语言大学有“小联合国”之称。同时，学校创办了国内第一个面向外国留学生的汉语言本科专业，开设了第一批本科层次、研究生层次的对外汉语专业，也是国内高校中最早在国外设立分校的大学。

☆ 中国 **最东** 的大学——黑龙江工业学院

黑龙江工业学院位于中俄边境城市——黑龙江省鸡西市，其前身是鸡西大学。

☆ 中国 **最西** 的大学——喀什大学

喀什大学坐落于素有“五口通八国、一路连欧亚”之称的中国历史文化名城——喀什，是祖国最西部一所建校历史悠久、学科门类齐全、办学特色鲜明的现代化应用型大学。

☆ 中国 **最南** 的大学——海南热带海洋学院

海南热带海洋学院在 2015 年由琼州学院改名而来，是卓然屹立在祖国最南端的公办大学，也是国家唯一的热带海洋大学。学校在三亚和五指山都有校区，是教育部十大“教育援外基地”之一。

☆ 中国 **最北** 的大学——黑河学院

黑河学院坐落于素有“北疆明珠”之称的黑龙江省黑河市，与俄罗斯远东第三大城市布拉戈维申斯克市隔江相望，是中俄 4000 多公里边境线上我国境内唯一的一所普通高等本科院校。

☆ 中国开设本科**专业最全**的大学——吉林大学

吉林大学坐落于吉林省长春市，学校学科门类齐全，下设 52 个教学单位，开设 140 个本科专业，是目前中国本科专业最全的大学。

☆ 中国**女生比例最高**的大学——中华女子学院

中华女子学院位于北京，是直属中华全国妇女联合会、教育部批准备案的全国第一所公办全日制本科女子普通高等学校。除个别专业招收男生外，其他专业都是清一色的女孩子。

☆ 中国**最年轻**的大学——福耀科技大学（暂名）

福耀科技大学（暂名）位于福建省福州市高新区南屿镇流洲岛，是由福耀集团董事局主席曹德旺发起，河仁慈善基金会首期捐资 100 亿创办的民办公助、非盈利、公益性大学 。

☆ 中国唯一**建在沙漠边**的大学——榆林学院

榆林学院坐落于陕西省榆林市，是我国唯一一座建立在沙漠边的大学。不过，近年来随着榆林市的治沙绿化取得显著成效，使得学校及周边地区早已见不到沙漠的景象。

☆ 中国年度预算**经费最多**的大学——清华大学

2024 年，清华大学的年度预算为 380 多亿元，位居教育部直属高校之首。

☆ 中国**图书馆建筑最高**的大学——中南民族大学

中南民族大学坐落于武汉南湖之滨。学校创建于 1951 年，是中华人民共和国成立后最早建立的民族高校之一。

中南民族大学图书馆始建于 1951 年，逐渐发展成为包括老馆、新馆（双塔楼）、南书院、北书院、南区分馆、北区分馆等 6 个部分的馆舍布局。其中双塔楼有 17 层，高 85 米，是一座仿古式南北对称的建筑，也是学校的标志性建筑。

☆ 中国**图书馆面积最大**的大学——中山大学

中山大学由伟大的爱国主义者孙中山先生于 1924 年创办。中山大学医学部有着悠久的历史和卓越的实力，我国最早的西医教育诞生于此。

中山大学图书馆创办于 1924 年，由广州校区南校园图书馆、东校园图书馆、北校园图书馆，珠海校区图书馆，深圳校区图书馆组成，馆舍总建筑面积达 18 万余平方米。

走进大学城

上册

——— 斗半匠阅读研究中心　编著 ———

中国和平出版社
China Peace Publishing House
北京

图书在版编目（CIP）数据

走进大学城：上下册 / 斗半匠阅读研究中心编著
. --北京：中国和平出版社，2024.5（2025.5重印）
ISBN 978-7-5137-2773-0

Ⅰ. ①走… Ⅱ. ①斗… Ⅲ. ①高等学校—介绍—中国
Ⅳ. ①G649.28

中国国家版本馆CIP数据核字(2024)第080813号

走进大学城 上册
ZOUJIN DAXUECHENG SHANGCE
斗半匠阅读研究中心 / 编著

统　　筹　单　威
责任编辑　孙蕾蕾
版式设计　斗半匠
插图制作　斗半匠
责任印务　侯世菊
出版发行　中国和平出版社（北京市海淀区花园路甲13号院7号楼10层 100088）
　　　　　www.hpbook.com　bookhp@163.com
出 版 人　林　云
经　　销　全国各地书店
印　　刷　江西龙莹印务有限公司
开　　本　880mm × 980mm　1/16
印　　张　28
字　　数　560千字
版　　次　2024年5月第1版　2025年5月第2次印刷
书　　号　ISBN 978-7-5137-2773-0
定　　价　79.60元（全2册）

目录

东北地区

西北地区

大学通关指南

恭喜你，迈过了高考、等分数、选学校和专业等一道道难关，终于等来了独属于你的**大学录取通知书**。为了追寻自己的梦想，你或许要到离家很远的地方读书，可能在寒暑假的时候才能回家一趟。当然，也有人就在“家门口”上大学，恨不得一周回家三四趟。

在路上

爸爸妈妈帮你准备了大包小包的行李，你是选择坐飞机，还是高铁、汽车呢？如果你拿着自己的录取通知书去买火车票，还可以便宜一半车费呢！这是国家给所有在读大学生的福利。除此之外，大学生还可以申请**助学贷款**，用来缴纳学费。

> **助学贷款**
> 由政府主导，金融机构为经济困难的学生提供助学贷款，帮助解决在校期间的学费和住宿费。

从带着行李箱坐上火车的那一刻起，你就是一个半独立的大人了！虽然没有办法实现经济上的独立，但是精神上会逐渐摆脱对父母的依赖，独自面对学校和社会。之前老师总说：“现在多努力，等到了大学你们就轻松了。”真的是这样吗？没有了家长的照顾和老师的严格管束，自己对自己的生活和学习负责，真的很容易让人茫然无措。

可是不管怎样，大学是一个新的开始，也是迈向理想人生的关键一步，许多人都**斗志满满，拼劲十足**！

大学之大

有些大学很大，一个校区装不下。有的校区之间离得很近，走十几分钟就到了。有的离得很远，坐地铁也得两三个小时。甚至有的大学不同的校区分别在不同省份、不同城市。

学长学姐

刚出火车站，你就能看到举着小牌子来接站的学长学姐们。热情的学长学姐有的帮你拿行李，有的带你办理报到手续，有的向你介绍学校附近的好吃的、好玩的……这些学长学姐真的在努力当好哥哥姐姐呢。

宿舍

大学的宿舍一般有 4 人间、6 人间和 8 人间，有公共的厕所、洗漱间和洗衣机。大多学校都有着公共大澡堂，一些南方学校的宿舍也设有单人淋浴间。南方学生到了北方大澡堂，也许还有些不好意思呢。

室友

大学的室友来自五湖四海，个性不同，生活习惯不同，可能会产生一些矛盾。但大家远离家人和朋友，来到陌生的环境同吃同住，是一种奇妙的缘分。也许，你们会成为**一辈子的好朋友**。

食堂

都说中国有八大菜系，而大学食堂的美食，就是传说中的“第九大菜系”。只有你想不到的，没有食堂大师傅做不出的“黑暗料理”。不用害怕，其实大学食堂的美食更多。学校后勤努力让学生吃得干净放心，吃得美味开心。

抢饭

新生一般处于刚开学的兴奋之中，按照高中的习惯起得很早。而美食都是有限的，那些起得晚的学长学姐们就吃不到美味的早餐了，只能调侃地笑道：“年轻人起得可真早啊！”当然，学生们可不会只守着食堂，他们有时也会点外卖，或者去学校周边寻觅美食。

军训

大一新生一般开学比较早，这是因为要军训。大家都穿着迷彩服，一起站军姿、唱军歌、走方阵，一起晒成了健康的小麦肤色。虽然经常会累得天天求雨，但是军训过后，你会发现这是一段难忘的美好回忆。

校医院

如果有人中暑、感冒、受伤，可以去校医务室治疗。大学生虽然已经不好意思说自己是祖国的花骨朵儿了，但是依然需要被呵护。大学一般都设有校医务室，有的甚至有自己的附属医院，本校学生看病也有一定的报销额度。

大学学习

虽然大学和小学、中学就差了一个字，但实际的学习生活可是天差地别。

专业

大学里有不同的学院，学院内有不同的专业，每个专业又会有不同的培养方案，方案里会告诉你有什么必修课和选修课，通过不同的课程可以拿到不同的学分，你要修够多少学分才能顺利毕业。每个学院有自己的官网，你可以查到培养方案、学院活动等各种信息。

课程安排

一般情况下，大学的课程由必修课和选修课共同组成。必修课是本专业学生必须上的课，学校会统一排好课表。选修课则供学生们自主选择。在规定时间内，你可以登录学校的选课系统，在网上抢课！每门课程可容纳的学生数量是有限的，有些特别热门的课程，甚至一秒钟就会被抢空，这就到了拼网速、手速和运气的时候了。当然，一般开学前两周是试听阶段，觉得不适合的课程你可以退选。

上课

为了上课，你需要在不同的教学楼甚至不同的校区穿梭，因此有一些学生还专门买了自行车或者电动车。去得早的同学可以挑选自己喜欢的座位，有些热门课去晚了，可就没位置了。上课时老师们会点名，那些按时来上课的学生，才能获得平时成绩。

大牛老师

你以为给你上课的老师只是普通的教书先生，但可能他正是相关领域的权威学者。也许你用的教材上写着这位老师的名字，也许我国在相关领域的重大突破就有这位老师的贡献……不过大学老师可不会天天盯着你学习，你得自主学习，主动向老师请教。

完成学业

每门课程会通过考试或者写小论文的方式来检验大家的学习成果，合格了才能拿到学分，考试不合格就需要补考。之后要选择辅导老师，在老师的指导下，开题（老师们审核你要研究的问题合不合适、思路对不对），完成一篇毕业论文，通过了答辩（老师们审核你的论文写得如何），才能毕业。

旁听

在大学里，你可以推开任何一间教室的门，去旁听你喜欢的课程。一个文学专业的学生，也可以去听电影学、哲学、历史学等其他专业的课程。

考证

你可以根据自己的兴趣爱好给自己“加油充电”。你可以考教师资格证、英语四六级证、计算机二级证、会计证等；也可以选择同时学习两个专业，获得双学位。

课余

以前，你每天的课程排得满满当当。到了大学，你会发现有了很多空闲时间，有时候甚至一整天都没有课。你可以利用这些时间运动、看书、听讲座、参加**社团活动**等。

社团活动

开学没多久，就到了社团招新的时候。那一天，各个社团都会在校园里搭设展台，吸引兴趣相同的人。有运动类、艺术类等比较常见的社团，也有比较少见的刺绣社、汉服社、爱猫社等。大家都想壮大自己的社团，新生们就成了学长学姐争抢的目标。因此，每一年的社团招新被同学们戏称为“百团大战”、抢人大战。

学生组织

你可以竞选班级里的班干部，也可以参加学院或者学校的学生组织，比如团委、学生会、社团联合会等。

赚钱啦

学校设有助学金、奖学金，此外，还会提供许多勤工俭学的岗位，经济有困难的学生可以赚取日常生活费。学生也可以找一些家教之类的兼职工作，还可以在招聘季找一找实习机会。

未来规划

有的人打算直接工作，那么就可以去实习，积累工作经验。有的人打算继续深造，那就需要提前学好英语和专业知识，通过申请或者考试的方式继续去读硕士、博士！

征兵

如果你有一个参军梦，在大学里也有很多机会。到了固定的时间，大学会开展征兵工作，鼓励大学生投身国防建设，为中华民族的伟大复兴而奋斗。

华北地区

地区介绍：华北地区地大物博，物产丰富，有着厚重的历史文化底蕴和各式各样的现代新兴产业。北京是我国首都，也是一座集现代文明和历史文化于一体的超大城市；京津冀城市群，以汽车、电子、机械、钢铁等工业为主，是我国主要的高新技术工业区；山西拥有丰富的矿产资源；内蒙古则凭借其茂密的森林、丰美的草场、众多的野生动植物和无穷的地下宝藏，获得“东林西铁、南粮北牧、遍地矿藏”的美称。

主要城市：北京、天津、石家庄、太原、呼和浩特

优势产业：信息技术、金融、医疗、高端制造业、教育等

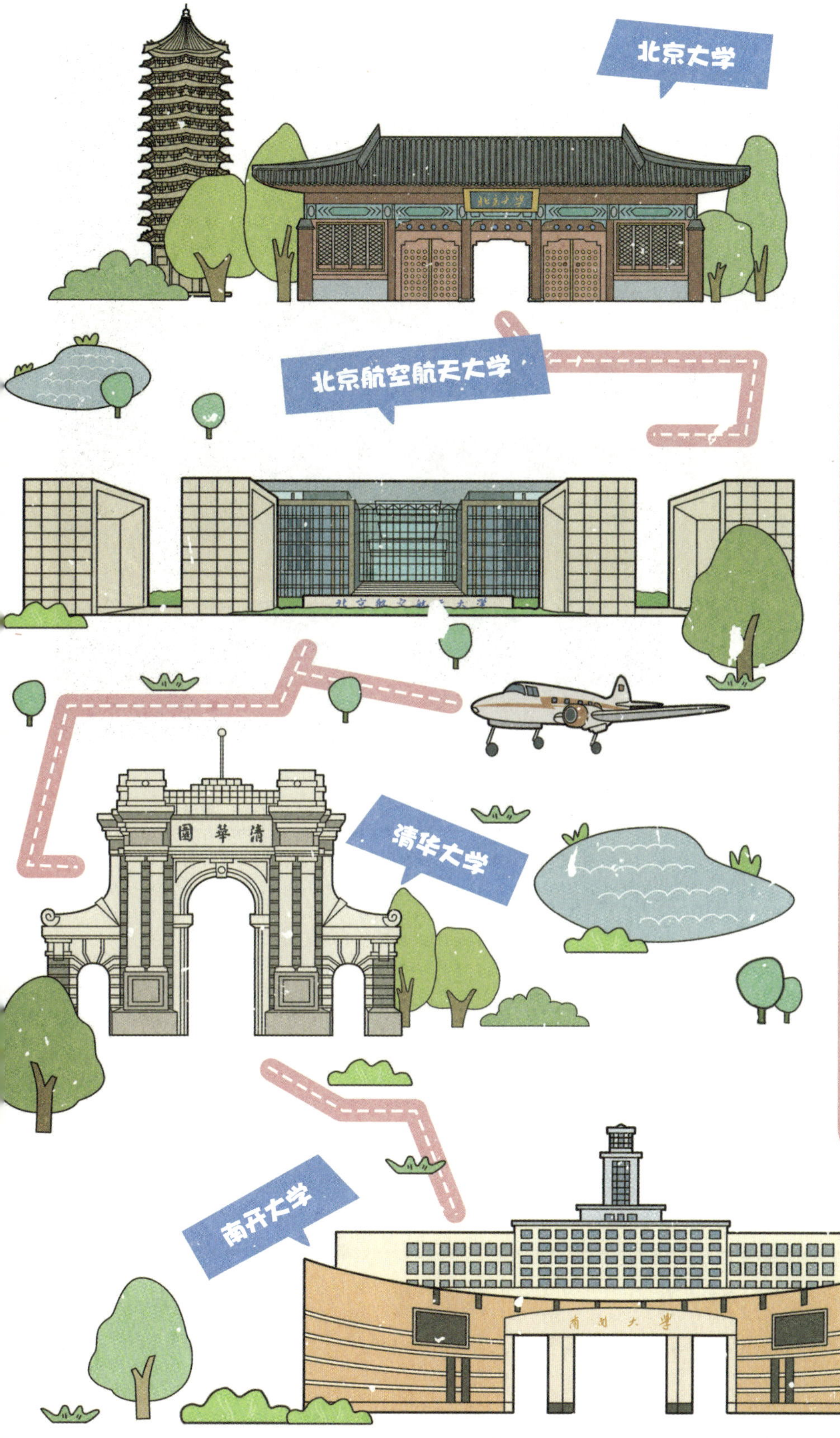

清華大學
Tsinghua University

清华大学是中国著名高等学府，坐落于北京海淀区风景秀丽的清华园，是中国高层次人才培养和科学技术研究的重要基地。

校　训

自强不息　厚德载物

概况总览

985　211　双一流

创办时间：1911 年
学校类别：综合类
地　　址：北京市海淀区双清路 30 号

历史一刻

1911 年 清华学堂成立
1912 年 更名为清华学校
1928 年 更名为国立清华大学
1937 年 组建国立长沙临时大学
1938 年 国立长沙临时大学迁到昆明，更名为国立西南联合大学
1946 年 在北京清华园复员开学
1952 年 成为多科性工业大学
1984 年 设立研究生院

走进校园

清华大学的魅力不仅体现在学术上，还体现在人文景观和自然环境中，既有悠久历史沉淀出的文化底蕴，也有紧跟时代潮流的科技感与现代感。这里一年四季都有不一样的美景，快坐上游览车，一起去清华大学校本部看一看吧！

游览摆渡车

第一站：二校门

清华大学的二校门是学校最早的主校门，始建于 1909 年，外形酷似中国传统牌坊，又融合了巴洛克建筑风格。二校门是清华著名的打卡地，也是清华大学的象征，人们常说“没来过二校门，就不算真正来过清华”。

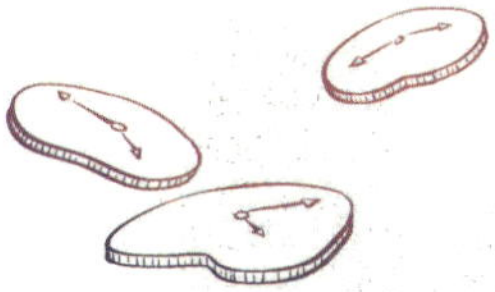

第二站：日晷

清华校园里有一处非常值得一看的重要文物，那就是 1920 级校友赠予母校的纪念物，古代计时器——日晷，上面镌刻着“行胜于言”的字样，鼓励着学弟学妹们投身于母校和祖国的建设之中。

第三站：清华学堂

1911 年，清华大学从这里发端。如今，清华学堂已经有 100 多年的历史了，经过那里时，我们仿佛还能聆听到大师们传道授业的声音。现今的清华学堂已经不用作教学使用了，而是成为学生们自习的圣地。它静静地伫立在校园一隅，守护着莘莘学子。

第四站：雕塑《悟》

清华学堂南侧草坪上有一个奇特的雕塑：一本厚厚的书上布满了汉字以及计算机语言“0”和“1”，一张人脸从中凸现出来。该雕塑名为《悟》，寓意为人类社会的进步与教育密不可分。

第五站：大礼堂

大礼堂建成于 1921 年，与图书馆、科学馆、体育馆一起构成了清华早期“四大建筑”，是当时中国大学里最大的礼堂。清华大礼堂借鉴了罗马式与希腊式建筑艺术风格，其上圆下方的造型也蕴含着中国古代“天圆地方”的哲学思想，是一座融中西建筑风格于一身的独特建筑。

第六站：近春园

近春园原为清朝咸丰皇帝的旧居，也因朱自清的名篇《荷塘月色》而闻名，现在成了清华学子赏景谈心的好去处。每逢夏季，近春园的池塘里便开满了荷花，繁花似锦，荷香满池。

学科重点

一级学科国家重点学科			
数学	机械工程	电气工程	计算机科学与技术
物理学	光学工程	电子科学与技术	建筑学
生物学	材料科学与工程	信息与通信工程	土木工程
力学	动力工程及工程热物理	控制科学与工程	水利工程
化学工程与技术	核科学与技术	生物医学工程	管理科学与工程
工商管理			

二级学科国家重点学科		
数量经济学	设计艺术学	专门史
分析化学	精密仪器及机械	环境工程

国家重点（培育）学科
物理化学

小贴士：“学神”中的“学神”才能进入的顶级殿堂——清华大学的“特殊班”

◇姚班：清华学堂计算机科学实验班，简称“姚班”，由世界著名计算机科学家姚期智院士于 2005 年创办，致力于培养国际拔尖的计算机科学人才。在清华流传着“半国英才聚清华，清华英才聚姚班”这样一句话。

◇智班：清华学堂人工智能班，简称“智班”，成立于 2019 年，也是由姚期智院士创办的，致力于培养人工智能领域的科研人才。智班每年通过奥赛和二次招生等方式来招收学生。

◇钱班：清华大学钱学森力学班，简称“钱班”，创立于 2009 年，是国家和清华大学拔尖创新人才培养试验班之一。钱班以工程力学系为主，联合航天航空、机械、土水等学院，借助全球范围顶尖学者的力量共同建设。

特色专业

建筑学

我们居住的房子、购物的超市、游览的古建筑都与建筑学息息相关。作为一门横跨工程技术和人文艺术的学科，建筑学对学习者的要求颇为严苛：不但需要像画家一样清楚美观地画出图纸，还要像数学家那样掌握精密的计算，两者缺一不可。1946 年，清华大学正式组建建筑工程学系，梁思成为系主任。悠久的历史和雄厚的教学条件使清华大学建筑学在全国高校中处于优势地位，教学专家多次斩获各类建筑学界大奖。清华建筑学不但处于国内领先地位，而且还借助学科优势与数十所世界建筑名校和国际机构建立了长期的战略合作伙伴关系，产生了广泛的国际影响。

重点成果：梁思成先生设计人民英雄纪念碑；清华大学图书馆新馆工程、中国美术馆改造工程、菊儿胡同改造工程等。

人民英雄纪念碑

清华大学图书馆新馆

大学生活

自习圣地

清华的图书馆是清华学子的自习圣地。宽敞的环境、舒适的阅览座位、丰富的书籍资源（截至 2023 年 8 月，图书馆馆藏总量约 585.5 万册），每一刻都书香萦绕。在学海徜徉，充实了精神，不负时光。另外，清华有 6 个“教”，分别是第一至第五教室楼和第六教学楼。不过清华学子一般都叫它们的小名，例如“一教”“六教”。

清华大学图书馆

“无体育，不清华”

清华大学还被戏称为“体校”，奉行“无体育，不清华”“为祖国健康工作五十年”的体育文化。“名校学霸＋运动健将”的全能青年在清华比比皆是，毕竟体质测试严苛，学生甚至可以牺牲看书的时间去锻炼。

西体育馆

清华有属于自己的体育赛事，即“马约翰杯”学生运动会。这是以清华著名教授、中华体育界泰斗马约翰先生命名的全校性体育盛会。赛事贯穿整个学年，涵盖篮球、足球、排球、网球等40余项运动。

体育逸事

◇马约翰教授80岁时依然白天工作8小时，晚上工作2小时，姿势标准的俯卧撑可连做40个，甚至能与年轻人赛车。

◇著名学者吴宓曾因跳远不及格而延期半年毕业，体育成绩达标后才得以赴美留学。

◇中国科学院院士、原清华大学副校长施一公教授在清华每天都要跑3000米。

那些你不知道的清华

◇清华校园里植物种类丰富，随处可见花卉树木，有兴趣的朋友们在这里可以认识很多植物。例如，贴梗海棠、连翘、紫荆、西府海棠等。

连翘

贴梗海棠

◇我们都听说过红叶遍野的香山，它算得上是清华的“老邻居”了。若天气晴朗，学生们还可以在紫荆操场遥望香山倩影。

◇清华有一条“校河”，其实它是万泉河流经清华的一段，属于海淀区水系。

北京大学历史悠久，是新文化运动的中心和五四运动的策源地；风景秀丽，坐拥明清两代的皇家园林；“循思想自由原则，取兼容并包主义”，成就燕园独有的精神魅力。

概况总览

985　211　双一流

创办时间：1898 年

学校类别：综合类

校区分布：燕园校区、医学部校区、昌平校区、新燕园校区、大兴校区等

地　　址：北京市海淀区颐和园路 5 号

历史一刻

1898 年 创立京师大学堂

1912 年 更名为北京大学

1919 年 成为五四运动策源地

1937 年 组建国立长沙临时大学

1938 年 迁至昆明，更名为国立西南联合大学

1946 年 北京大学在北京复员

1952 年 院系调整

2000 年 与原北京医科大学合并，组建新的北京大学

走进校园

同学们，了解了北京大学的各项信息，现在我们就正式开始校园之旅啦！在沿途的风景中，我们还会看到各种有趣的活动和故事呢！让我们一起开启去往北京大学燕园校区的旅程吧！

游览摆渡车

第一站：西校门

如果不是看到牌匾上“北京大学”4个鎏金大字，我们会误以为自己身处某一座古代宫门前。北大的西校门有着古朴之风，青绿斗拱、朱红墙柱，与燕园内的古典建筑遥相呼应，给人以历史的厚重感。

第二站：华表

正对西门的办公楼前，耸立着两座约8米高的华表。若我们仔细观察这对华表，会发现它们一粗一细、大小不一，这种情况在以对称为美的中国建筑布局中实属罕见。其实这两座华表压根儿就不是一对，因为当年从圆明园搬运出来时发生了乌龙事件，4座华表两两皆不成对（另一对在国家图书馆文津街分馆前），不过这倒也成了一桩逸闻。

第三站：赛克勒考古与艺术博物馆

赛克勒考古与艺术博物馆展厅面积达2000平方米。博物馆现收藏有万余件藏品，如周口店北京猿人石器，还有陶器、玉器、钱币和民俗文物等。

第四站：未名湖

在北大校园里，最出名的景色非“一塔湖图”莫属。“一塔湖图”之“湖”指的就是这汪清澈广阔的碧水——未名湖，它是北京大学的标志性景观。未名湖是人工湖，其形成可追溯至清朝，曾是乾隆年间宠臣和珅府邸的湖泊，保留至今。未名湖本无名，后史学大家钱穆先生提议“未名”，故而得名。

第五站：翻尾石鱼

翻尾石鱼藏身于未名湖中，凭借奇特的造型和精细的雕刻给人们留下了深刻的印象。它“身世坎坷”，见证了历史的变迁。翻尾石鱼曾是圆明园中的旧物，英法联军火烧圆明园后，它惨遭变卖，后由校友出资赎回，安置于北大。石雕静静地立在水中，无言地诉说着往事。

第六站：博雅塔

绕过未名湖，你便能看到博雅塔。博雅塔是“一塔湖图”之“塔”，高 37 米，参照辽代密檐砖塔的外形而建，颇具古色。博雅塔起初作供水之用，如今这一功能早已弃而不用，但博雅塔依旧矗立在燕园，像一个忠诚的卫士，守护着整个校园。

学科重点

一级学科国家重点学科			
哲学	理论经济学	法学	政治学
社会学	中国语言文学	历史学	数学
物理学	化学	地理学	大气科学
生物学	力学	电子科学与技术	计算机科学与技术
口腔医学		药学	
二级学科国家重点学科			
国民经济学	基础心理学	英语语言文学	印度语言文学
天体物理	固体地球物理学	构造地质学	通信与信息系统
核技术及应用	环境科学	免疫学	病理学与病理生理学
内科学	儿科学	精神病与精神卫生学	皮肤病与性病学
外科学	妇产科学	眼科学	肿瘤学
运动医学	流行病与卫生统计学	企业管理	教育经济与管理
图书馆学			
国家重点（培育）学科			
亚非语言文学	矿物学、岩石学、矿床学	儿少卫生与妇幼保健学	

小贴士：北京大学的“王牌班”

◇图灵班：北京大学信息科学技术学院于 2017 年创办的计算机学科国际化班级。以“计算机之父”艾伦·麦席森·图灵的名字命名，由图灵奖获得者、计算机科学领域的大师约翰·霍普克罗夫特教授担任指导委员会主任，并亲自授课。图灵班选拔严格，高手云集。

特色专业

考古学

“今人不见古时月”，我们无法亲眼见证鲜活的古代世界。但是无言的史料却能弥补我们的遗憾。北大考古学实力领先全国，被誉为“中国考古学家的摇篮”和“21 世纪中国考古学研究中心”。北大设有旧石器考古与古人类学、新石器及夏商周考古、汉唐宋元明考古、佛教考古等专业方向，授课教师多为蜚声海内外的专家和学术带头人，例如宿白、孙华、雷兴山等，学生可以全方位学习最专业的考古学知识。另外，赛克勒考古与艺术博物馆馆藏丰富，可供师生教学使用。

毕业去向：考古研究所、高校、博物馆、拍卖行……

研究成果："敦煌的女儿"樊锦诗用一生保护和研究敦煌文物，探索运用科学技术，真实地、完整地、可持续地保管敦煌艺术瑰宝，构建起莫高窟科学保护、研究、弘扬和管理的综合体系；北京大学中国考古学研究中心出版诸多学术专著，丰富考古研究。

化学

化学，展开来讲就是"变化的学问"，主要通过实验对物质的结构、变化规律等进行科学研究。化学与我们的日常生活息息相关，例如随处可见的塑料、玻璃、尼龙以及食品、医药等，都离不开化学家的研究。虽然这看起来很酷，但亲身实践却是艰难万分，需要十足的勤奋和坚持。北京大学化学学科是国家一级重点学科，在历次教育部学科评估中均名列榜首。化学专业开设普通化学、有机化学、物理化学、结构化学等基础课程，另外配有相关实验课程，帮助学生开展学习和研究工作。

毕业去向：食品、材料、化妆品、医药、农业等行业。

研究成果：发现糖尿病的化学干预新方法；开发出对心脏缺血和再灌注损伤具有治疗前景的新型候选药物分子等。

大学生活

"四大疯人院"

北大汇集了各地英才，而这些英才中，又当属北大流传的"四大疯人院"学子为最。"四大疯人院"是对数学科学学院、物理学院、化学学院以及生命科学学院的趣称，这些学院里的人往往智商超群、天赋异禀，愿意潜心扎根学术，并在自己的领域有所建树。

食在北大

北大食堂美食丰富，被人戏称"一入北大深似海，从此减肥是路人"。北京大学共有十几座聚集了各地美食的校园食堂，上百种美味菜肴和特色主食可供师生尽情选择。大师掌勺，顿顿佳肴。学子们每天换着花样吃，不出校园也能吃遍各地特色美食，真是太幸福了！话不多说，为你推荐

家园食堂

几个特色美食吧：勺园食堂的宫保鸡丁、农园食堂的麻辣香锅、学一食堂的襄阳牛肉面、松林食堂的石锅拌饭、家园食堂的干煸仔鸡饭……

体育锻炼

北京大学“群众体育”理念源远流长，可以追溯到老校长蔡元培先生倡导的“完全人格，首在体育”。校级运动会一年有3次，每届新生一开学就要参加“开学第一跑”，每周两次“操场夜奔”。另外，北大有属于自己的“铁人三项”——划船、骑自行车以及跑步。师生们先划着皮划艇，在未名湖上奋勇前进，接着沿湖边主路骑车竞速，尽显速度与激情，最后再绕湖来一场痛快淋漓的越野跑，乐趣横生！

“铁人三项”之划船

山鹰社

北大最值一提的社团是山鹰社。山鹰社是全国首个以登山、攀岩为主要活动的学生社团。自成立以来，山鹰社社员先后成功登上了念青唐古拉、格拉丹东、卓奥友等山峰，甚至包括世界最高峰——珠穆朗玛峰。当然，为了适应山地艰苦的环境，社员需要经历实地攀登训练、体能技术训练、学习安全知识等诸多环节才能真正地一览山岳风光。

山鹰社

北京航空航天大学
BEIHANG UNIVERSITY

北京航空航天大学是中华人民共和国第一所航空航天高等学府，北航的诞生标志着中华人民共和国航空航天高等教育开启了新的篇章。

校　训

德才兼备 知行合一

概况总览

985　211　双一流

创办时间：1952 年

学校类别：理工类

校区分布：北京学院路校区、沙河校区，杭州国际校园

地　　址：北京市海淀区学院路 37 号

历史一刻

1951 年
国家对国内大学原有的航空工程系、科进行院系调整

1952 年
正式成立北京航空学院

1988 年
更名为北京航空航天大学

1995 年
首批进入国家“211 工程”建设高校行列

2001 年
进入国家“985 工程”建设高校行列

走进校园

北京航空航天大学在北京市有学院路和沙河两个校区。学院路校区风景秀美，绿荫如盖，建筑具有工业化时期的特色；沙河校区风景优美，在这里，一年四季你都能体验到不一样的美！

游览摆渡车

第一站：航空航天博物馆（学院路校区）

航空航天博物馆是北京航空航天大学校内最大的现场课教学基地，也是中华人民共和国成立后第一座以航空航天科技为主题的博物馆。

第二站：航概妹（沙河校区）

北航人公认的“女神”——航概妹，因其身边放着一本《航空航天技术概论》教材而得名。她静坐在南湖旁的椅子上，正在深沉地思考。这种孜孜不倦的求索精神，陪伴着一届又一届的学子成长，陪伴着我们仰望星空，探索宇宙。

第三站：“天空之镜”（沙河校区）

在北航沙河校区能看到“天空之镜”这样的绝美景观，离不开设计师的匠心独运。宏伟高大的主楼和主楼前方的音乐喷泉相得益彰，呈现给我们这美轮美奂的风景！

第四站：校机（沙河校区）

北航校内陈列着不止一架飞机。运-11早在2014年就来到了北航，已经陪伴北航人走过了多年时光，也见证了北航日新月异的发展。2021年，北航又添新校机——运-8（左图），就停在沙河校区的花海中，在特定的季节来，我们既能观赏花海，又能打卡校机，实在是一件美事！

学科重点

第二轮“双一流”建设学科			
力学	仪器科学与技术	材料科学与工程	控制科学与工程
计算机科学与技术	交通运输工程	航空宇航科学与技术	软件工程
一级学科国家重点学科			
管理科学与工程	航空宇航科学与技术	计算机科学与技术	控制科学与工程
材料科学与工程	仪器科学与技术	力学	机械工程
二级学科国家重点学科			
人机与环境工程	系统工程	测试计量技术及仪器	航空宇航制造工程
车辆工程	航空宇航推进理论与工程	飞行器设计	计算机应用技术
计算机软件与理论	计算机系统结构	导航、制导与控制	模式识别与智能系统
检测技术与自动化装置	控制理论与控制工程	通信与信息系统	电磁场与微波技术
材料加工工程	材料学	材料物理与化学	精密仪器及机械
机械设计及理论	机械电子工程	机械制造及其自动化	工程力学
流体力学	固体力学	一般力学与力学基础	管理科学与工程

特色专业

飞行器设计与工程

主要研究航空航天飞行器设计相关的知识和技能，包括飞行器总体、结构、外形的设计等，进行飞行器设计、飞行器性能计算与分析、飞行器故障诊断及维修等，专业优势明显，师资力量雄厚。学院拥有航空航天实验教学中心、航空器先进设计技术工信部重点实验室，用于培养航空航天高素质专业人才。

大学生活

足不出户去看展

在北航校园内有一座艺术馆，这是全国高校首家公益性校级艺术博物馆，面向师生和公众免费开放，被媒体誉为“中国高校最有影响力的公益性公共艺术空间”。北航学子不需要出校门，就能欣赏书法大家、绘画大家的作品，体验摄影艺术、扎染艺术的魅力。

北斗巡星会

北斗巡星会，英文名为“Star Rovers”，是北京航空航天大学天文爱好者自发组织开展的实践类天文社团。社团活动丰富多样，包括：

校内观测——用天文望远镜观测土星光环、人造天体、流星雨，认识各个星座；

校外活动——参观天文馆，到天文台、野外进行观测；

社课学习——开设专门课程、举办讲座帮助学生了解天文学的奥秘。

北京师范大学是教育部直属重点大学，是一所以教师教育、教育科学和文理基础学科为主要特色的著名学府。

校　训

学为人师　行为世范

概况总览

985　211　双一流

创办时间：1902 年

学校类别：师范类

校区分布：北京校区、珠海校区（五个校园）

地　　址：北京市海淀区新街口外大街 19 号

历史一刻

1902 年　京师大学堂师范馆正式开学

1931 年　国立北平大学女子师范学院并入

1937 年　因战西迁，参与组建国立西北联合大学

1949 年　复用“北京师范大学”原名

1996 年　首批进入国家“211 工程”建设行列

2002 年　进入国家“985 工程”建设行列

2017 年　入选国家“双一流”建设高校

走进校园

同学们，看完北京师范大学的各项信息，你是不是已经迫不及待想要更深入地了解北师大呢？现在我们就正式开始北师大北京校区的校园之旅吧！

游览摆渡车

第一站：“北师大星”纪念雕塑

北师大校友、原北京天文馆馆长朱进在中国科学院国家天文台工作期间曾发现了一颗小行星（国际编号为 8050 号），被相关部门批准命名为“北师大星”，以此来迎接北师大百年校庆。后来，学校在英东楼西侧立了一座“北师大星”纪念雕塑。

第二站：木铎

木铎雕塑是北师大的标志物，与校徽中“木铎金声”图案相契合，含有教化教育之意。这一雕塑位于京师广场上，学子来来往往，无不感受着木铎的神圣。凑近看，你会发现木铎一面刻有“师大”二字，另一面还有启功先生所题的“木铎金声一百年”字样。

第三站：曦园

曦园园林特色鲜明，是一片清幽雅静之地。曦园最神秘的地方在于多年前拆迁时，曾出土了一块古老的石碑，相传这块石碑是清朝康熙年间大将卜舒库的墓碑，保存较为完好。透过曦园，我们好像看到了时代的变迁，以及现代校园与历史遗迹共存的和谐。

第四站：京师学堂

京师学堂位于晨曦路拐角处，是校内师生召开会议、举行讲座以及教学的场所。其外观为灰墙黄顶，显得庄严肃穆。另外，京师学堂旁边还有一块为纪念五四运动而立的汉白玉石碑，这也是北师大的标志性景观之一。

学科重点

<table>
<tr><th colspan="12">第二轮“双一流”建设学科</th></tr>
<tr><td colspan="3">哲学</td><td colspan="3">教育学</td><td colspan="3">心理学</td><td colspan="3">中国语言文学</td></tr>
<tr><td colspan="3">外国语言文学</td><td colspan="3">中国史</td><td colspan="3">数学</td><td colspan="3">地理学</td></tr>
<tr><td colspan="3">系统科学</td><td colspan="3">生态学</td><td colspan="3">环境科学与工程</td><td colspan="3">戏剧与影视学</td></tr>
<tr><th colspan="12">一级学科国家重点学科</th></tr>
<tr><td colspan="4">教育学</td><td colspan="4">心理学</td><td colspan="4">中国语言文学</td></tr>
<tr><td colspan="6">数学</td><td colspan="6">地理学</td></tr>
<tr><th colspan="12">二级学科国家重点学科</th></tr>
<tr><td colspan="3">马克思主义哲学</td><td colspan="3">民俗学</td><td colspan="3">史学理论及史学史</td><td colspan="3">中国古代史</td></tr>
<tr><td colspan="3">理论物理</td><td colspan="3">物理化学</td><td colspan="3">细胞生物学</td><td colspan="3">生态学</td></tr>
<tr><td colspan="4">系统理论</td><td colspan="4">环境科学</td><td colspan="4">教育经济与管理</td></tr>
</table>

特色专业

心理学

心理学是研究心理现象和行为的科学，帮助人类剖析精神世界，从而获得对自我、对他人的了解。早在1902年，京师大学堂师范馆就设立了心理学作为学生的通习科目，发展至今。如今的北京师范大学心理学部是国家世界一流心理学科建设单位。作为国内心理学界的“状元”，跨学科的教师团队、完善的科研平台，为学生提供国际交流的机会，这些优势都使它深受学子青睐。

大学生活

北师出游

北京师范大学坐落于北京二环和三环之间，地理位置优越，前往很多景点都非常方便，如什刹海、北海公园、紫竹院公园、玉渊潭公园等。在秋高气爽的时节，选一个合适的目的地，邀三五好友骑车前往，倒也别有一番风味！

什刹海

多彩社团

隶属于文学院的南山诗社，其社名取自陶渊明的名句“采菊东篱下，悠然见南山”，该诗社不拘泥于常规的吟诗作对，而是以吟唱的方式演绎古典诗词，创新又有趣。成立于 1919 年的北师大五四文学社是北师大历史最为悠久的社团，社员在笔会中畅所欲言，碰撞出新的写作灵感。

南山诗社音乐会

那些你不知道的北师大

北师大有句话叫“夏天打伞防晒，冬天打伞防‘天使’”。“天使”是什么呢？“天使”取谐音“天屎（使）”，即乌鸦的排泄物。因为北师大的乌鸦很多，一到冬季，难免有学生被乌鸦屎砸中，所以需做好防护。

北京师范大学是教育部直属 6 所师范大学之一，从 2007 年开始有条件地接受免费师范教育的学生。免费师范教育，即免费教育师范生在学校学习期间，免除学费、免缴住宿费，并补助生活费。享受免费教育的师范生毕业后，一般回生源所在省份的中小学任教，并承诺从事中小学教育工作 6 年以上。

中国人民大學

RENMIN UNIVERSITY OF CHINA

中国人民大学是中国共产党创办的第一所新型正规大学，注重人文社科高等教育和马克思主义教学研究，被誉为“我国人文社会科学高等教育领域的一面旗帜”。

校　训

实事求是

概况总览

985　211　双一流

创办时间：1937 年

学校类别：综合类

校区分布：北京老校区、中关村校区、通州校区，苏州校区

地　　址：北京市海淀区中关村大街 59 号

历史一刻

1937 年 创办陕北公学

1939 年 创立华北联合大学

1948 年 成立华北大学

1949 年 迁入北京

1950 年 正式成立中国人民大学

1996 年 入选国家首批“211 工程”高校名单

2001 年 入选国家“985 工程”重点建设高校名单

2017 年 入选首批国家“双一流”建设名单

走进校园

各位同学，中国人民大学的校园之旅要开始啦。让我们一起去发现中国人民大学中关村校区的独特魅力吧！

游览摆渡车

第一站：明德楼

明德楼位于中国人民大学西门，是目前国内高校已建成的建筑中规模最大的单体教学建筑。明德楼里王牌专业云集，人大学子可以在此处上课和自习。另外，南面的明德广场是人大著名的打卡地，可以看见好多和平鸽呢！

第二站：一勺池

“吞吐三江水，怡然一勺池。”一勺池其实是一个小型的人工池塘（池底还刷了一层绿漆）。但是，人大学子给它取了一个“威风凛凛”的别名——人大海。池塘虽小，但也是人大校园内一片独特的风景。一勺池附近树木葱茏，环境清幽，侧邻百家廊，到这里散步、乘凉，别提有多惬意啦！

第三站：人文楼

人文楼造型独特，从正面看像一本翻开的书；从上空俯视，则是一个超大的“人”字。这样奇妙的构思让人不禁佩服设计者的“脑洞”。人文楼前还有一块巨大的草坪，是师生放松娱乐的好去处。

第四站："实事求是"校训石

校训石位于学校东门的正中央，是产自河北曲阳县的巨型汉白玉石块。当年因为石块巨大不好运输，故而被切开后又重新粘贴起来，形成了如今的模样。镌刻着"实事求是"4个大字的校训石，见证了学校的历史变迁，是人大校园中轴线上的风景之一。"实事求是"的校训，融入了人大人的基因，奠定了人大人的品格，见证着一代代人大人的收获、成长。

学科重点

第二轮"双一流"建设学科			
哲学	理论经济学	应用经济学	法学
政治学	社会学	马克思主义理论	新闻传播学
中国史	统计学	工商管理	农林经济管理
公共管理		图书情报与档案管理	
一级学科国家重点学科			
哲学	理论经济学	应用经济学	法学
社会学	马克思主义理论	新闻传播学	工商管理
二级学科国家重点学科			
中共党史	国际政治	文艺学	中国古代史
中国近现代史	农业经济管理	行政管理	档案学

特色专业

法学

人大法学院是"五院四系"之一，有着非凡的认可度，被誉为中国法学教育的"工作母机"和"法学家的摇篮"。这是因为人大法学院英才辈出，有参与《中华人民共和国刑法》编纂工作的刑法学泰斗高铭暄教授，有积极推动中国特色社会主义法律体系的"改革先锋"许崇德教授，还有首席大法官肖扬、首席大检察官张军等杰出法律工作者。专业课程完善，帮助学生充分了解中国法律体系；相关活动丰富，学术研讨会、国际交流项目给予学生展示自我的机会。未来就业方向有检察官、法官、律师、公司法务等。

大学生活

便利出行

中国人民大学坐落于中关村，紧靠海淀黄庄、人民大学、苏州街地铁站，出行极为便利。步行 15 分钟就可以去海淀大剧院观赏一场精彩的戏剧表演，也可以骑车 20 分钟到颐和园、首都体育馆或国家图书馆。住在人大校园里的师生，是不是也算掌握了另一种意义上的“瞬间移动”呢？

多彩校园

在人大，唇枪舌剑的辩论赛、集优雅与矫健为一体的健美操大赛等轮番上演，各项深入实际的社会实践既是人大特色，也为科研助力，还有各种优质社团百花齐放，都为这座美丽的校园增添一番别样的景致。

辩论赛

◇中国人民大学辩论赛自 1993 年开始举办，始终着眼于实际生活和社会现状。在剑拔弩张的赛场上，感受学霸之间你来我往的思想碰撞，怎能不为之震撼呢？

“田野课堂”

◇人大为学子们量身定制了各项实践活动，诸如“田野课堂”“千人百村”“街巷中国”等，鼓励人大学子运用所学，深入调查，为乡村、社区居民解决实际问题、改善日常生活，使学生们真正做到“读万卷书，行万里路”。

◇人大的学生社团中，最出名的当属“自游人”协会和“爱乐人”协会。“自游人”协会有登山小队，成员们登山、攀岩、科考，挑战专业与极限。而“爱乐人”协会则将热爱音乐的人聚集在一起，为整个校园带来欢乐。协会举办的毕业音乐会不知给多少人留下了美好的青春回忆。

那些你不知道的人大

◇中国人民大学实行“春假制”，也就是把五一前后的假期延长几天，让学子们多出去玩玩，不用担心假期余额不足。所以人大学子们亲切地称自己的学校为“中国人民放假大学”。

◇中国人民大学的成绩公布方式别出心裁，它曾用“成绩刮刮乐”的方式让学生们查阅成绩，说实话，有点心惊肉跳！

北京理工大学
BEIJING INSTITUTE OF TECHNOLOGY

北京理工大学，“国防七子”之一，是中国共产党创办的第一所理工科大学，亦是中华人民共和国第一所国防工业院校。

校　训

德以明理 学以精工

概况总览

985　211　双一流

创办时间：1940 年

学校类别：理工类

校区分布：北京中关村校区、良乡校区、西山校区，珠海校区等

地　　址：北京市海淀区中关村南大街 5 号

历史一刻

1940 年 成立延安自然科学院

1943 年 并入延安大学

1946 年 辗转华北办学

1948 年 与北方大学工学院合并，成立华北大学工学院

1949 年 迁入北京

1988 年 更名为北京理工大学

1995 年 成为国家首批“211 工程”建设高校

2000 年 入选国家“985 工程”建设高校

2017 年 入选国家“双一流”建设高校

走进校园

北京理工大学有中关村、良乡等校区。在北理工的校园中，你能看到哪些地标性建筑呢？快跟着我一起去游览打卡吧！

游览摆渡车

第一站：中心花园（中关村校区）

自 20 世纪 50 年代建校初期到 80 年代初，中心花园一直由比较零乱的临时建筑和花房用地组成。直到 80 年代中期，为庆祝北理工建校 45 周年，学校对中心花园进行了重新规划和大规模地改造，给校内的师生提供了一方乐土。

第二站：体育馆（中关村校区）

北京理工大学体育馆位于学校的中央，波浪起伏的双曲流线屋顶，使体育馆看起来像一条大“鳐鱼”。北理工体育馆不仅给本校学生提供了运动锻炼的场所，还曾承担过奥运会赛事。2008 年，它便被用作北京奥运会排球比赛预赛场馆和残奥会盲人门球的比赛场馆。

第三站：校训、校风、学风石（校风石、学风石在中关村校区，校训石在良乡校区）

这些铭刻着北理工校训（德以明理、学以精工）、校风（团结、勤奋、求实、创新）和学风（实事求是，不自以为是）的石头，静静地坐落在校园的某一个角落。它们以无声静立的姿态，感染着校园里的每一位学子，成为他们求学做人的准则与目标。

第四站：北湖（良乡校区）

北湖位于良乡校区，假山瀑布、中式景墙、汉白玉石拱桥等园林造型美轮美奂；互动广场、休憩廊架、文化展示带等现代设施和谐自然；32000余平方米的绿化草坪和郁郁葱葱的灌木乔木竞相环抱，错落有致，一派生机盎然的景象。

学科重点

第二轮“双一流”建设学科			
物理学	材料科学与工程	控制科学与工程	兵器科学与技术
一级学科国家重点学科			
机械工程	光学工程	信息与通信工程	兵器科学与技术
二级学科国家重点学科			
工程力学	动力机械及工程	物理电子学	
控制理论与控制工程	应用化学		
国家重点（培育）学科			
材料学	导航、制导与控制	飞行器设计	

特色专业

信息对抗技术

信息对抗技术是一项用来保护国民信息安全的大国重器，它不是大众理解的黑客，更不是网络竞技，课程涉及内容包括：进攻与防御功能的信息战技术系统及其决策支持系统、民用信息安全防护等方面的知识和技术。

北理工的信息对抗技术专业所属的兵器科学与技术是一级学科国家重点学科，且入选了世界一流学科建设学科。

学院开设了大数据系统软件国家工程实验室，有着分数域信号与信息处理及其应用方面的创新研究群体，组建了信息系统与安全对抗国防科技创新团队，专门培养信息对抗技术等方面的专业人才。

大学生活

越野赛

北京理工大学重视学生的身体素质，开展了越野赛等体育活动。越野赛种类多，例如一二·九长跑冬季越野赛、夏季越野赛，以及“校园彩虹跑”等。这些具有广泛影响力的体育赛事，吸引了越来越多的学生参与，且全员采用电子芯片计时，尽显科技与高效。

校园彩虹跑

北理工足球队——职业联赛的“学生军”

足球比赛

北京理工大学足球协会，简称“北京理工足协”，下设裁判部、竞赛部等部门。另外，北京理工大学的足球氛围浓厚，北理工足球队连年获得全国大学生足球联赛冠军，作为纯业余足球队多次参加中甲职业联赛，是中国职业联赛赛场上唯一的一支“学生军”。

中国農業大學
China Agricultural University

中国农业大学是以农学、生命科学、农业工程和食品科学为特色和优势的研究型大学，形成了特色鲜明、优势互补的农业与生命科学、资源与环境科学等学科群。

概况总览

985　211　双一流

创办时间：1905 年
学校类别：农林类
校区分布：北京东校区、西校区，烟台校区
地　　址：北京市海淀区清华东路 17 号

校　训

解民生之多艰　育天下之英才

历史一刻

1905 年
成立京师大学堂农科大学

1921 年
清华学校成立农科

1939 年
延安自然科学研究院成立，发展成华北大学农学院

1950 年
北京大学农学院、清华大学农学院和华北大学农学院合并后的学校正式被命名为北京农业大学

1995 年
组建中国农业大学

2017 年
入选国家首批“双一流”建设高校

走进校园

中国农业大学的老建筑带着质朴、古老的气息，曾多次出现在电影镜头里；农大有超过 40% 的绿化覆盖，四季如画，处处呈现出浓浓绿意和无限生机。好啦，我们现在赶快启程，一起走进中国农业大学东校区的校园吧！

游览摆渡车

第一站：老水塔

这座由特殊的琉璃砖建造的老水塔早已卸下了身上的职责，在漫长的岁月中静静伫立着，如今满身藤蔓，随着季节变换由淡绿逐渐长为青绿，在秋天变成火红，最后在冬天枯萎，只留下粗壮的枝节。

第二站：体育馆

这是 2008 年北京奥运会时的摔跤比赛场馆，有着起伏且富有韵律感的轮廓，硬朗的折线檐口和屋脊丰富了天际的轮廓线。

第三站：图书馆

这座方方正正的图书馆像一块精致的奶油蛋糕，不知道它里面的图书是不是也这般“美味”呢？

第四站：麻将楼

中华人民共和国成立初期，学校一穷二白，只能使用质量一般的红砖搭建最普通的教学楼。但中国农大的师生们仍然苦中作乐，将砖块有规律地镶嵌在墙上，形成了这座独特的“麻将楼”。

学科重点

第二轮“双一流”建设学科		
生物学	农业工程	食品科学与工程
作物学	农业资源与环境	植物保护
畜牧学	兽医学	草学
一级学科国家重点学科		
作物学	农业资源与环境	植物保护
畜牧学	兽医学	农业工程
二级学科国家重点学科		
植物学	微生物学	生物化学与分子生物学
果树学	农产品加工及贮藏工程	农业经济管理
国家重点（培育）学科		
食品科学		

特色专业

种子科学与工程

种子是农业生产的起点，在整个生产环节中至关重要，种子科学与工程专业是一个专注于研究种子的各种知识和技能的专业。中国农业大学是国内首个设置种子科学与工程专业的高校，专业所属的农学院立足学科特色，拥有强大的师资队伍和雄厚的科研力量。学生们在四年的学习生活中将会学到植物生理学、农业生态学、作物育种学、种子生物学、种子检验学等专业内容，毕业后可到科研院所、农业农村部以及大中型国有企业等单位就业。

大学生活

中国农大食宿

中国农业大学女生宿舍楼被称为“公主楼”，男生宿舍楼叫作学生公寓三号楼，但为了和公主楼相呼应，又被称为“王子楼”。公主楼和王子楼遥遥相对，楼内都设有食堂，实现了学生们的“最快就餐”。宿舍楼里不光有食堂，还有澡堂、打印店、理发店、贩卖机等。这恐怕是设施最齐全的宿舍楼了吧，不出宿舍楼，就能完成吃饭、洗澡、理发等日常活动！

中国农大食堂美食

中国农大宿舍楼

中国农大“承包地”

试验田是中国农业大学的一大特色，每块田都种着不同的试验品种。有些田里的成果已经初步显现，有些还没到播种的季节。为了方便辨认，大家会在每块试验田都写上标识。如果你在校园中看到骑着车、拎着镐头的女同学，不要震惊，她可能只是去田里做作业了。

那些你不知道的中国农大

◇中国农业大学的饲料博物馆是世界上第一个以“绿色、安全、健康、环保、天然”为主旨，引领饲料行业发展的博物馆。

◇中国农业大学特有的乌鸡蛋是可以购买的。

◇中国农业大学曾被不少知名剧组选为拍摄地。在首届北京高校“美丽校园”推选展示活动评选中，中国农大荣获“十佳美丽校园”称号。

中央民族大学
MINZU UNIVERSITY OF CHINA

中央民族大学是国家民委、教育部和北京市共建的综合性全国重点大学。

校　训

美美与共 知行合一

概况总览

985　211　双一流

创办时间：1951 年

学校类别：民族类

校区分布：北京海淀校区、丰台校区，海南校区

地　　址：北京市海淀区中关村南大街 27 号

历史一刻

1941 年 在延安成立民族学院

1951 年 在北京成立中央民族学院

1952 年 开始正规化办学并逐步发展成为一所文科高等学校

1978 年 被确定为国家重点大学

1993 年 更名为中央民族大学

1999 年 成为“211 工程”重点建设大学

2004 年 成为“985 工程”重点建设大学

走进校园

中央民族大学的无穷魅力融合在校园的人文景观和自然环境中。在这里，一年四季都有不一样的美景；在这里，各民族文化相互融合、交流互鉴。快坐上游览车，让我带你开启校园之旅吧！

游览摆渡车

第一站：大礼堂（海淀校区）

大礼堂始建于 20 世纪五六十年代，采用早期中国大学红梁灰砖瓦盖的风格，古朴清幽、典雅端庄，其设计出自建筑名家梁思成之手，是中央民族大学极具历史见证性的标志建筑。大礼堂可同时容纳一千余人，主要用于庆典仪式、汇报演出、晚会活动。

第二站：民族博物馆（海淀校区）

民族博物馆作为中央民大早期建筑，外观典雅精致，倚临图书馆。民族博物馆内收藏了很多珍贵的民族史料和近 5 万件珍贵的民族文物供教学和观摩，对我国民族历史研究有重大意义。

第三站：气膜馆（丰台校区）

气膜馆坐落在操场旁边,内有羽毛球场、篮球场等，同学们课余时间可以在此进行活动。

学科重点

第二轮“双一流”建设学科	民族学
二级学科国家重点学科	民族学、中国少数民族语言文学
国家重点（培育）学科	中国少数民族经济

小贴士：中央民族大学的“特殊班”

◇ 孝通班：“孝通班”于 2016 年筹建并开班，是继承中央民族大学以费孝通为代表的一代大师的学术传统，致力于构建民族学、社会学、考古学跨学科融合、多平台共享的新文科人才培养共同体。

特色专业

中国少数民族语言文学

中国少数民族语言文学是中央民族大学两个国家级重点学科之一。中国少数民族语言文学学院设有朝鲜语言文学系、蒙古语言文学系、南方少数民族语言文学系、维吾尔语言文学系、哈萨克语言文学系等多个教学系。中央民大的中国少数民族语言文学专业在相关领域有着悠久的历史，语言文学资源丰厚，师资队伍雄厚，科研成果突出，国际影响力巨大，真正做到了多元文化的交流融合。

大学生活

丰富的民族文化

中央民族大学独具特色的民族文化，以及多民族融合的校园氛围，绝对是了解中央民大不可或缺的一环。

每周五晚的藏族锅庄舞会，各个民族的同学，或路过、或慕名而来，或结伴、或独行，在昏暗的灯光下，在交织的嬉笑声里，大家亲如一家。

藏族锅庄舞会

北京工業大學

BEIJING UNIVERSITY OF TECHNOLOGY

北京工业大学是一所以工为主，工、理、经、管、文、法、艺术、教育相结合的多科性市属重点大学，走出了一条特色鲜明、内涵丰富、差异化发展的一流大学建设之路。

校　训

不息为体　日新为道

概况总览

211　双一流

创办时间：1960 年

学校类别：理工类

校区分布：校本部、中蓝校区、管庄校区、花园村校区、琉璃井校区等

地　　址：北京市朝阳区平乐园 100 号

历史一刻

1960 年
创建北京工业大学

1972 年
北京工商管理专科学校并入

1980 年
被确定为市属重点大学

1996 年
入选“211 工程”重点建设高校

2017 年
入选国家首批“双一流”建设高校

走进校园

北京工业大学校本部位于朝阳区，除此以外，还有 6 个分校区。同学们可以骑着自行车在校园内自由自在地穿行。7 个校区各有风采，现在，让我们一起走进北工大本部的校园吧！

游览摆渡车

第一站：科学楼

走进北工大的南校门，首先映入眼帘的就是一栋宏伟的高楼，这就是校园的“门面担当”——科学楼。科学楼的外形像一顶博士帽，象征着前程似锦，是拍摄毕业照的最佳取景地。

第二站：奥林匹克体育馆

北京工业大学奥林匹克体育馆曾经承办过北京奥运会的羽毛球和艺术体操项目，可以满足多种球类运动对场地的要求，还可以承办演唱会和大型庆典。体育馆场地非常大，是同学们饭后运动的好去处。

第三站：月亮湖

月亮湖是北工大校园里唯一的湖，因形状像月牙而得名。月亮湖设计成内切圆的形式，水位一点点上涨，外侧的圆就会被一点点淹没，呈现了月亮的阴晴圆缺。月亮湖四周还有石制、木制的座椅供学生们休息。

第四站：艺术楼

艺术楼是艺术设计学院的教学楼，色彩鲜明，楼下的咖啡馆更是增添了几分文艺气息。这里也是学生们最喜爱的拍照打卡地之一，轻轻松松就能拍出大片。

第五站：逸夫图书馆

从远处望去，逸夫图书馆就像展开的竹简，周围环绕着学术廊道和郁郁葱葱的树木。逸夫图书馆的整体建筑风格兼顾现代与传统，体现了北工大的历史文化底蕴和奋发创新的精神。

学科重点

第二轮“双一流”建设学科	
土木工程	
一级学科国家重点学科	
光学工程	
二级学科国家重点学科	
材料学	结构工程

特色专业

土木工程

北京工业大学的土木工程学科是世界一流学科、国家重点学科以及北京市一级重点学科，处于国内土木高校第一梯队，专业优势雄厚。

学院师资力量雄厚，有中国工程院院士 3 人，国家杰出青年科学基金获得者 3 人；学科拥有土木工程国家级实验教学示范中心和虚拟仿真实验中心各 1 个，有土木工程北京市创新实践基地 1 个，具有坚实的物质和平台支撑。

北工大的土木工程在抗震、减震和新材料及结构体系等方面有深入研究，成果直接服务于京—雄高速、北京地铁等重大工程项目。

大学生活

“工大锤”

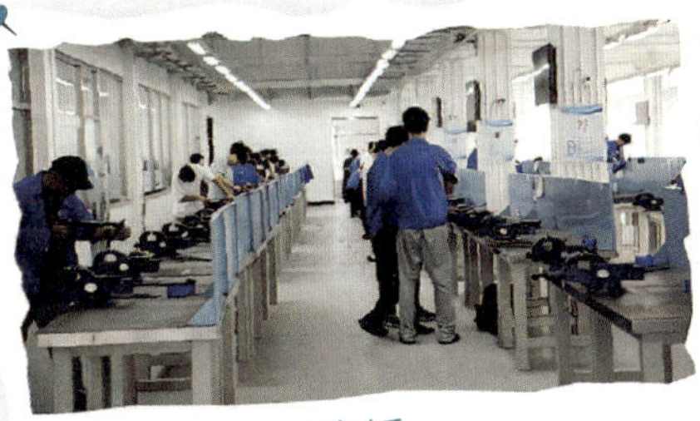

工大锤

前面的人手里竟然拎着一把锤子！不要害怕，那是他独一无二的“工大锤”。在北京工业大学，不管是文科、理科还是工科学生，都要做一把锤子。他们要把一块钢块磨成一把锤子，还要经历钻孔、锉削、淬火等一道道工序，才能获得属于自己的“工大锤”。这把锤子不仅代表了一门必修课的学分，还能增强学生的动手能力和团队合作意识。北工大 2018 届学子的毕业礼物就是“工大锤”形状的工艺品。这件工艺品由艺术设计学院的学生设计，还运用了 3D 打印技术，希望同学们能永远铭记在磨锤子过程中体验到的千锤百炼、精益求精的工匠精神。

那些你不知道的北工大

◇旧图书馆是北工大学子“寻宝”的重要基地，这里有九成新的教材、全新的实验报告纸和信纸，还有可能随机获得学长学姐的课堂笔记呢！

◇北工大的校园里还可以随机解锁“动物图鉴”，注意观察，有可能旁边的草地里正藏着一只可爱的小刺猬，或者前面的路上突然出现一只戴胜。

旧图书馆

小刺猬

北京化工大学

BEIJING UNIVERSITY OF CHEMICAL TECHNOLOGY

北京化工大学是中华人民共和国为“培养尖端科学发展所需的高级化工技术人才”而创建的一所高水平大学，理科基础坚实，工科实力雄厚。

校　训

宏德博学　化育天工

概况总览

211　双一流

创办时间：1958 年

学校类别：理工类

校区分布：朝阳校区、海淀校区、昌平校区

地　　址：北京市朝阳区北三环东路 15 号

历史一刻

1958 年
北京化工学院正式建立

1971 年
与北京化纤工学院合并，组建新的北京化工学院

1978 年
北京化纤工学院（今北京服装学院）从学校分出

1994 年
更名为北京化工大学

1996 年
原化工管理干部学院并入

2017 年
入选国家首批“双一流”建设高校

走进校园

青春肆意飞扬，热爱经久不息。北京化工大学有朝阳、海淀和昌平 3 个校区。位于昌平区的是新校区，新校区三面环山，环境优美，风格独具特色，景色四季流转。一起来欣赏让人一眼心动的北化吧！

游览摆渡车

第一站：图书馆（昌平校区）

图书馆位于校园的中心位置，是一栋标志性建筑。整个图书馆立面就像“一摞错落的图书”，象征着知识的汇聚与智慧的交流。图书馆中庭为六层通高设计，屋顶为钢结构的遮阳开窗系统，从首层往上，每一层的中庭面积逐渐变小，并进行扭转，避免了阳光对室内空间的直射。

第二站：第一教学楼（昌平校区）

这座设施先进、功能齐全又低碳节能的大楼有着基于“云端一体化”设计理念的智慧教学系统，系国内首创，是学生接受知识、扩展思维的天地。大楼整体由 A、B 两栋教学楼通过室外连廊连接在一起，如同一本展开的书籍，尽展“遨游书海”之博学。而在两栋建筑的最南侧的主入口，拥着“化彩三台”的美丽，迎接由校园南大门经探索之路而来的主要人流，是当之无愧的“天工之门”。

第三站：大学生活动中心（昌平校区）

大学生活动中心外观为一双振翅飞翔的翅膀，展现自由与轻盈之态，立面萃取“苯环”为设计元素，采用参数化渐变开孔，将建筑现代感与立面的光线、视线结合，呈现丰富变化。学子们走入其中，可以看乐团演出、赏话剧表演、听学术报告……你有万千才华，它有精彩舞台，满载希望而至，共赴星辰大海！

第四站：1958 COFFEE（昌平校区）

这家咖啡店位于樱花苑 5 号楼。“1958 COFFEE”名称创设理念在于传承并发扬北化精神，引领和丰富校园文化。这是一家由学生自我管理、自主经营、自负盈亏的咖啡店。这里没有喧闹，唯有机器运转的响鸣和轻声的交谈，是北化学子的第三空间，是闲暇时间静谧的避风港，承载着北化记忆。

第五站：“母校之光”雕塑（朝阳校区）

北化朝阳校区图书馆与主楼之间的“绿园”上，是北化著名的“母校之光”雕塑。这座雕塑是建校 45 周年时，由校友捐建的，以“双手”喻示母校，以“高分子模型”代表尖端科技领域，饱含学子深深的感恩。这座雕塑如今已成为北化最具代表性的象征符号。

学科重点

第二轮“双一流”建设学科			
化学工程与技术			
一级学科国家重点学科			
化学工程与技术			
二级学科国家重点学科			
化学工程	化学工艺	生物工艺	应用化学
工业催化	材料学	化工过程机械	
国家重点（培育）学科			
高分子化学与物理			

特色专业

化学工程与技术

化学工程与技术主要培养具备化学工程与化学工艺方面的知识，能在化工、炼油、冶金、能源、轻工、医药、医疗器械、环保和军工等部门从事工程设计、技术开发、生产技术管理和科学研究等方面工作的工程技术人才。

北京化工大学的化学工程与技术专业在第五轮学科评估中排名与清华大学并列第三。毕业后就业范围广，可在食品、医药、能源、环保等领域从事生物产品的研制、生产，同时可到高等院校、设计和研究单位从事教学、科研、生产、管理等方面的工作。北化的科研和学习氛围相当浓厚，对于喜欢化学和科研的同学是很不错的选择。

大学生活

北化“萌宠”

北化校园里有洁白如雪的大白鹅、乌黑如缎的黑天鹅、花色各异的猫咪、调皮可爱的小狗等“萌宠”。

北化校园的黑天鹅

便利出行

学校为各校区通勤专门设置了班车。另外为了方便昌平校区师生夜间出行，学校还贴心地增设了由昌平西山口地铁站至昌平校区校内的夜间摆渡车。

北京交通大学
BEIJING JIAOTONG UNIVERSITY

北京交通大学是教育部、交通运输部、北京市人民政府和中国国家铁路集团有限公司共建的全国重点大学，是一所因铁路而诞生、由铁路而发展的高校。

概况总览

211 双一流

创办时间：1896 年

学校类别：理工类

校区分布：北京主校区、东校区，威海校区

地　　址：北京市海淀区上园村 3 号

校　训

知行

历史一刻

1909 年 创办铁路管理传习所

1910 年 更名为交通传习所

1917 年 改组为铁路管理学校和邮电学校

1923 年 更名为北京交通大学

1952 年 学校改称北京铁道学院

1997 年 入选国家“211 工程”重点建设高校

2003 年 恢复使用“北京交通大学”校名

走进校园

让我们一起踏进北京交通大学主校区，留下我们追梦的足迹吧！

游览摆渡车

第一站：世纪钟

世纪钟建于北京交大百年校庆之时，是北京交大的标志性建筑之一，象征着历史悠久的百年老校将在新世纪焕发青春光彩，又意在勉励莘莘学子珍惜宝贵年华，努力学习。

第二站：明湖

明湖建于 1909 年。“交大漫步思翩跹，缓寻佳境荷花鲜。自习胜地去何处？风景无限明湖边。”湖西北有亭，名为“爱知亭”，亭名是由老校长茅以升先生题字。漫步于明湖湖畔，静享时光静好，十分惬意。

第三站：知行碑

学校立“知行”校训石碑以示后人，并作碑文诠释“知行”校训。万千交大学子，循“知行”之路，精读课业，践实笃行，尽心竭力，恭行不怠。

第四站：南门

北京交大的南门是亚洲最高的校门，透过校门可以看到北京展览馆顶上的星星。北京交大的南门屹立百年，迎来又目送了一批又一批的学子。

学科重点

第二轮“双一流”建设学科	系统科学
一级学科国家重点学科	交通运输工程、信息与通信工程
二级学科国家重点学科	交通信息工程及控制、道路与铁道工程、载运工具运用工程、交通运输规划与管理、信号与信息处理、通信与信息系统、产业经济学、桥梁与隧道工程

特色专业

交通运输工程

交通运输工程专业旨在培养具备较坚实的数学、力学、管理学、计算机、外语、必要的人文社科和经济管理基础知识，能在交通运输领域从事载运工具技术使用与管理、运输组织、管理和调度等工作，以及能在教学、科研单位从事相关教学科研工作的复合型人才。本专业实行大类招生，学生按照交通运输大类录取，入校后通过专业介绍和学业指导，在学生对各学科有较深刻认识的基础上，在大类内自主选择专业，优先考虑学生的志愿，给予学生最大范围的专业选择空间。

大学生活

铁路文化

北京交大作为在铁路上成长起来的院校，一直致力于深入挖掘铁路文化，并进行一系列的专题研究。北京交大始终坚持和弘扬敢为人先、自主创新的精神，全面参与了铁路大提速、青藏铁路建设、大秦铁路重载运输、高速铁路建设和城市轨道交通核心技术自主研发等项目，取得了一系列重大成果，为中国轨道交通大发展以及中国高铁走向世界、领跑全球作出了重要贡献。

那些你不知道的北京交大

◇北京交通大学俗称“红果园”，这里的红果也就是山楂，有一种说法是北京交大搬过去之前，那里有一大片红果树，因此大家都亲切地将校园称为红果园。

◇喜欢逛校园的小伙伴可以去芳华超市和下沉广场，下沉广场中不仅有交大文创店、打印店，还有便利店、书店……

红果

北京科技大学
University of Science and Technology Beijing

北京科技大学是教育部直属的全国重点大学，是中华人民共和国建立的第一所钢铁工业高等学府，为我国钢铁工业的发展作出了巨大的贡献。

概况总览

211　双一流

创办时间：1952 年

学校类别：理工类

校区分布：校本部、管庄校区、昌平校区等

地　　址：北京市海淀区学院路 30 号

校　训

求实鼎新

历史一刻

1952 年
成立了新中国第一所钢铁工业高等学府——北京钢铁工业学院

1960 年
更名为北京钢铁学院

1988 年
更名为北京科技大学

1997 年
进入国家“211 工程”建设高校行列

2017 年
入选国家首批“双一流”建设高校

走进校园

快和我一起来参观北京科技大学校本部吧！

游览摆渡车

第一站：图书馆

北京科技大学的图书馆位于主楼后面，这所图书馆已经有 70 多年的历史了，在这里，你可以感受到历史的韵味。图书馆后门外的草地十分美丽，夏天有各色鲜花盛开，秋天落叶缤纷，别有一番韵味。

第二站：银杏大道

一入秋，位于图书馆南侧的银杏大道便一片金黄，吸引着许多学生甚至外来游客前来拍照，成为北科大靓丽的风景线之一。银杏大道从建校至今已经有 70 多年的历史了，北科大学子这么形容它：“如金色年华般耀眼了母校”。

第三站：体育馆

体育馆是北科大引以为傲的建筑，这里承担了第 29 届北京奥运会柔道、跆拳道和第 13 届北京残奥会轮椅篮球、轮椅橄榄球 4 个比赛项目。体育馆外形以柔道、跆拳道运动中的“带”来凸显出规整而韵律的变化，传承着中庸和谐、刚柔并济的中华文化，展现力量与精致之美。锈红色亚光金属屋面与北科大“钢铁摇篮”的美称相呼应。

学科重点

第二轮“双一流”建设学科	科学技术史、材料科学与工程、冶金工程、矿业工程
一级学科国家重点学科	科学技术史、材料科学与工程、冶金工程、矿业工程
二级学科国家重点学科	机械设计及理论、热能工程
国家重点（培育）学科	控制理论与控制工程

特色专业

材料科学与工程

大千世界，材料无处不在。小到一根针、一张纸、一个塑料袋、一件衣服，大到交通工具、医疗器械、工程建筑、信息通信、航天航空，处处都有材料的身影。材料科学与工程专业以材料学、化学、物理学为基础，主要研究材料成分、结构、加工工艺及其性能和应用。

师资队伍：北科大材料学科有多名院士、国家级和北京市教学名师、国家级中青年高层次人才，他们全部参与本科教学工作，可谓“名师荟萃，俊才聚集”。

特色培养：开设了材料科学与工程高精尖班、材料科学与工程国际班，选拔成绩优异的学生，提供最好的教育资源和科研平台，打造专业人才。

就业：材料研究院、生物科技公司、物理研究院、航空公司、化工行业等。

大学生活

国际文化节

北科大十分注重国际交流，一直将国际化发展作为自身的核心战略之一。校园也会定期举办国际文化节，让中外青年交流互鉴，发展长久友谊，同时为推动构建人类命运共同体贡献青春与力量。

国际文化节——斯里兰卡

国际文化节——也门

食在北科大

作为一所极具创新性的院校，北科大在食堂的菜品上也下了不少功夫。这里不仅有四川省有名小吃——炸元宵，还有甜糯的黑芝麻、外焦里嫩的浇汁豆腐。在创新菜品的同时，北科大食堂也不忘兼顾传统。为了庆祝北科大建校 55 周年，学校特地推出了纪念菜“钢铁摇篮”——浓郁的番茄锅底象征红红火火，滑嫩劲道的牛肉片象征牛气冲天，花甲的贝壳是北科的谐音。看到这里，你是否也想来上一份“钢铁摇篮”呢？

宫保鱼丁

火锅鸡

那些你不知道的北科大

北科大的西饭厅因为配有一个小型戏台，所以承担起召开会议和举办演出的重任。著名的京剧表演艺术家梅兰芳和其儿子梅葆玖曾在此同台演出，上演经典曲目《白蛇传》。

北京林业大学
BEIJING FORESTRY UNIVERSITY

北京林业大学坐落于北京，是一所以生物学、生态学为基础，以林学、风景园林学、林业工程、水土保持与荒漠化防治、草学和农林经济管理为特色的全国重点大学。

校　训

知山知水　树木树人

概况总览

211　双一流

创办时间：1952 年

学校类别：农林类

地　　址：北京市海淀区清华东路 35 号

历史一刻

1952 年 北京农业大学森林系与河北农学院森林系合并，成立北京林学院

1956 年 北京农业大学造园系和清华大学建筑系部分并入

1985 年 更名为北京林业大学

1996 年 被列为首批“211 工程”建设高校

2017 年 入选国家首批“双一流”建设高校

走进校园

无山不绿，有水皆清，四时花香，万壑鸟鸣。植物与艺术是北京林业大学的标签，也是蕴含北林科学之美的结晶。北林校园内的珍稀植物与校园景观让它处处充满着生机和活力。紧跟我们的脚步，准备畅游“北京树木最多的大学”吧！

游览摆渡车

第一站：学研中心

学研中心位于北林校园的东南角，是北林的地标性建筑。其双塔造型以及 B 座的树形部分构成了“U 型”的半开放空间，中间的树塔从建筑中心长出，就像在果壳内的种子奋进生长而成的大树，体现了“十年树木，百年树人”的理念。

第二站：下沉广场

下沉广场的设计与周围的景色相互关联。不断变化的喷泉被称作“星泉”，周围是印有星座的玻璃护栏，并布设了如流星尾一般的长椅，为学生的休闲娱乐提供了场所。

第三站：博物馆

北京林业大学博物馆整合了植物、动物、菌物、昆虫、木材、土壤、岩石、种子等各类标本资源。现已集标本收藏与展示为一体，是承载着教学育人、科学研究、科学普及和文化传承等任务的自然博物馆。

第四站：林之心

“林之心”位于校园中心位置，是北林将现代科技、交互技术和绿色理念融为一体的综合型智慧园林景观，巧思独具。“林之心”巧妙融合山水地形、园林植物、建筑小品、广场道路等要素，融入了雨水收集、精准灌溉、智慧互动等绿色设计理念和智慧园林方案，并设置了“林中密语”“林之心”“云灯”等互动体验，向我们展现了“植物展墙”“梅园”“樱花步道”“林沼”等特色景观。

学科重点

第二轮“双一流”建设学科	
风景园林学	林学
一级学科国家重点学科	
林学	
二级学科国家重点学科	
植物学	木材科学与技术
国家重点（培育）学科	
林业经济管理	

小贴士：你们发现了吗？

◇ 梁希实验班：2023 年起，北京林业大学所有“梁希实验班”均直接通过高考招生，且增加了 2 个“梁希实验班”专业，即共有 7 个专业设置“梁希实验班”，分别为林学类、水土保持与荒漠化防治、风景园林、农林经济管理、林业工程类、草业科学、国家公园建设与管理。

◇ 2023 年，新增“国家公园建设与管理”专业，这是全国第一个也是唯一以国家公园为名的专业。

特色专业

风景园林学

风景园林学既是艺术，也是科学。选择这个专业，除了要学习风景园林设计、风景园林建筑设计、建筑结构与构造、园林植物景观设计等专业课程，学生还要学习气象、土壤、测量等一些基础科学知识。

北林园林学院肇始于 1951 年，是中国现代园林教育的发源地。风景园林学是北林的优势特色专业之一，在 2012 年学科评估中位列全国第一，在 2016 年学科评估中获得 A+，毕业生可以到城乡规划、园林、市政交通、水利、林业、教育等政府和企事业部门从事城乡生态和人居环境建设方面的规划、设计、施工、管理、教育和科研等工作。

大学生活

学在北林

北京林业大学图书馆建筑面积 23400 平方米，拥有 16 个大型书库及阅览室，是集藏、借、阅等多功能于一体的文献信息服务中心。图书馆形成了以林学、生物学、林业工程学、生态环境学和园林学为特色，理、工、文、管、经、法、艺术相结合，多科性的、能有效支撑学科建设和人才培养的藏书体系。

北林图书馆

树洞花园

树洞花园

学习累了？心情有点糟糕？那我建议你到这里来，享受一会儿安静独处的时光。

树洞花园是由北林 1 号学生宿舍楼北侧的自行车停车棚改造而成，这里有 24 棵高大的洋白蜡树肆意生长。以白蜡树为中心，有 3 个大小不同的圆形广场。

在这里，人融入其中，成为景观的一部分。茂密的大树之间，放置了 3 个表达“相望”主题的景观装置——“树洞转亭”。树洞转亭均设有精心设计的转轴，使用者可以根据自己的需要，将树洞转亭转到任意方向，由此构建道路与树洞转亭、广场与树洞转亭、树洞转亭之间不同的“相望或屏蔽”的关系。

北京体育大学

BEIJING SPORT UNIVERSITY

北京体育大学是全国重点院校、国家“211 工程”重点建设大学、国家首批“双一流”建设高校，具有深厚的文化底蕴和扎实的办学基础，在国内外享有盛誉。

概况总览

211　双一流

创办时间：1953 年

学校类别：体育类

地　　址：北京市海淀区信息路 48 号

校　训

追求卓越

历史一刻

1953 年

成立中央体育学院

1993 年

更名为北京体育大学

2004 年

师生校友共 160 人入选雅典奥运会中国代表团

2017 年

入选国家首批“双一流”建设高校

走进校园

北京体育大学是全国唯一入选“211 工程”的体育类院校，还曾荣获“全国绿化模范单位”的称号。北京体育大学一直以“校园美、环境好”而闻名，为师生营造了舒适优美的学习生活环境。接下来让我们一起深入校园内部，感受一下北京体育大学之美吧！

游览摆渡车

第一站：学校西门

我们必然要先去北体大的“门面”——西门牌坊参观一下。作为学校的标志性建筑，几乎所有的北体大学子都和它合过影。70 多年的风雨历程浓缩成西门上雕刻的校训，激励着北体大学子不断前行，追求卓越。

第二站：网球综合训练馆

接下来我们来到了北体大的超大综合健身房——网球综合训练馆。这里健身器材完备，你可以尽情挥洒汗水，锻炼身体。场内还设置了乒乓球训练场地，满足同学们多方面的运动需求。

第三站：体育馆

除了网球综合训练馆，体育馆也是一个多功能综合性场馆，主要由比赛馆、练习馆、艺术体操馆以及消除疲劳中心组成。场馆呈八角形平面，彰显了北京体育大学的恢宏气势。

学科重点

第二轮“双一流”建设学科			
体育学			
二级学科国家重点学科			
体育人文社会学	运动人体科学	体育教育训练学	民族传统体育学

特色专业

运动人体科学

运动人体科学专业的核心课程包括体育学、生物科学、基础医学和教育学等。北体大的运动人体科学学院是中国体育科学家的摇篮，运动人体科学专业被评为国家级特色专业、“国家一流专业”。齐全的学科设置、优秀的教师队伍、国家提供的充足的研究经费，为学院涉及竞技体育、大众健康等领域的研究提供了有力的支持。学院师生先后承担了多项奥运攻关课题，同时还是中国国民体质研究的主要承担者之一，为中国建立国民体质监测系统作出了突出贡献。

大学生活

“小全运会”

你知道有“小全运会”之称的北体大校园运动会吗？北体大校运会不仅可以媲美全运会的悠久历史，成绩更是斐然。在北体大，曾诞生过两项世界纪录、5 项亚洲纪录以及 6 项全国纪录。并且只有在北体大才能看到电动计时、激光测距、影像测量等专业电子仪器，真不愧是国内所有体育类大学中的佼佼者。

那些你不知道的北体

北体大是冠军聚集地，在历届奥运会中都能看到北体大学子的身影。在北京冬奥会中，为中国夺得第一枚金牌的五名运动员全部来自北京体育大学。你永远可以相信中国短道速滑，相信“北体大战队”。

短道速滑

北京外国语大学
BEIJING FOREIGN STUDIES UNIVERSITY

北京外国语大学是中国外国语类高等院校中历史悠久、教授语种最多、办学层次齐全的全国重点大学。

校　训

兼容并蓄　博学笃行

概况总览

211　双一流

创办时间：1941 年

学校类别：语言类

校区分布：东校区、西校区

地　　址：北京市海淀区西三环北路 2 号

历史一刻

1941 年
前身中国抗日军政大学三分校俄文队成立

1949 年
华北大学二部外语系与外事学校合并，改名为外国语学校

1954 年
更名为北京外国语学院

1994 年
更名为北京外国语大学

1997 年
入选国家“211 工程”重点建设高校

2017 年
入选国家首批“双一流”建设高校

走进校园

北京外国语大学校园内设施完备，景色宜人，具有十分明显的语言大学特征。接下来就让我们一起参观北外校园吧！

游览摆渡车

第一站：文化广场（东校区）

文化广场是北外学生社团活动的聚集地，也是学生们娱乐休闲的主要场所。

小贴士：北外的校园地面上刻有校徽图案，听说北外有一个“踩了校徽要挂科”的传言哦！

第二站：图书馆（东校区）

继续向前，我们来到北外的地标性建筑——图书馆。图书馆将外墙砖块做成镂空设计，每一块砖上都刻着不同语言的“图书馆”写法，这里是同学们读书自习必去的地方。图书馆内设有研读间、有声自习区、电脑区、无声自习区，供学生使用。

第三站：莫比乌斯环（西校区）

雕塑莫比乌斯环，是北外拥有国际化特色的地标。这座雕塑内面镂刻了 101 种语言的“你好”，表达了对世界的友好问候，体现了北外促进世界文明交流互鉴的博大情怀。

第四站：博物馆（西校区）

参观完莫比乌斯环，我们来到了国内大厦一层的两个博物馆，分别是世界语言博物馆和北外校史馆。世界语言博物馆展现了语言发展的历程，彰显了语言世界的魅力；校史馆则展示了北外数十年来的发展历程。感兴趣的话就快来看看吧！

学科重点

<table>
<tr><th colspan="12">第二轮“双一流”建设学科</th></tr>
<tr><td colspan="12">外国语言文学</td></tr>
<tr><th colspan="12">国家重点学科</th></tr>
<tr><td colspan="6">英语语言文学</td><td colspan="6">德语语言文学</td></tr>
<tr><td colspan="6">外国语言学及应用语言学</td><td colspan="6">日语语言文学（培育）</td></tr>
<tr><th colspan="12">北京市重点学科</th></tr>
<tr><td colspan="3">俄语语言文学</td><td colspan="3">阿拉伯语语言文学</td><td colspan="3">日语语言文学</td><td colspan="3">比较文学与跨文化研究</td></tr>
<tr><td colspan="4">欧洲语言文学</td><td colspan="4">西班牙语语言文学</td><td colspan="4">法语语言文学</td></tr>
</table>

特色专业

德语语言文学

北京外国语大学德语专业始建于 1950 年，是中华人民共和国成立后最早建立的高校德语学科点之一，是国家重点学科、国家级特色专业、国家级一流本科以及北京市一流专业。

德语学院拥有一支高水平的师资队伍。在这里，诞生了中华人民共和国第一本德语专业教材、第一部汉德词典、第一份辅导德语学习的刊物以及第一部全国德语专业调研报告。学术研究体系完整，成果丰硕。学院高度重视国际化建设，拥有德国学术交流中心派来的长期外籍专家，与德语国家的诸多知名高校建立了校际合作关系。

北外为各行各业培养了一大批具有家国情怀、全球视野以及专业本领的优秀德语人才，毕业生遍布外交部、商务部、文化和旅游部等部委，以及金融机构、新闻媒体和企事业单位。

大学生活

食堂一览

北京外国语大学一共有 4 个食堂，分别是学生食堂、清真食堂、教工食堂以及西院食堂。这些食堂汇聚了全国各地的特色美食，同学们对这里的美食赞不绝口，一些热门档口一定要早去，不然会排长队哦！

学生食堂地下一层是北外学子的心头好，不仅菜品丰富，而且分量十足，大家在这里可以找到熟悉的家乡味道。

学生食堂

全球文化节

北外全球文化节

如果你想拥有一场半天内环游世界的旅行，那么你绝对不能错过北京外国语大学的“全球文化节”。在全球文化节，有近百个代表不同国家地区的展位，还有社团风采及中华传统文化展示台，让同学们尽情沉浸在缤纷的世界民族文化中，与世界各国留学生一起感受各具特色的文化。

那些你不知道的北外

◇ 学校承担了《汉英词典》《精编德汉汉德词典》《现代西汉汉西词典》等词典的编写任务，现在我们用到的许多词典都是由这里出版的。

《汉英词典》

《精编德汉汉德词典》

◇ 据不完全统计，北外毕业的校友中，先后出任驻外大使的就有 400 余人，出任参赞的有 2000 余人。

北京邮电大学

Beijing University of Posts and Telecommunications

北京邮电大学是一所以信息科技为特色、工学门类为主体、工管文理交叉融合的研究型大学，是我国信息科技人才的重要培养基地。

校　训

厚德博学 敬业乐群

概况总览

211　双一流

创办时间：1955 年

学校类别：理工类

校区分布：海淀区（西土城路校区）、西城区（小西天校区）、昌平区（沙河校区）、昌平区（宏福校区）

地　　址：北京市海淀区西土城路 10 号

历史一刻

1955 年　北京邮电学院成立

1959 年　北京电信学院及其附属中技部并入

1960 年　北京邮电科技大学并入

1993 年　更名为北京邮电大学

1998 年　成为全国首批重点建设的“211 工程”院校

2017 年　入选国家首批“双一流”建设高校

走进校园

北京邮电大学在通信与计算机方面具有很强的优势。在游览北邮校园的过程中，你也会发现一些独具特色的地标建筑，让我们一起去看看吧！

游览摆渡车

第一站：摩斯电码路（海淀校区）

从北邮的西门出发，通往校训石的路上，你将经过一条路面有着特殊符号的步行道，这条步行道以世界上第一条电报码“摩斯码”为蓝本，将校训的文字内容铺陈开，是北邮一条极具特色的“校训之路”。

第二站：校训石（海淀校区）

校训石位于教学楼的交通中心处，和北邮的西门相对。校训石所用石材是从泰山精心选取的泰山石，上面刻印着北邮的校训“厚德博学 敬业乐群”。

第三站：甲子钟（昌平校区）

甲子钟雕塑是北邮校园文化建设的重要组成部分。这尊甲子钟是光阴之钟、情有独钟之钟，更是希望之钟。它激励着北邮学子从这里出发，续写更加灿烂辉煌的历史华章。

第四站：人工湖（昌平校区）

人工湖已经成为昌平校区最值得打卡的景观之一。人工湖会不时开放喷泉，还有小鸭子在湖里游泳！你心动了吗？

学科重点

第二轮“双一流”建设学科	信息与通信工程、计算机科学与技术
一级学科国家重点学科	信息与通信工程、电子科学与技术

特色专业

通信工程

北京邮电大学是我国信息通信领域人才培养的中流砥柱,而信息与通信工程学院拥有着最深远的历史渊源、最突出的学科实力、最明显的专业优势、最雄厚的师资力量，一直持续不断地向信息通信领域输送最优质的新鲜血液。北邮的通信工程专业为学校传统优势特色专业，于2007年入选国家级特色专业，2019年入选国家级一流本科专业建设点。

信息与通信工程学院组建了一支由中国工程院院士和国家级教学名师领衔的、中坚力量雄厚的导师队伍；拥有电子信息国家级实验教学示范中心、通信与网络国家级虚拟仿真实验教学中心等一批国家级科研和教学平台；主持承担了国家科技重大专项、国家重点研发项目、国家自然科学基金重点项目等国家级重大重点项目。

大学生活

“华彩北邮”辩论赛

“华彩北邮”辩论赛由北京邮电大学学生会学习部举办，通常在5月举行，分为新生赛和正赛。参赛的学生们借助语言与思想的交锋，展现出北邮学子的昂扬风貌。至今，“华彩北邮”辩论赛已经举办了20余届，获得了校内外广大师生的支持。辩论赛不仅展现了北邮学子积极向上的精神面貌，还体现了北邮学子对社会问题的深刻思考，提升了北邮学子的思辨能力、表达能力和综合素质。

辩论赛

北京中医药大学
BEIJING UNIVERSITY OF CHINESE MEDICINE

北京中医药大学是国家首批世界一流学科建设高校，是国家“211 工程”“985 工程优势学科创新平台”建设高校，是一所以中医药学科为主干学科的全国重点大学。

校训

勤求博采 厚德济生

概况总览

211 双一流

创办时间：1956 年

学校类别：医药类

校区分布：和平街校区、望京校区、良乡校区

地　　址：北京市朝阳区北三环东路 11 号

历史一刻

1956 年
正式成立北京中医学院

1993 年
更名为北京中医药大学

1996 年
入选国家“211 工程”重点建设高校

2011 年
成为“985 工程优势学科创新平台”建设高校

走进校园

北京中医药大学传承圣洁医道，播撒济世丹心，为国家中医药事业发展作出了极大贡献。校园内建筑古色古香，气势恢宏，展现了北京中医药大学的文化底蕴。接下来让我们一起走进美丽的北京中医药大学良乡校区的校园吧！

游览摆渡车

第一站：壶天湖

挑一个天气晴朗的下午，我们一起去壶天湖放松一下吧。“壶天”源自《后汉书》，意指仙境，也指中医。湖畔小径曲折蜿蜒，湖水清澈平静，美景随处可见。周围还有药园和月季园，是同学们的打卡圣地！

第二站：岐黄殿

岐黄殿是北中医校园内最值得打卡的建筑之一，其设计理念与学校“勤求博采 厚德济生”的校训，以及“人心向学 传承创新”的办学理念十分契合。这座建筑将古风和现代钢木桁架结构的建筑形式完美融合在一起，契合了徐安龙校长提出的中医药高等教育应“更加经典、更加现代”的时代使命。

第三站：“五老上书”铜像

“五老上书”铜像是为了纪念北中医的五位老先生：秦伯未、于道济、陈慎吾、任应秋、李重人，他们的思想至今仍引领着北京中医药大学的学子不断前行。

第四站：燕地湖

燕地湖因良乡校区位于燕蓟故地而得名，体现出北京中医药大学守正创新、弘扬中华优秀传统文化的坚定决心。

小贴士：燕地湖里还有很多非常可爱的天鹅在等着你哦！

第五站：天桥

天桥是连接东西两院的通道，红墙黑瓦，与校园的古朴景致交相辉映。站在桥上，看车水马龙、云卷云舒，一天的疲惫在此刻消散，别提有多惬意啦！

学科重点

<table>
<tr><th colspan="12">第二轮“双一流”建设学科</th></tr>
<tr><td colspan="4">中医学</td><td colspan="4">中西医结合</td><td colspan="4">中药学</td></tr>
<tr><th colspan="12">一级学科国家重点学科</th></tr>
<tr><td colspan="6">中医学</td><td colspan="6">中药学</td></tr>
<tr><th colspan="12">二级学科国家重点学科</th></tr>
<tr><td colspan="3">中医基础理论</td><td colspan="3">中医诊断学</td><td colspan="3">方剂学</td><td colspan="3">中医内科学</td></tr>
<tr><td colspan="3">中西医结合基础</td><td colspan="3">中药学</td><td colspan="3">中医临床基础</td><td colspan="3">针灸推拿学</td></tr>
<tr><td colspan="3">中医医史文献</td><td colspan="3">中医外科学</td><td colspan="3">中医骨伤科学</td><td colspan="3">中医妇科学</td></tr>
<tr><td colspan="4">中医儿科学</td><td colspan="4">民族医药</td><td colspan="4">中医五官科学</td></tr>
</table>

特色专业

中药学

中药学主要培养具备中药学科基本理论、基本知识和实验技能，能在中药科研、生产、检验、流通和使用领域从事中药鉴定、炮制、药剂及临床合理用药等方面工作的中药师。

北京中医药大学是我国最早创建中药高等教育的院校之一，中药学专业为国家级“一流专业”，在全国有很大的知名度与认可度。学校依托中药学一流学科建设的优势，拥有高水平的师资队伍和良好的教学科研条件，以“人心向学、传承创新”的理念构建了新型中药人才教育生态环境，打造了突出中医药思维和现代科学思维的课程体系，下设时珍国药班、卓越中药师计划 2 个特色培养计划。

大学生活

义诊

北京中医药大学的师生在课业之余，还深入到许多大学校园内进行义诊，为大家带去中医药文化知识，传播兼收并蓄、不断创新、未病先防、调治结合的中医药文化，尽力让更多人了解何为“防病于未然”，何为“大医精诚、悬壶济世”。

校园义诊

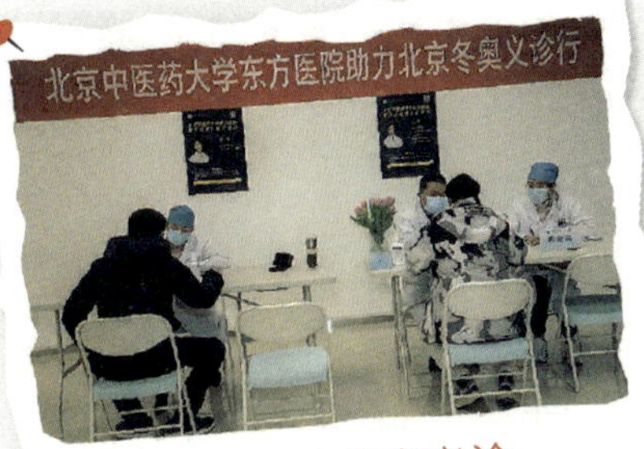

助力北京冬奥义诊

那些你不知道的北中医

◇ 校园内种植了大量的药材，比如鸡冠花、薄荷、厚朴……真是遍地是宝藏呀！

薄荷

厚朴

◇ 北京中医药大学被誉为“中国中医药领域的首善院校和最高学府”，为世界 87 个国家和地区培养了 14000 余名中医药专业人才，在中医药及相关领域作出了卓越贡献。

对外经济贸易大学是一所多科性财经外语类大学，是我国社会主义经济建设事业人才培养和科学研究的重要基地之一。

概况总览

211　双一流

创办时间：1951 年

学校类别：财经类

地　　址：北京市朝阳区惠新东街 10 号

校　训

博学　诚信　求索　笃行

历史一刻

1951 年
成立隶属于中央人民政府贸易部的高级商业干部学校

1954 年
与中国人民大学对外贸易专业合并为北京对外贸易学院

1960 年
被列为全国重点高等学校

1984 年
更名为对外经济贸易大学

1997 年
入选国家“211 工程”重点建设高校

2000 年
与中国金融学院合并，划归教育部管理

2017 年
入选国家首批“双一流”建设高校

走进校园

对外经济贸易大学位于北京三环和四环的中间位置，学校里的每一栋楼、每一条路都有自己的特色。我们从学校西门开始，一起踏上这段旅程吧！

游览摆渡车

第一站：眼镜湖

眼镜湖是贸大一道靓丽的风景。天气暖和时，湖里会有可爱的小鸭子游泳，冬天湖面结冰，它们就会回到自己的小木屋，留下一片雪景供学生们欣赏。

第二站：贸大博物馆

贸大博物馆是国内第一家以中国对外经贸历史为主线的专业博物馆，以“懋迁有无，相通共进”为常设展主题，描绘了从汉代到当今新时代背景下中外经济贸易的历史画卷。

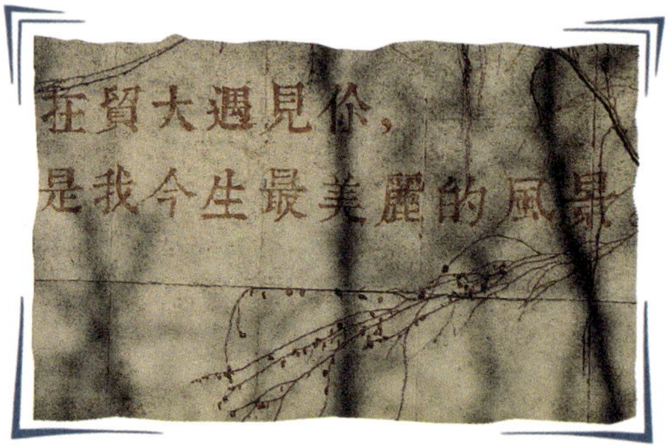

第三站：贸大墙

几乎每一位毕业生都会选择在贸大墙前留下一张珍贵的照片当作回忆，“在贸大遇见你，是我今生最美丽的风景”这句话已经深深刻印在了贸大学子的心中，伴着他们继续前行。

第四站：甲子亭

“六十一甲子”，甲子亭落成于对外经济贸易大学六十周年校庆，为学生们散步、聊天、学习提供了一片幽静天地。它不仅是一个凉亭，还蕴含着对学校六十年历史的纪念与回顾，以及对未来的美好展望。

学科重点

第二轮“双一流”建设学科	应用经济学
国家重点学科	国际贸易学、国际法学
一级学科北京市重点学科	应用经济学、法学

小贴士：特色人才培养实验班

◇金融学院：量化金融实验班、鸿儒金融实验班、特许金融分析师（CFA）实验班、金融风险管理师（FRM）实验班

◇国际商学院：工商管理专业（全球管理实验班）、创业管理实验班

◇保险学院：精算与风险管理实验班

◇法学院：涉外型卓越经贸法律人才实验班

特色专业

国际经济与贸易

国际经济与贸易专业是对外经济贸易大学的王牌专业，也是国家级特色专业。该专业旨在培养具有全球视野、扎实掌握国际经贸理论、具备突出的国际贸易及国际化经营管理技能、跨文化交流能力和较强研究能力的创新性、国际化、高素质复合型人才。该专业除了原有的“国际经济与贸易专业”之外，还在本专业内开设“三语”班、国际组织人才基地班、经济学实验班等授予双学士的实验项目，另有国际经济与贸易双学位、辅修专业等多种渠道开放给院内外的学生。就业方向主要是国家部委、机关事业单位、大型国有企业、海外投资企业、外资企业、金融机构、咨询机构等，在涉外经济部门具有显著的就业优势。

大学生活

教学楼群

◇博学楼是校园里最古老的楼之一，是学生们上课的地点，也是老师们的办公所在地。

◇宁远楼最特别的就是位于一楼的讨论区，你可以和好朋友坐在这里聊天，也可以和同学相约讨论小组作业，宁远楼“高颜值”的红墙金字也是校园里不可或缺的一道风景线。

◇求索楼凝聚着每个贸大人的情感和记忆，爬满爬山虎的老求索楼已经被拆除，如今的求索楼是 2019 年建成的新教学楼，拥有宽敞的教室和极具特色的设计，承载着新一代贸大学子的青春。

◇诚信楼是对外经济贸易大学的主楼，里面有可供大学生大声朗读的朗读教室，灯火通明的深夜自习室以及教务处。

◇知行楼是校园里功能最全面的楼：校医院、自习室、机房……一站式解决你所有的问题！

宁远楼

求索楼

“不出国的留学”

据统计，贸大的留学生比例在全国名列前茅，优质的国际教学资源为学生创造了国际化学习氛围。目前，对外经济贸易大学在国际化办学方面，推出了短期交流、长期交换、海外实习等项目，且众多项目的学分是互认的，即在这些对外交流的项目中获得的学分与在学校内获得的学分一样。除此之外，贸大每年 7 月都会举办国际暑期学校，邀请国外知名学者来学校授课，为学生提供境外优质教学资源，让学生轻松体验“不出国的留学”。

华北电力大学
NORTH CHINA ELECTRIC POWER UNIVERSITY

华北电力大学是一所以能源电力科学与工程为特色的高水平研究型大学，承载着新能源电力时代的光荣与梦想。

校　训

团结 勤奋 求实 创新

概况总览

211　双一流

创办时间：1958 年

学校类别：理工类

校区分布：北京校区、保定校区

地　　址：北京市昌平区北农路 2 号

历史一刻

1958 年 北京电力学院成立

1970 年 迁至保定，更名为河北电力学院

1978 年 被确定为全国重点院校，更名为华北电力学院

1995 年 与北京动力经济学院合并组建华北电力大学

2005 年 入选国家“211 工程”重点建设高校

2017 年 获批国家“双一流”建设高校

2022 年 入选新一轮国家“双一流”建设高校

走进校园

华北电力大学本部位于北京，分设保定校区，实行一体化办学。两个校区焕发着不同的魅力，校园内的精彩并未因分属两地而衰减。快骑上华电专属的共享单车——“小蓝”“小粉”，和我一起在校园里好好逛一逛吧！

游览摆渡车

第一站：主教学楼（北京校区）

华电的主教学楼，是一座连体教学楼。从 A 到 G 排序的 7 座大楼承载着不同学院的教学、实验、科研和办公等功能，通过连廊相互连接。

第二站：礼堂（北京校区）

主楼 D 座的背后有一座两层楼高的欧式风格建筑，这就是华电的礼堂，被学生们称为“主礼”。楼前的台阶是各个学院毕业照的拍摄打卡地，台阶下方的空地也是每年迎新帐篷的搭建处。

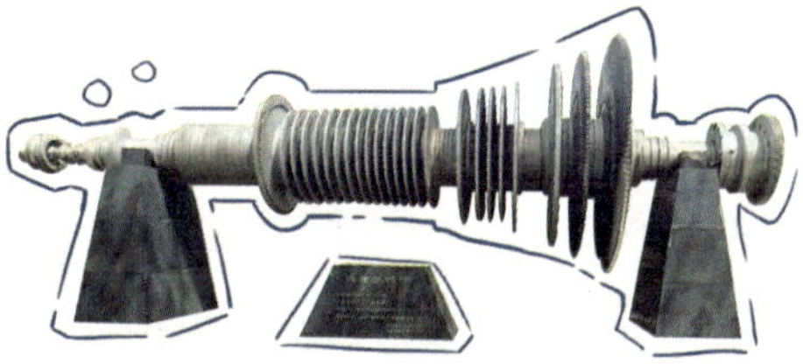

第三站：汽轮机转子（北京校区）

华北电力大学北京校区的校园里还藏着一些与电气相关的小雕塑，比如说教二楼南侧的汽轮机转子，工科的同学们经过的时候，都要绕到转子前面好好观赏一下这个重要的“部件”。

第四站：水塔（北京校区）

水塔是华电校园中最神秘的一个建筑，很少有人知道它的用处是什么，是否还在使用，但是它凭借着自己“傲人的身高”成了校园里的重要地标。

第五站：跳伞塔（保定校区）

保定校区的跳伞塔建成于 20 世纪 50 年代，是我国早期国防体育建设的证明，无数的空降兵在这座塔的陪伴下成长、成才。它不仅是一代人的青春记忆，更是华电人朝夕相伴、互诉衷肠的好伙伴。

学科重点

第二轮“双一流”建设学科	电气工程
国家重点学科	电力系统及其自动化、热能工程

特色专业

电气工程及其自动化

华电的电气工程及其自动化专业是国家级特色专业、国家一流本科“双万”专业，曾连续 3 次通过中国工程教育专业认证。这一专业学生的职业目标是电气工程师。因此学生们需要在学习过程中逐渐掌握电气工程及其自动化领域相关的工程设计、生产制造、系统运行、系统分析、技术开发、教育科研、经济管理等内容，从而能够完成制造冰箱等电器、设计能够实现自动控制的电饭煲、维护高压电网等工作。其主要课程包括电路理论、自动控制原理、工程电磁场、电路系统分析等。毕业后，同学们主要去往电网公司、电力科研和设计院所、电力建设部门工作。

大学生活

华北电力大学回龙观幼儿园

华电的学生们经常会笑称自己来自“华北电力大学回龙观幼儿园”，别误会，这可不是大学生们在装嫩，而是因为华电的附属幼儿园就在大学的校园里。每天早上当你带着刚从食堂买来的早餐向教学楼飞奔时，可爱的幼儿园孩子们正在排着队准备做早操，下午经过幼儿园的大门，还有可能看到他们正在上趣味体育课。华北电力大学回龙观幼儿园为华电的校园增添了童真童趣。

华北电力大学回龙观幼儿园

毕业礼物

华电的毕业礼物并非“全校同配”，而是经各个学院精心设计，分别发放。比如，能源与机械工程学院曾出产了“缘聚能动”金色书签，刻印“能动人”的精彩年华；水利与水电工程学院曾浪漫地为同学们准备了戒指和项链，校徽、院徽、持有者姓名和学号于其中均有体现，给毕业生们满满的归属感；控制与计算机工程学院则曾以取材于“孙悟空”的学院吉祥物“吾控”为原型，设计了手机支架赠予同学，体现了学院敢于斗争的精神，也展现了同学们的青春活力。

“吾控”手机支架

华电“秘闻”

◇ 华电的校园里养着两只孔雀，分别叫“花花”和“点点”，常有一些学生在笼子前举着手机给它们拍照。

华北电力大学孔雀

◇ 站在华电的校门前，除了“华北电力大学”的题字，你还会发现另一所学校“北京农学院”的题字。是的，华电和北京农学院共用一个校门——走进一个校门，便进了两所学校，是一种非常奇特的体验。

华电和北京农学院校门

中国传媒大学

COMMUNICATION UNIVERSITY OF CHINA

中国传媒大学是国家“双一流”建设高校，师资雄厚，传媒类人才辈出，在信息传播领域的大学中颇具盛名。

概况总览

211　双一流

创办时间：1954 年

学校类别：综合类

地　　址：北京市朝阳区定福庄东街 1 号

校　训

立德　敬业　博学　竞先

历史一刻

1954 年 中央广播事业局广播通信技术人员训练班成立

1959 年 升格为北京广播学院

1973 年 恢复重建

2001 年 正式进入国家“211 工程”重点建设高校行列

2004 年 更名为中国传媒大学

2017 年 入选首批“双一流”建设高校

走进校园

中国传媒大学作为中国传媒人才的摇篮，校园中的建筑物也独具特色，非常有设计感。话不多说，迈开你的步伐，游览一下中国传媒大学的特色景致，体会每座建筑背后的深意吧！

游览摆渡车

第一站：图书馆

来到校园的北部，映入眼帘的是名为“大阅城”的图书馆。在这里，同学们可以尽情畅读万卷藏书，充实自己，努力成为优秀的传媒人才。

小贴士：我们还可以去“中传大阅城”旁边的校史馆和传媒博物馆参观学习，了解学校和传媒行业的“前世今生”。

第二站：钢琴湖

钢琴湖因其形状与钢琴相似，且湖边还用黑白大理石铺成了状似琴键的地板而得名。湖边还种植了郁金香，开放时也是校园中一道亮丽的风景线呢！

第三站：文化广场

接着我们来到了中国传媒大学的地标性建筑——文化广场。思想在这里碰撞，文化在这里传播，精神在这里薪火相传。这里是中传文化精神的集中承载地，激励中传学子们不忘初心、勇攀高峰。

第四站：孔子广场

最后，我们一起走进孔子广场。孔子广场因矗立的孔子像而得名，一走近就能看见万世师表孔老夫子的塑像，只见他拱手静立，仿佛在凝视着莘莘学子，时刻提醒着大家“敏而好学”。

学科重点

第二轮“双一流”建设学科	新闻传播学、戏剧与影视学
二级学科国家重点学科	新闻学、广播电视艺术学
国家重点（培育）学科	传播学
一级学科北京市重点学科	新闻传播学、戏剧与影视学、艺术学理论

特色专业

广播电视学

广播电视学致力于培养专业技能精湛、实践能力突出的新闻传播人才，这些人才能够在各大主流新闻媒体、党政新闻宣传部门、互联网平台、文化传媒机构等从事新闻采编、内容传播、策划管理等工作。

中传的广播电视学是国家级特色专业，入选首批国家级一流本科专业建设点，是我国广播电视文艺节目、电视剧、纪录片、真人秀等艺术类广播影视作品研究、创作基地和人才培养的摇篮。教学团队获评国家级优秀教学团队，师资力量雄厚；与《中国电视》《当代电影》《现代传播》等专业核心期刊建立了长期密切的合作关系。

毕业生主要就职于各级广播电视台、网络媒体、平面媒体、广播影视制作公司、高等院校、政府部门、企业宣传部门。

大学生活

中传学子的“白月光”

中传校园内不仅有北苑、南苑、溢香苑等多个餐厅，还另设了清真食堂，满足少数民族同学的需要。每个餐厅各有特色，菜品丰富，真是想想就要流口水啦！

提到中传美食，就不得不提广院肉饼啦！广院肉饼是中传早餐中的一道经典面点，数十年来从未涨价，有些学生在毕业之后还对广院肉饼念念不忘，称得上中传学子心中的“白月光”了。

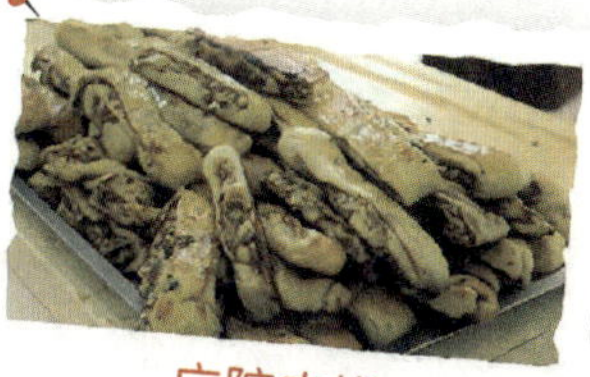
广院肉饼

回味无穷的文化展演

中传最盛大的社团活动当数每年举办的“社彩秋韵”社团文化展演。在展演现场，几十个社团各展所能，有舞蹈、唱歌、配音、轮滑表演、戏曲、话剧等众多展演节目，你甚至可以欣赏到 Cosplay 舞台剧。文化展演活动鲜明地展现了中传学子开放创新、发扬个性的风貌，带来一场又一场的精彩演出，保证你看过之后回味无穷。

社团文化展演活动

那些你不知道的中传

◇ 中国传媒大学人才济济，毕业生分布在传媒界各行各业中，从耳熟能详的春节联欢晚会，到各大活动的台前幕后，再到许多大热的影视节目，你都能见到中传人的身影。

◇ 中国传媒大学的校歌《年轻的白杨》展现了中传学子们朝气蓬勃的精神面貌。这首歌的 MV 里有许多播音主持界的前辈，同时校歌的五线谱也被刻在了校园建筑的外墙上。

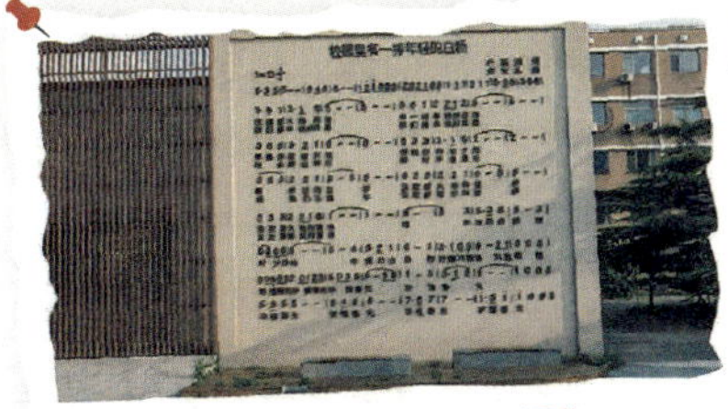
校歌《年轻的白杨》

中国地质大学（北京）是中华人民共和国建设初期学院路八大院校之一，是一所以地质、资源、环境为主要特色，文、管、经、法等多个学科门类相结合的理工类大学。

概况总览

211　双一流

创办时间：1952 年

学校类别：理工类

地　　址：北京市海淀区学院路 29 号

校　训

艰苦朴素　求真务实

历史一刻

1952 年 成立北京地质学院

1974 年 定址武汉，更名为武汉地质学院

1978 年 在北京旧校址设立武汉地质学院北京研究生部

1987 年 组建中国地质大学，武汉、北京两地办学，总部在武汉

1996 年 进入国家“211 工程”重点建设高校行列

2005 年 武汉、北京两地独立办学

2017 年 入选国家首批“双一流”建设高校

走进校园

在中国地质大学（北京）校园里，你能看到各种各样的石头，这些石头来自地球上的各个角落，每颗石头可能都有着上亿年的历史，石头是北地最重要的组成部分。

游览摆渡车

第一站：中国地质大学博物馆

进入东门之后的右边就是逸夫实验楼，其中 10—12 层是北地的地质博物馆。1952 年，学校就开始筹建这座博物馆了，现今共有 5 万多件藏品。来北地一定要去的地方就是博物馆啦，下面我们来看看博物馆里面都有些什么吧！

位于地球科学展厅入口的是硅化木，你能想象这是亿万年前的树木经过长时间的地质作用形成的吗？现在它已经完全变成石头了，如果有机会，可以来北地博物馆瞧一瞧。

看！这个非常漂亮的石头上有很多“小花”，这是一种碳酸盐岩，我们又把它叫作“石上晶花”，这些晶花可都是自然长出来的哦！

在恐龙厅，我们能看到侏罗纪的恐龙和恐龙蛋标本，还能在地球与生命历史展厅看到寒武纪时期的奇虾标本，揭开史前动物的神秘面纱。

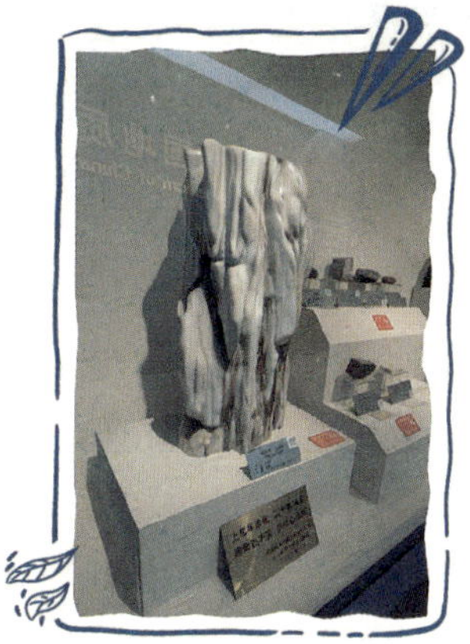

进入地球物质厅后，我们能看到很多矿物岩石。这些矿石形成于不同的地质时期，千奇百怪，非常漂亮。

第二站：摇篮石

为什么要把这块石头单独拿出来说呢？2004年，校友温家宝同志为北地题写了“摇篮”二字，寓意“地质工程师的摇篮”。这块写着“摇篮”的石头立在主干道的十字路口处，也是北地的地标之一。

学科重点

第二轮“双一流”建设学科	
地质学	地质资源与地质工程
一级学科国家重点学科	
地质资源与地质工程	地质学

特色专业

地质学

地质学主要研究地球的演化过程，包括对于地质的调查、资源的开发以及如何利用等，除了这些，地质学还会对地质构造、石油开采、天然气开发等进行研究，同时也可以用于勘测地形、监测地震、泥石流、火山、山体滑坡等地质灾害。

地质学是中国地质大学（北京）最具优势的学科之一，被称为“地质工程师的摇篮”。地质学专业有着非常强大的师资力量，地质学所属的地学院还有多个实验室、实验教学中心，为同学们提供了将理论付诸实践的平台。

地质学专业的毕业生分布在国土资源领域的各行各业，多在国家资源能源、水利水电建设、地质灾害监测等部门就职，主要从事生产、技术研究、开发和管理科普等工作。

大学生活

食在北地

在北地食堂，你可以尝到来自全国各地的美食，有淄博烧烤、新疆过油肉拌面、牛肉米粉、平泉羊汤、西北羊肉泡馍等。北地食堂等你来探索！

新疆过油肉拌面

牛肉米粉

完备的运动设施

在北地，你永远都不用担心没有锻炼的地方。北地有十几个篮球场，两个足球场，还有网球场、排球场、羽毛球场等，更棒的是，北地还建有专业的攀岩场地！热爱运动的你也不用担心下雨天无法外出活动，北地体育馆还设有室内篮球场、游泳馆和 7 个活动室，活动室可作为健美操、跆拳道、形体房等活动场所使用。

中国地质大学体育馆

中国矿业大学（北京）

CHINA UNIVERSITY OF MINING AND TECHNOLOGY-BEIJING

中国矿业大学（北京）是在原北京矿业学院基础上发展起来的一所研究型大学，是一所以“开发矿业、开采光明、建设祖国、造福人类”为己任，以建设世界一流能源科技大学为目标的院校。

校训

明德至善 好学力行

概况总览

211 双一流

创办时间：1909 年

学校类别：理工类

校区分布：学院路校区、沙河校区

地　　址：北京市海淀区学院路丁 11 号

历史一刻

1909 年 创办焦作路矿学堂

1931 年 更名为私立焦作工学院

1946 年 焦作工学院复校

1950 年 迁至天津，更名为中国矿业学院

1953 年 迁至北京，更名为北京矿业学院

1978 年 在江苏徐州重新建校，恢复中国矿业学院校名

1988 年 更名为中国矿业大学北京研究生部

2003 年 以“中国矿业大学(北京)”独立办学

走进校园

中国矿业大学（北京）学术氛围浓厚，环境优美。今天让我们一起来看看矿大学子究竟是在怎样的环境中“开采光明”的吧！

游览摆渡车

第一站：喷泉湖（沙河校区）

喷泉湖是矿大重要的休闲场所，在天气晴朗的午后，你会看到许多矿大学子在湖边散步；傍晚时分喷泉的水汽在微风的吹拂下飘到同学们的皮肤上，带来丝丝清凉。

第二站：草坪广场（沙河校区）

矿大的草坪广场是校园里最受欢迎的角落了。学生们可以在草坪上读书、背单词、聊天。铺一张毯子或是席地而坐，囤点儿零食，三两好友聊聊最近的学习和感悟，草坪广场为大家提供了一个给精神“充电”的场所。

第三站：图书馆（学院路校区）

中国矿业大学图书馆实现了计算机自动化管理，建立了主干为千兆的馆内局域网和具有大容量存储能力的光纤存储网络。此外，图书馆还实行全方位开架服务，书刊阅览室开馆时间为 84 小时 / 周。提升了学生的借阅体验。

学科重点

第二轮"双一流"建设专业			
矿业工程、安全科学与工程			
一级学科国家重点学科			
矿业工程			
二级学科国家重点学科			
采矿工程	安全技术及工程	矿物加工工程	矿产普查与勘探
岩土工程	工程力学	电力电子与电力传动	机械设计及理论
国家重点（培育）学科			
大地测量学与测量工程			

特色专业

应急技术与管理

为贯彻落实中共中央深化党和国家机构改革的决定，立足国家重大战略需求，中国矿业大学（北京）应急管理与安全工程学院于 2021 年新增设应急技术与管理专业。

作为一门新设专业，应急技术与管理专业正以矿大的安全工程以及其他相关学科为基础，进行着如火如荼的建设。本专业重视基础理论和工程技术实践教学，拥有国家重点实验室、国家级实验教学示范中心等校内外实验室和实习基地，为学生实践能力和创新能力的培养提供了保障。

大学生活

矿大早市

每周二、四、六，矿大沙河校区东门旁边都会有早市哦！和学校超市比，早市规模大、物品种类丰富，价格也更便宜。早市上有各种新鲜的水果，草莓、柑橘、哈密瓜、西瓜等应有尽有。

中国矿业大学早市

中国石油大学（北京）是中华人民共和国成立后的第一所石油高等学府，为我国石油高等教育奠定了探索发展之基，为我国石油石化行业的发展和能源强国建设作出了重要贡献。

校　训

厚积薄发　开物成务

概况总览

211　双一流

创办时间：1953 年

学校类别：理工类

校区分布：北京校本部、克拉玛依校区

地　　址：北京市昌平区府学路 18 号

历史一刻

1953 年 创立北京石油学院

1960 年 被确定为全国重点高校

1969 年 迁至山东东营，更名为华东石油学院

1988 年 更名为石油大学，逐步形成山东、北京两地办学的格局

1997 年 进入国家“211 工程”重点建设高校行列

2005 年 更名为中国石油大学

2017 年 入选国家首批“双一流”建设高校

走进校园

中国石油大学（北京）的校园面积虽然不大，但校园里有许多独具特色的地标性建筑。快来和我一起游览中石大的校本部，看看这里都有什么漂亮的风景与特色的校园活动吧！

游览摆渡车

第一站：开启智慧之门的钥匙

看，右边的那个雕塑像不像 4 把钥匙？它们分别象征着当时中石大的四大优势学科——石油地质、石油工程、石油化工和石油机械。还有一个关于这座雕塑的小秘密，透过雕像向远处看时，图书馆顶部的圆球正好和雕塑契合，巧妙地融为一体。

第二站：图书馆

图书馆整体设计巧妙，馆前雕塑的形状像是一滴石油，它就是校园里的标志性建筑——石大魂，雕塑和图书馆上方的圆形设计正好在同一条直线上。

第三站：体育馆

体育馆顶部的颜色为蓝色，体育馆内部设有网球室、羽毛球室、乒乓球室等。从远处眺望中石大的体育馆，它的蓝色顶部与蓝天白云交相辉映，在夕阳下更是别具韵味。由于体育馆的外形奇特，许多学生亲切地称它为“洋葱头”。

学科重点

第二轮“双一流”建设专业		
地质资源与地质工程	石油与天然气工程	
一级学科国家重点学科		
地质资源与地质工程	石油与天然气工程	
二级学科国家重点学科		
矿产普查与勘探	油气井工程	油气田开发工程
油气储运工程	化学工艺	
国家重点（培育）学科		
地球探测与信息技术	工业催化	

特色专业

地质资源与地质工程

地质资源与地质工程专业属于工学类，是研究人类工程活动与地质环境之间相互制约关系、如何获取地质环境条件的学科。中国石油大学（北京）的地质资源与地质工程专业入选了国家一流学科建设点，学院拥有“国家级实验教学示范中心”的 4 个教学实验室和 2 个科研实验室，为石油地质专业类课程实验教学、科技创新、毕业设计等提供了强有力的硬件支撑。

毕业去向：资源、城市建设、市政、煤炭、油、建筑、铁路、交通、水电、建材、核工业等领域。

大学生活

什么是“毅滴油”

“毅滴油”是“异地邮”的谐音，是由中国石油大学（北京）团委学生社团建设指导部联合中国人民大学等 3 所高校举办的“超新星书信交流活动”。参与到“毅滴油”活动中的同学们，在信纸上写下自己想要说的话，由工作人员寄给远方的孩子们，将学子们的问候与关怀带给他们。“毅滴油”书信活动承载着中石大学子们诚挚的关怀和真诚的祝福，哪怕力量微小，只要能传递一份爱心，这封信、这份心意便有了万般意义。

中国政法大学

CHINA UNIVERSITY OF POLITICAL SCIENCE AND LAW

中国政法大学是一所以法学学科为特色和优势的全国重点大学。法大学子以实际行动践行法治精神，立足法治实践，积极投身于建设法治中国的时代洪流。

校　训

厚德 明法 格物 致公

概况总览

211　双一流

创办时间：1952 年

学校类别：政法类

校区分布：海淀校区、昌平校区

地　　址：北京市海淀区西土城路 25 号

历史一刻

1952 年
成立北京政法学院

1954 年
学校迁址至学院路

1978 年
复办北京政法学院，后面向全国恢复招生

1983 年
北京政法学院与中央政法干部学校合并，组建成立中国政法大学

2017 年
入选国家首批“双一流”建设高校

走进校园

今天，我们来到了中国政法大学，大家是否也想感受一下法学教育最高学府的气息和氛围呢？让我们一起踏进中国政法大学（海淀校区），探寻那些捍卫正义的学子们的足迹吧！

游览摆渡车

第一站：钱端升纪念馆

该馆位于法大海淀校区综合科研楼一层，馆藏包括日记、笔记、中英文信函、手稿以及钱先生用过的实物等资料 2300 多卷（件），较为完整地展示了钱端升先生波澜壮阔的人生画卷。

第二站：“扬帆”雕塑

“扬帆”雕塑现位于海淀校区综合科研楼西侧，由法大 80 级本科生校友为纪念毕业 20 周年捐赠，并请中国政法大学首任校长刘复之先生书写了“扬帆”二字。雨后的彩虹照在“扬帆”雕塑前，光彩明亮。

第三站：“法治天下”碑

“法治天下”碑位于海淀校区东门北向路，由 81 级校友捐建。“法治天下” 4 字由法大终身教授江平先生所书，体现了法大学子的志向和追求，激励着一代代法大人为推动国家法治建设、实现社会和谐发展而不懈努力。

第四站：法庭科学博物馆

中国政法大学法庭科学博物馆（CFSM）是我国第一家集法庭科学（含法医学与物证技术）文献文物收藏、宣传教育和科学研究等为一体的综合性学术研究机构。法庭博物馆藏品约 700 件，是法大的骄傲。

第五站：1、2、3 号楼

中国政法大学海淀校区里的 1、2、3 号楼兴建于 1953 年，是校园里最早的一批建筑，过去称为北楼、中楼和南楼。2019 年，1、2、3 号楼作为“近现代建筑群”成功入选第四批“中国 20 世纪建筑遗产名录”。让我们一起漫步在 1 号楼旁的道路上，欣赏绿草红墙，感受古老建筑的历史韵味。

学科重点

第二轮“双一流”建设学科			
法学			
一级学科国家重点学科			
法学			
二级学科国家重点学科			
法理学	法律史学	宪法学与行政法学	刑法学
民商法学	诉讼法学	经济法学	环境与资源保护法学
国际法学		军事法学	

特色专业

法学

法学是关于法律的科学，是以法律、法律现象以及其规律性为研究内容的科学。法律作为社会的强制性规范，其直接目的在于维持社会秩序，并通过秩序的构建与维护，实现社会公正。

法大的法学为一级学科国家重点学科，法学院是法大的骨干学院。长期以来，法学院坚持“学术立院、人才强院、特色兴院、依法治院”。在本科阶段，法学就与语言结合，形成了颇具规模的“法学＋语言”特色实验班，培养出一批批高素质法学人才。

大学生活

模拟法庭

中国政法大学模拟法庭

中国政法大学的模拟法庭是一种通过让学生扮演法官、律师、公诉方等不同角色，对学生进行系统、全过程的职业技能训练的教学模式。这样的课堂模式有利于学生将理论活学活用，更有利于学生在实践中熟悉我国的司法程序，不知你是否也想拥有这种沉浸式的学习体验呢？

那些你不知道的法大

◇ 中国政法大学图书馆是中华人民共和国成立后国内最早建立的以政治法律资料信息为重点的高校图书馆，该馆较为全面地收录了自 1980 年以来中国大陆的法律文献，以及自晚清以来的各类法律出版物。

◇ 厚德楼隐藏着一座《道德经》木雕，当你刚从自习室紧张的学习氛围中抽离出来，不经意间就会瞥见千年前圣贤的智慧结晶。

中央财经大学

Central University of Finance and Economics

中央财经大学是中华人民共和国成立后中央人民政府创办的第一所新型高等财经院校，为国家经济建设和社会发展培养了各级各类的高素质人才。

校　训

忠诚 团结 求实 创新

概况总览

211　双一流

创办时间：1949 年

学校类别：财经类

校区分布：学院南路校区、沙河校区

地　　址：北京市海淀区学院南路 39 号

历史一刻

1949 年
创办华北税务学校

1960 年
创办中央财经大学的前身中央财政金融学院

1998 年
中央财政管理干部学院并入中央财经大学

2005 年
被列入国家“211 工程”重点建设高校

2016 年
入选国家“111 计划”

2017 年
入选国家“双一流”建设高校

2022 年
入选第二轮“双一流”建设高校

走进校园

中央财经大学的两个校区各有特色：热闹市区的人间烟火气（学院南路校区）与幽静的山清水秀之境（沙河校区）。让我们马上出发，亲身感受一下两个校区最具代表性的景点吧！

游览摆渡车

第一站：龙马担乾坤（学院南路校区）

进入校门，就能看到广场中央有一座造型奇特的雕塑，它由龙马和象征乾坤的太极球组成，象征着新一代优秀人才将承担着巨大的使命迈进新世纪，创造美好的未来。雕塑基座上有“吞吐大荒”4个大字，“吞吐”寓意龙吐纳川海，可见中财大气势之恢宏，“大荒”寓意奔驰在辽阔草原的马，体现中财大影响之广阔。

第二站：学术会堂（学院南路校区）

中央财经大学的学术会堂是主校区最优雅的建筑之一，可供大型会议和学术讲座使用。也是举办各种文艺活动和演出的首选地，学生们可以坐在舒适的座椅上，欣赏新年晚会或歌手大赛。

第三站：大学生活动中心（沙河校区）

大学生活动中心简称“大活”，橙黄与嫩绿的配色富有青春的朝气，现代化的建筑线条简约流畅，楼顶上的花花草草又增添了几分可爱的生气。室内设有桌球室、羽毛球馆和排球馆等运动场馆。此外，同学们还可以坐在活动中心里的木质阶梯上看书、读英语。

学科重点

第二轮“双一流”建设学科	应用经济学
国家重点学科	应用经济学、会计学

特色专业

税收学

税收学主要研究经济学、税收学、管理学、法学等方面的基本知识和技能，包括税收的制度、分类、法律、政策等，进行纳税管理、税务规划、税务检查等。

财政税务学院是中央财经大学最早设置的院系之一，税收学专业起步于 1949 年的中央税务学校，是中华人民共和国成立后国内最早建立的税务人才培养基地。税收学入选国家级特色专业建设点，学院拥有国家级教学团队，建立了科学完善的课程体系，并实行了本科生综合导师制，还建立了十余个本科生校外教学和社会实践基地，为学生学年实习、毕业实习等提供了平台。

大学生活

女生节 & 男生节

你知道 3 月 7 日和 11 月 10 日分别是什么日子吗？它们分别是中央财经大学的女生节和男生节哦！每年的这两天，各个班级都会为过节的学生们策划有趣的游戏和活动。在女生节，男生们会给女生送去惊喜和祝福，还会设计各种有趣的游戏，用音乐和才艺表演来庆祝这个节日。到了男生节，女生们也会为男生们设计一些有趣的比赛和活动。

体育活动

中央财经大学注重学生的全面发展，除了学术讲座，还会举行各种各样的体育活动，比如冬季越野长跑接力比赛和军事定向越野赛，还有每年的秋季新生运动会和春季运动会。在运动会上，不仅有跑步、接力、跳远和实心球等项目，还有袋鼠跳、运球接力和投篮接力等趣味项目。

中央财经大学操场

中央音乐学院
CENTRAL CONSERVATORY OF MUSIC

中央音乐学院是一所以音乐教育为特色的高等学府，是全国艺术院校中唯一一所国家重点大学，代表中国专业音乐教育水平，专业设置齐全，并在国内外享有很高的声誉。

概况总览

211 双一流

创办时间：1949 年

学校类别：艺术类

地　　址：北京市西城区鲍家街 43 号

校　训

勤奋 求实 团结 进取

历史一刻

1949 年 成立中央音乐学院

1960 年 被确定为全国重点大学

1981 年 成为全国首批博士和硕士学位授予单位

2000 年 被列入国家“211 工程”重点建设学校

2017 年 入选国家“双一流”建设高校

2022 年 入选第二轮“双一流”建设高校

走进校园

中央音乐学院的校园由醇亲王府南府改建而成，保留下来的部分建筑和新建的现代化建筑也构成了央音校园内独特的风景线。话不多说，快和我一起走进音乐的殿堂吧。

游览摆渡车

第一站：王府音乐厅

王府音乐厅是中央音乐学院保留下来的旧王府建筑之一，既有古典风格的端庄，又融合了一些现代化的人文气息。中央音乐学院的学生们都以能站在王府音乐厅的舞台上举办音乐会为荣。

第二站：歌剧音乐厅

歌剧音乐厅是央音校园内另一个重要的音乐厅，地上三层，地下两层，是国内首个音乐厅与歌剧厅共存的高标准音乐厅，不管是音响质量还是隔音、隔震的效果都是领先水平。为满足歌剧演出的需求，观众席分为池座和楼座，池座设计成适宜音乐厅的钟形，楼座设计成了适宜歌剧厅的马蹄形。

第三站：琴房楼

在中央音乐学院的校园内，每晚灯火通明的不是图书馆或自习室，而是琴房楼。每时每刻都有人在这里上课、练琴，推开任意一扇门，都能听到里面流淌出的优美音乐。

第四站：施坦威花园

全球著名的钢琴公司施坦威在中央音乐学院 70 周年校庆之际捐建了世界上第一座“施坦威花园”，花园由德国的园艺设计师设计，整体形状类似一个高音音符。音符的上端是一个玫瑰花园，种植着月季和紫藤花；下端则是被一片绿地环绕的水池。绿地中央的雕塑远远望去如同一架配着琴凳的三角钢琴，让校园高雅的音乐氛围更为浓厚。

第五站：喷泉

中央音乐学院有一个小喷泉，这里是央音学子们放松心情的好去处。夜幕降临时，灯光下的喷泉又别有一番韵味。

第六站：东门

中央音乐学院的东门古色古香，路过的人们一眼望去仿佛能看到以往醇亲王府南府的景色，也能感受到央音的历史文化底蕴。

学科重点

第二轮“双一流”建设学科	音乐与舞蹈学
二级学科国家重点学科	音乐学

特色专业

作曲与作曲技术理论

你喜欢听古典乐还是摇滚，流行歌还是说唱？不管你喜欢什么流派的音乐，都离不开作曲家的创作，是他们把一个个音符用五线谱串成优美的乐曲。作曲与作曲技术理论专业以培养作曲家和作曲技术理论人才为宗旨，主要学习和声学、复调音乐、曲式与作品分析、管弦乐配器法、视唱听觉训练、电子音乐等课程。该专业的学生们不仅要有良好的钢琴基础和视唱练耳能力，还要有一定的音乐审美和音乐素养。

中央音乐学院作为国内顶尖的音乐殿堂，聚集了全国以及海外归国的诸多著名作曲家和专家学者作为师资队伍，形成了融教学、科研、创作为一体的作曲教学体系，培养了大批优秀的音乐人才，对中国乃至世界的音乐创作都产生了深远的影响。

大学生活

音乐王国

中央音乐学院每年都会有大大小小的音乐活动，这是学生在其他类型的院校体验不到的。你可以在演奏专业的同学们举办的独奏音乐会上欣赏到悠扬的小提琴，古典、优美的钢琴，甚至还有柔美、抒情的二胡。还有每年 5 月的北京现代音乐节，11 月的世界音乐周……学生们每时每刻都在享受音乐艺术的盛宴。

中央音乐学院音乐会

南开大学是一所历史悠久、学科齐全、国际知名的综合性大学。在长期的办学过程中，形成了文理并重、基础宽厚、突出应用与创新的办学特色。

校　训

允公允能　日新月异

概况总览

985　211　双一流

创办时间：1919 年

学校类别：综合类

校区分布：八里台校区、津南校区、泰达校区

地　　址：天津市南开区卫津路 94 号

历史一刻

1919 年 张伯苓和严修共同创办私立南开大学

1937 年 与北京大学、清华大学组成国立长沙临时大学

1938 年 长沙临时大学迁址昆明并改称国立西南联合大学

1946 年 迁回天津复校并改为国立

1995 年 进入首批“211 工程”建设计划

2000 年 入选国家“985 工程”重点建设高校

2017 年 入选国家首批“双一流”建设高校

走进校园

南开大学位于渤海之滨，校园外有一条静静流淌的“护校河”，校园内环境清新，有古朴大气、历史悠久的近代建筑，也有简约的现代建筑。就让我们一起漫步在南开大学八里台校区，体会“百年南开”厚重的历史底蕴吧！

游览摆渡车

第一站：主楼

从南门走进南开大学，你能看到一栋庄严朴素的建筑，这就是南开大学的主楼。主楼是学校的中心教学楼，也是标志性建筑物，仿照了当时苏联的建筑风格。

第二站：校钟

南开大学的校钟位于主楼后广场，东南西北的铭刻内容各不相同，分别是校歌、“南开”二字、八十字铭文以及校训，校钟与钟架衔接处是卢沟桥的石狮造型。每逢新生入校、毕业生离校和重大节日之时，学校都会鸣钟纪念。

第三站：西南联大纪念碑

西南联大纪念碑位于南开大中路的尽头。这座碑是在 2007 年为纪念西南联合大学建校 70 周年，按昆明西南联合大学原址的纪念碑复制而成的。西南联大纪念碑碑座呈圆拱状，碑身嵌入其中，碑镌千字之文，通篇诉说联大建校历史及校风校典，洋溢着强烈的爱国热情。

第四站：马蹄湖

每到夏天，南开大学的马蹄湖是津城最好的荷花观赏处之一，吸引众多摄影爱好者专程到这里来拍摄荷花的神韵。

学科重点

第二轮“双一流”建设学科			
应用经济学	世界史	数学	化学
统计学		材料科学与工程	
一级学科国家重点学科			
理论经济学	应用经济学	历史学	数学
化学		光学工程	
二级学科国家重点学科			
马克思主义哲学	政治学理论	光学	中国古代文学
动物学	微生物学	农药学	企业管理
环境科学			
国家重点（培育）学科			
植物学		语言学及应用语言学	

小贴士：南开大学的“特色班”

◇ 伯苓班：南开大学伯苓班以南开建校校长张伯苓先生的名字命名，旨在培养经济、哲学、数学、生物等多个领域的尖子生。伯苓班单独建班招生，坚持“严入口、小规模、高水平”的原则，充分利用南开大学学科齐全的优势和良好的教学资源，实践本科阶段低年级通识和基础教育、高年级专业教育。伯苓班实施双语教学，与国际接轨。

特色专业

精算学

精算学不仅要求学生拥有扎实的数学理论功底，还需要学生掌握经济学、金融学等领域的知识。南开大学从建校之初就设立了商科，与北美精算师学会联合培养了中华人民共和国最早的精算硕士研究生。南开大学的精算学有模块化的课程体系，分为数学、计算机、统计、经济学等模块，学生们会学到风险管理与保险、寿险精算、非寿险精算、数据处理与机器学习等专业课程，毕业之后可以在保险公司、社保部门、咨询公司、中介公司、资产管理公司等单位工作。

大学生活

南开“森林”

南开大学植被覆盖率高，像一片小型的森林，你可以在这里看到各种各样可爱的小动物和葱郁的树木，下面就让我们一起仔细观察一下吧！

◇ 鸟类：天津是东亚到澳大利亚候鸟迁徙途中的必经之地。在南开大学的校园里，我们经常会看到许多蹦蹦跳跳的小鸟，既有常见的燕子、树麻雀、喜鹊，还有戴胜、白头鸭、“话痨”八哥、戴着“珍珠项链”的珠颈斑鸠……

西府海棠

◇ 植物：除了活泼可爱的小鸟，南开大学的校园里还种植着一些观赏性很高的植物。白梨、紫叶李、西府海棠、玉兰和美人梅绽放出漂亮的花朵，白杜、白蜡、槭树、榆树和黄栌静静地伫立在道路两旁，守护着路上的行人。

◇ 特殊来客：南开大学的绿化经常会吸引一些不请自来的“小客人”，比如白狐、小刺猬和野兔。虽然这些“小客人”很可爱，但是我们也一定要注意与它们保持距离。

白狐

天津大学 Tianjin University

天津大学是中国第一所现代大学，开中国近代高等教育之先河，师资力量雄厚，学科特色鲜明，教学质量和科研水平居于国内一流，是一所在国际上有较大影响的高水平研究型大学。

概况总览

985　211　双一流

创办时间：1895 年

学校类别：综合类

校区分布：卫津路校区、北洋园校区、滨海工业研究院校区

地　　址：天津市南开区卫津路 92 号

校　训

实事求是

历史一刻

1895 年 学校始建，初名北洋大学堂

1946 年 北洋大学在天津西沽原址复校

1951 年 与河北工学院合并，定名为天津大学

1959 年 被确定为全国重点大学

1997 年 被列为国家“211 工程”重点建设院校

2000 年 入选国家“985 工程”重点建设高校

2017 年 入选国家首批“双一流”建设高校

走进校园

天津大学老校区（卫津路校区）里一栋又一栋的老建筑讲述着悠久的历史故事，跟上我的脚步，一起去探访这所百年名校吧！

游览摆渡车

第一站：天津大学东门

天津大学东门整体呈金字塔形，古典与现代结合的建筑风格给人以强烈的视觉冲击，彰显着天大悠久的历史传承和未来的创新发展。校门分前后广场，两侧有多层台阶，预示着只有努力攀登才能到达顶峰。

第二站：北洋园

走进东校门，第一眼就能看到屹立在北洋园中心的北洋纪念亭，它由花岗岩砌合而成，上面有双龙戏珠的浮雕和“北洋大学堂 1895”几个大字。北洋园里还有 3 组灵动的喷泉，“梦成真”石、“读书少女”雕塑和校训石，时刻提醒着天大的学子们要脚踏实地，勤奋读书，实事求是。

第三站：第九教学楼

第九教学楼将西洋结构与中国固有的古典形式相结合，楼顶是传统的歇山式大坡顶，造型宏伟气派，因其古朴的建筑风格和悠久的历史成为天津大学的文化象征，也被列为天津市的文物保护单位。

第四站：敬业湖

敬业湖是天津大学四大名湖之一，四周绿树成荫，湖水清澈见底，波光粼粼。在湖面上有一座水泥灰瓦、庄重质朴的“求是亭”，体现出天津大学巍巍学府的淡雅之美与君子风骨。

第五站：冯骥才文学艺术研究院

冯骥才文学艺术研究院是一栋现代建筑，四周竹树环合，攀附在墙壁上的爬山虎，为建筑增添了生气。院内还有陈放了古今艺术精品的博物馆，体现了冯骥才先生“学院博物馆化”的办学理念，展现着中华文化的绚丽与创造力。

学科重点

第二轮“双一流”建设学科			
化学	材料科学与工程	动力工程及工程热物理	
化学工程与技术	管理科学与工程		
一级学科国家重点学科			
化学工程与技术	光学工程	仪器科学与技术	材料科学与工程
建筑学	水利工程	管理科学与工程	
二级学科国家重点学科			
流体力学	机械设计及理论	动力机械及工程	电力系统及其自动化
微电子学与固体电子学	通信与信息系统	检测技术与自动化装置	结构工程
国家重点（培育）学科			
一般力学与力学基础	技术经济及管理		

特色专业

物流工程

物流工程专业可不是研究快递物流，而是与交通运输和公司生产有关：如何用最低的成本优化配置物流，如何运作、经营管理物流等。天津大学的物流工程连续多年被评为国内同类专业排名第一，拥有智慧供应链实验室和天津大学复杂管理系统实验室，培养了许多供应链与运营管理领域的专门人才。天津大学还与国内外著名高等院校建立了密切合作关系，与国内的国际化大型企业建立了物流产学研基地。学生们要学习管理学、经济学、物流工程与管理、物流系统建模与仿真等课程，毕业之后可以选择进入国际化大型加工制造企业、现代物流服务企业、金融机构和咨询类企业工作。

大学生活

津味民俗

为了让学生了解中国的传统艺术和天津的民俗文化，天津大学开设了多个特色传统文化课。如校公选课《杨柳青木版年画传承及彩绘实践》，由国家级传承人亲自授课，学生可以学习如何制作杨柳青木版年画；还有“泥人张百年技艺传承与经营实践”课，由泥人张世家第六代传人亲自授课，向学生传递民间技艺的文化内涵。

泥人张彩塑

北洋艺术团

天津大学北洋合唱团

天津大学的北洋艺术团成立于 1985 年，是我国成立最早的高校大型综合学生艺术团体,下属社团包括北洋合唱团、交响乐团、舞蹈团和曲艺话剧团等。天津大学北洋合唱团是国际合唱联盟授予的“世界合唱团”，开创了众多“第一”，如第一支在北京音乐厅举行商业演出的高校业余合唱团。北洋曲话团由话剧社、相声社、京剧社和电影社 4 个社团构成，每年在校内面向全校师生的专场演出达十余场，为传统艺术和高雅艺术进校园出了一份力。

天津医科大学积极投身于我国医学高等教育事业，是国家最早批准试办八年制的两所医学院校之一，拥有 7 所大学直属医院，众多非直属临床学院。

校　训

求真　至善

概况总览　211　双一流

创办时间：1951 年

学校类别：医药类

校区分布：气象台路校区、广东路校区

地　　址：天津市和平区气象台路 22 号

历史一刻

1951 年
成立天津医学院

1994 年
与天津第二医学院合并组建天津医科大学

1996 年
被确定为国家“211 工程”重点建设高校

2017 年
入选国家首批“双一流”建设高校

2022 年
入选第二轮“双一流”建设高校

学科重点

第二轮“双一流”建设学科		
临床医学		
国家级重点学科		
中西医结合临床	肿瘤学	外科学（泌尿外科学）
外科学（神经外科学）	内科学（内分泌与代谢病）（培育）	
国家“211工程”重点建设学科		
中西医结合临床	肿瘤学	外科学（泌尿外科学）
神经外科学与神经病学	内科学（内分泌与代谢病）	公共卫生与预防医学
影像医学与核医学	病原生物学与免疫学	病理学与病理生理学
药学		

小贴士：天津医科大学的“同名特色班”

◇临床医学朱宪彝班：采用“5+3+X”的培养模式，“5”是本科培养阶段；“3”是专业型硕士培养阶段；“X”是博士培养阶段，实现本硕博贯通一体化培养。该班实施“基础-临床”双导师制，着力培养拔尖创新医学人才。

◇基础医学朱宪彝班：实施“4+5”本硕博连续培养模式，实行精英培养、小班化教学和双语授课，全程导师制。该班注重实践动手能力和创新思维培养，实践类学分占比达到51%。

特色专业

麻醉学

我们常常会有这样的误区，认为麻醉医生只负责在手术前打麻药让患者进入麻醉状态，其实麻醉医生还要在手术过程中全程对患者进行监护。所以，麻醉学专业要学习的不仅是与麻醉专业相关的课程，还要学习临床医学的课程，麻醉学已经成为大型医院的枢纽学科。天津医科大学总医院麻醉科是我国麻醉专业的发源地之一，其成立的天津市麻醉研究所是国内少有的麻醉学专业研究机构。天津医科大学是国内最早创建麻醉学专业的院校之一。天津医大拥有雄厚的师资力量，其扎实的学科基础也保障了教学质量。

大学生活

文化生活

天津医科大学作为一所医药类大学，校园里飘荡的却不是实验室的消毒水味，而是浓厚的文化气息，让我们一起走进天津医大去了解一下吧！

◇天津医科大学的原创五幕话剧《朱宪彝》选取了首任校长朱宪彝人生中的几个重要节点，在舞台上再现了他为中国现代医学鞠躬尽瘁的一生。自 2020 年至今，话剧每年都会不断完善，力求充分展现天医一直以来传承的、以朱宪彝校长为代表的德高医粹精神。

五幕话剧《朱宪彝》

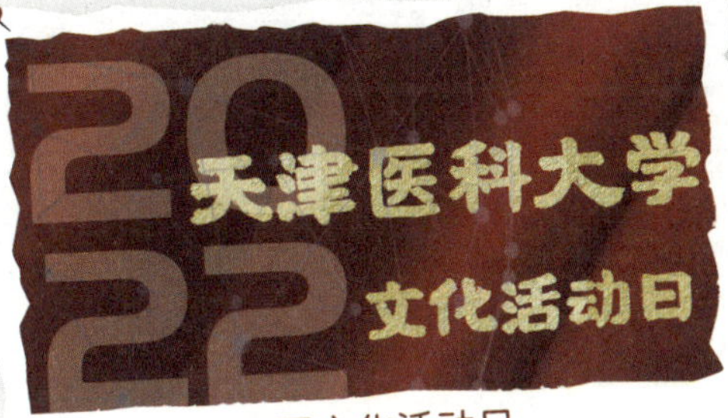

天医文化活动日

◇医学人文学院在天医文化活动日举办了多个主题讲座。我们既可以听罗澍伟先生讲述“东方华尔街”的前世今生；也可以听赵云茜老师介绍“医学术语中的文化渊源”，在学习医学英语知识的同时领悟文化之美；还可以跟随卢永琇老师一起走进“博物馆里的中国”，与历史对话。

天津医科大学的小秘密

◇天津医科大学的 7 所大学直属医院均是实力顶尖的三甲医院，如：

【天津医科大学总医院】天津市最大的三甲医院，初建时为全国五所大型中央医院之一。

【天津市肿瘤医院】第一个肿瘤科设在这里，首批国家恶性肿瘤临床医学研究中心。

【天津医科大学眼科医院】天津医科大学唯一附属眼科医院，获“首批中国侨联科教兴国示范基地”称号，被第 26 届世界眼科大会评为“世界 20 个重要的眼科中心之一”。

◇天津医科大学里的静怡湖是缓解压力的好去处，湖上的小木筏上有可爱的鸭子和鹅，湖里还有很多锦鲤。

河北工业大学的前身是创办于1903年的北洋工艺学堂，是我国最早的培养工业人才的高等学校之一，学校坚持“工学并举”的办学特色，创办了全国最早的高校校办工厂。

校　训

勤慎公忠

概况总览

211　双一流

创办时间：1903年
学校类别：理工类
校区分布：天津北辰校区、红桥校区，廊坊校区
地　　址：天津市北辰区西平道5340号

历史一刻

1903年 成立北洋工艺学堂

1904年 更名为直隶高等工业学堂，创办实习工场

1929年 升格为学院，更名为河北省立工业学院

1951年 与北洋大学合并成立天津大学

1995年 更名为河北工业大学

1996年 跻身国家首批“211工程”重点建设高校行列

2017年 入选国家首批“双一流”建设高校

走进校园

看完河北工业大学的各项信息，现在我们就可以正式开始校园之旅啦。在沿路的风景中，我们还会见识到各种有趣的活动和故事，准备启程吧！

游览摆渡车

第一站：水上图书馆（北辰校区）

北辰校区的图书馆是多边形红砖建筑，四周环水，遥遥望去好像浮在水面上。室内的台阶都为木质结构，上面铺有坐垫，供学生们阅读、休息。

第二站：钟楼（北辰校区）

“钟楼听雨落，一叶便知秋。”河北工业大学北辰校区的钟楼体现出河北工业大学百年历史的厚重感，上面刻有“北洋工艺学堂”的字样，仿佛百年前的钟声传来，见证了“科学与工艺”的传承。

第三站：校史博物馆（红桥校区）

位于河北工业大学红桥校区的校史博物馆，外表给人以历史的沧桑感和年代感，内部有一条“时间长廊”，分为 6 个部分、8 个展厅，展示了学校发展的历史沿革，体现了河北工业大学的历史积淀。

学科重点

第二轮“双一流”建设学科	电气工程
国家重点学科	电机与电器、材料物理与化学

小贴士：河北工业大学与国外大学的“强强合作”

◇河北工大与芬兰拉彭兰塔-拉赫蒂理工大学合作建立了“河北工业大学芬兰校区”，是中国在发达国家建立本科层次海外校区的先行者。芬兰校区采用“1+3”培养模式，学生大一在天津校区学习，大二开始去芬兰留学，专业课程采用全英文授课，毕业时授予学生两校学士学位证。

◇采用“1+3”培养模式的部分专业：

电气工程及其自动化

河北工业大学的电气工程及其自动化专业为国家一流专业、教育部高等学校特色专业，通过国家工程教育专业认证。拉彭兰塔-拉赫蒂理工大学的电气工程专业是该校优势专业。

计算机科学与技术

河北工业大学的计算机科学与技术专业为河北省专业综合改革试点专业、河北省一流专业，通过了国际工程教育专业认证。拉彭兰塔-拉赫蒂理工大学的软件工程专业通过了德国最权威的自然工程学科领域高等教育学位认证。

大学生活

◇新锐英语社是河北工大人数最多、规模最大、活动影响最大的五星社团，连续多年获得“十佳社团”称号。社团每天都会组织晨读，每年会举办四六级模拟考，帮助大家提升英语能力。

◇大学生科技协会是河北工大的一个科技类社团，曾荣获“全国高校百强学生社团”“全国大学生‘小平科技创新团队’”等称号。社团每年都会举办科技创新活动，培养科技创新型人才。

◇河北工业大学土木与交通学院的研究团队完成的世界最长跨度装配式混凝土 3D 打印桥在北辰校区落成，获得了吉尼斯世界纪录的认证。对 3D 打印技术感兴趣的同学可不要错过哦！

◇河北工业大学的生物物理研究所曾与永年区农作物研究所共同培育出了玉米新品种“永研 1101”，实现了基因重组，解决了农作物育种中种质资源狭窄、育种周期长的困难。

太原理工大学
TAIYUAN UNIVERSITY OF TECHNOLOGY

太原理工大学的前身是创立于 1902 年的国立山西大学堂西学专斋，为中国创办最早的三所国立大学堂之一。

概况总览

211 双一流

创办时间：1902 年

学校类别：理工类

校区分布：太原迎西校区、虎峪校区、柏林校区，晋中明向校区

地　　址：山西省太原市万柏林区迎泽西大街 79 号

校　训

求实 创新

历史一刻

1902 年 国立山西大学堂西学专斋成立

1931 年 改名为山西大学，学校工科改建为工学院

1953 年 工学院独立建院，定名为太原工学院，直属国家高教部

1962 年 山西水利学院、山西化学工业学院并入

1981 年 山西省煤炭化学工业大学并入

1997 年 合并山西矿业学院，更名为太原理工大学，入选“211 工程”重点建设高校

2017 年 入选国家首批“双一流”建设高校

走进校园

太原理工大学因其颜值与实力并存，在同学们之间享有“皇家理工大学”的称号，下面让我们一起来看看这个美丽的校园吧！

游览摆渡车

第一站：明向图书馆（明向校区）

明向图书馆是山西省高校中最大的图书馆，也是藏书量最大的图书馆。走进图书馆，古朴大气的书墙、随处可见的字画，给人典雅、静谧之感。

第二站：机械馆（迎西校区）

太原理工大学迎西校区的机械馆始建于建校之初，历史悠久，受到当时苏联建筑风格的渲染，整体风格中西结合。楼上的钟表年复一年地走着，提醒学生们要珍惜时间，好好学习。

第三站：梅花教室（虎峪校区）

虎峪校区的梅花教室设计独特，从空中俯瞰，就像是一朵盛开在校园内的白色梅花。这里是虎峪校区的学生们自习的首选地，很多会议、活动也会在这里举办。

学科重点

第二轮“双一流”建设学科	化学工程与技术
二级学科国家重点学科	化学工艺、材料加工工程
国家重点培育学科	采矿工程

特色专业

化学工程与工艺

太原理工大学的化学工程与工艺专业是以能源革命排头兵战略为引导、能源化工为特色的优势专业。面向化工行业专业化、信息化、智能化发展的人才需求，实施跨学科交叉融合的“智能化工”人才培养方案，与国内多家能源化工企业建立了工程实践教学基地。学生毕业后可以从事工程设计、技术开发、生产技术管理和科学研究等工作。

大学生活

社团活动

学校有着丰富的社团活动，你可以在数学建模社团、飞行器创新实验室等社团或组织参与相关竞赛，也可以在青协、爱心家园等社团或组织参与许多不同种类的志愿活动。除此之外，还有很多娱乐性、竞技性的社团，种类丰富，花样繁多。

社团活动

篮球队

太原理工的篮球队有着辉煌的战绩：男子篮球队曾经连续 18 次闯入 CUBA 八强，2020 年和 2012 年两次获得联赛总冠军；女子篮球队多次参加 CUBA 联赛，在第 12 届和第 13 届 CUBA 联赛中获得西北赛区冠军。如果你也热爱篮球、热爱体育，千万不能错过哦！

你不知道的“太原理工”

◇明向校区里有一座庙宇，名为“明向庙”，校区的名字就源于此。

◇学校还设有赛马专业，学生们可以在“本科生专业节”上一睹赛马专业学生的飒爽英姿。

内蒙古大学位于历史文化名城呼和浩特，是中华人民共和国成立后在少数民族地区创办的第一所综合大学，高起点创办为学校后续发展奠定了坚实的办学基础和优良的学风校风。

概况总览

211　双一流

创办时间：1957 年

学校类别：综合类

校区分布：北校区、东校区、南校区

地　　址：内蒙古呼和浩特市赛罕区大学西路 235 号

校　训

求真务实

历史一刻

1957 年
成立内蒙古大学

1978 年
被确定为全国重点大学

1980 年
提出把学校建设成为具有鲜明民族特点和地区特点的全国重点综合性大学

1997 年
入选国家“211 工程”重点建设高校

1999 年
与内蒙古工业大学、内蒙古农业大学共建国家大学生文化素质教育基地

2017 年
入选国家首批“双一流”建设高校

走进校园

说起内蒙古，你的眼前可能会浮现出一片草原，上面有几个白色的蒙古包，人们出行要靠奔腾的骏马才能到达另一个地方，偶尔还会举行热闹的摔跤大会……打住！你的这些想象可不适用于内蒙古大学。内蒙古大学北校区附近可是有七八个繁华的商业区，交通四通八达，可以轻松地到达你想去的地方；南校区挨着万达广场，生活十分方便。现在，请跟我一起走进内蒙古大学吧。

游览摆渡车

第一站：桃李湖（北校区）

在内蒙古大学内有一片不规则的湖，叫作桃李湖，也叫“赛湖”。“桃李”在蒙语中的意思为“镜子”，“赛”在蒙语中的意思为“好”，从名字就能看出内大人对于这片湖泊的喜爱，它是内大人精神的寄托。你总能在湖边看到三三两两的学生，有的在讨论刚刚做的高数题，有的在研究社团的活动安排，还有的在大声背诵单词，给桃李湖增添了生气与活力。夏天的时候，湖边茂密的绿树也为学生撑起了阴凉。对了！冬天的桃李湖边还会有人打雪仗呢！

第二站：主楼（南校区）

内蒙古大学的主楼是学校的标志性建筑。观察一下它的房顶，看起来跟我们常见的建筑不太一样，这种房顶的设计可是呼和浩特市的特色。再仔细看看，上面还有内大的校徽，更是显示出了主楼的威严。走进校门远远望去，这栋伟岸的红色建筑也带给了内大学子自豪与骄傲。

学科重点

第二轮“双一流”建设学科	生物学
国家重点学科	中国少数民族语言文学、动物学
国家重点培育学科	生态学

特色专业

生态学

生态学是研究生物和环境之间相互作用的一门学科。在内蒙古大学建校之初，我国现代生态学的奠基人李继侗教授将北京大学的生态植物学教研组迁入内蒙古大学,1977 年,李博院士创建了全国第一个生态学本科专业。内蒙古大学的生态学专业利用得天独厚的优势，以内蒙古高原区域为主要的研究平台，重点研究草原生态系统，建立了“省部共建国家重点实验室培育基地——内蒙古草地生态学重点实验室”和“内蒙古大学草地生态学研究基地”等优秀平台。内蒙古大学的生态学是国家重点培育学科和国家高等学校特色专业，学校具有完善的本硕博人才培养体系，培养了诸多创新型、复合型高素质专门人才。

大学生活

雾凇

◇ 如果你在内大冬天的早晨出门，那就可以看到白雪覆盖下的奇景，树上挂着好看的雾凇，经过的时候不妨放慢脚步好好欣赏。

日落时分

◇ 内蒙古大学的天很蓝，云朵在低空处飘着，日落时分，晚霞将天空染成了红色，格外美丽。当你走在校园里，看到有人正在驻足抬头，那一定是被这里漂亮的天空吸引住了。

◇ 在内蒙古大学里，你可以了解到不同民族的文化，还可以旁听蒙古语言文学专业的课程，学习蒙古语等有意思的民族语言。

东北地区

地区介绍： 东北地区山环水绕，有“白山黑水”之称，土地资源广袤，沃野千里，矿产资源丰富，种类齐全。东北地区经济起步较早，在 20 世纪 30 年代建成完整的工业体系，成为东北亚最先进的工业基地，强有力地支援了全国的经济建设。主要有沈大工业带、长吉工业带、哈大齐工业带 3 个工业带，形成了辽中南城市群与哈长城市群两大城市群。

主要城市：哈尔滨、长春、沈阳、大连

优势产业：机械与装备制造、石油化工、能源工业、新材料、种植业、畜牧业等

哈尔滨工业大学是全国学习国外高等教育办学模式的两所样板大学之一，打造了一大批国之重器，培养了一大批杰出人才。

校　训

规格严格　功夫到家

概况总览

985　211　双一流

创办时间：1920 年

学校类别：理工类

校区分布：哈尔滨校区、威海校区、深圳校区

地　　址：黑龙江省哈尔滨市南岗区西大直街 92 号

历史一刻

1920 年 成立哈尔滨中俄工业学校

1938 年 改名为哈尔滨工业大学

1954 年 成为全国重点大学

1996 年 成为首批进入“211 工程”建设的院校之一

1999 年 进入国家“985 工程”重点建设高校行列

2017 年 入选国家“双一流”建设高校名单

走进校园

哈尔滨工业大学作为“建筑老八校”之一，校园内部宛如一座“建筑博物馆”。欧洲新艺术运动风格、苏式建筑风格、现代化建筑风格……各种各样的建筑风格，令人眼花缭乱。话不多说，让我们出发去哈工大的哈尔滨校区看看吧！

游览摆渡车

第一站：哈工大博物馆

哈尔滨工业大学博物馆是欧洲新艺术运动建筑风格的经典之作。标志性的拱形门、哥特式的外墙浮雕，以及环形通透玻璃窗的瞭望塔楼，都彰显出它独一无二的艺术特色。

第二站：哈工大主楼

哈工大主楼不仅是哈工大的象征，也是哈尔滨的地标建筑之一。主楼的左侧和右侧分别是机械楼和电机楼，三者浑然一体。左右两个大楼为折中主义建筑风格，主楼则为苏联建筑风格，庄严厚重，颇有刺破苍穹的气质。

第三站：哈工大星

“哈工大星”雕塑上纵向的巨大金属圆环寓指星际轨道，场地平面通过铺装和镶嵌的金属带模拟浩瀚的星空，金属球代表被命名为“哈工大星”，3 个部分共同构成了美丽的星际画卷。

第四站：航天馆

哈工大的航天馆是全国高校中规模最大，展品种类最全、数量最多的航天主题展馆，它从不同角度全面展示了人类航天事业的发展历程。航天馆室外还建有“卧震苍穹”航天主题文化园，园中放有“长征一号”运载火箭的实物，航天爱好者们一定不能错过。

学科重点

第二轮“双一流”建设学科			
力学	机械工程	材料科学与工程	控制科学与工程
计算机科学与技术	土木工程	航空宇航科学与技术	环境科学与工程

一级学科国家重点学科		
力学	机械工程	仪器科学与技术
材料科学与工程	动力工程及工程热物理	控制科学与工程
计算机科学与技术	土木工程	管理科学与工程

二级学科国家重点学科		
光学	电机与电器	物理电子学
通信与信息系统	飞行器设计	环境工程

国家重点培育学科	
信息与通信工程	环境科学与工程

小贴士：哈尔滨工业大学的“特色班”

◇ 永坦班：永坦班由国家最高科学技术奖获得者、两院院士刘永坦亲自担任班主任，面向新体制雷达智能感知探测、5G/6G 通信网络、无人驾驶无线感知等前沿技术发展，培养电子信息领域拔尖创新领军人才。

◇ 善义班：善义班的特色为航天-力学-材料的强交叉、深融合，采用少而精的荣誉课程体系和挑战性科研创新实践，重视创新挑战研究思维与能力的培养。同时，善义班采用“4+2”或“3+X”模式为学生提供欧/美/俄出国访学、学分互认和联合培养机会。

特色专业

力学

在大学里，力学不再是物理的附属，而是一个单独的学科，亮起的台灯是电力，拉扯某样东西是材料力学，穿行在云中的飞机是空气动力学……哈工大的力学学科是中华人民共和国最早建立的几个力学学科之一，是“2011”协同创新中心和大科学工程的重要参与学科。哈工大的力学隶属于航天学院，特点是立足航天与国防，用理工结合、学科交叉的发展思路，与航天工程共同发展。哈工大坚持理论与实践相结合，学生可以去航天院所参与实习和课外创新活动。同时，哈工大与国外的大学和研究机构都有广泛的合作，提供了方便的留学渠道，实验室也与国外多家公司建立合作关系，为学生量身打造最为真实的就业指导平台。

大学生活

高校中的“冰雪大世界”

◇哈工大从 2017 年开始每年都会举办校园冰雪文化节，活动持续一周，师生可以漫步在校园步行街上，感受热闹的活动氛围。步行街除了有东北特色的烤冷面、烤肉串等美食，还有糖葫芦、重庆串串香、旋风薯塔等小吃，同学们边吃边玩，尽情体验冰雪文化的魅力。

冰雪文化节

冰雕展示

◇“冰雪大世界”的另一个亮点就是冰雕，哈工大以“冰雪奇园”为主题，举办了国际大学生冰雕大赛。夜晚的校园中，彩灯下的精美冰雕随处可见：有在瓦罐上昂首挺胸的孔雀，也有在惊涛骇浪中奋力一跃的鲤鱼，还有在花朵上翩翩起舞的蝴蝶……

学生社团活动

◇哈尔滨工业大学绿色协会被公认为黑龙江省公众环保行动的先锋之一。它发起了多种环保活动，如组织学生野外考察自然保护区和环境问题热点地区的“荒野行动”、全市范围内的大型植树活动、深入哈尔滨市各中小学及幼儿园的环境教育宣传活动等，将哈工大学子的奉献精神与大局意识体现得淋漓尽致。

社团招新

◇哈尔滨工业大学业余无线电俱乐部是哈工大历史最悠久的社团之一，在全球范围内都具有一定的知名度，无线电测向为俱乐部常规活动。俱乐部会对新学员进行集体培训，培训活动包括电台联络、电子培训与制作、小卫星培训三大板块。这些活动让我们看到了哈工大学子作为“国之重器”打造者的科学求真精神。

“紫丁香一号”

哈工大“秘闻”

◇哈尔滨工业大学又被戏称为“圣马家沟男子职业技术学院”，因为学校紧邻马家沟，而前面的“圣”字极具俄式风格，代表哈工大最初为中俄两国合办学校，内部建筑也多为俄式建筑风格，而“男子职业技术学院”则是大部分理工科名校的“代称”。

东北林业大学位于我国最大国有林区的中心——哈尔滨市，以林科为优势，林业工程为特色，长期耕耘在林业教育、生态文明等领域，是我国生态建设的重要力量。

概况总览

211 双一流

创办时间：1952 年

学校类别：农林类

地　　址：黑龙江省哈尔滨市香坊区和兴路 26 号

校　训

学参天地 德合自然

历史一刻

1952 年 成立东北林学院

1985 年 更名为东北林业大学

2005 年 成为“211 工程”重点建设高校

2011 年 成为国家“985 优势学科创新平台”项目重点建设高校

2017 年 入选国家“双一流”建设高校

2022 年 入选第二轮“双一流”建设高校

走进校园

东北林业大学在“替山河装成锦绣，把国土绘成丹青”这一理想信念的影响下，也把自己的一方天地布置成了“锦绣丹青”。走在校园里，处处绿意盎然、繁花似锦。这里充满自然的气息，犹如一颗“绿色明珠”。

游览摆渡车

第一站：主楼

主楼带有明显的苏联建筑特点，是东北林大一张闪亮的名片，也是承载每一位东北林大人美好回忆的地方。

第二站：红房子

图书馆后有一座红顶房子，在绿草黄花的映衬下，像是童话世界的入口。春秋时节，同学们会拿着相机到这里拍照。冬天，红房子前的草坪又会化身为冰场，供同学们体验冰雪运动的快乐。

第三站：中国（哈尔滨）森林博物馆

中国（哈尔滨）森林博物馆是国内第一个以森林为主题的博物馆。进入博物馆便仿佛置身于森林之中，这里收藏了许多野生动物标本。博物馆里安装了很多有趣的科技装置，如能自动散开的树叶等，这些极大地提升了人们的参观体验。

第四站：“人拉犁”雕塑

来到帽儿山实验林场，“人拉犁”雕塑就会以坚挺的身姿迎接你的到来。雕塑生动地展示了前辈们开荒、种地、造林的形象，诠释了东北林大“人拉犁”精神。

学科重点

第二轮“双一流”建设学科	林学、林业工程
一级学科国家重点学科	林学、林业工程
二级学科国家重点学科	植物学、森林培育、林业经济管理、林木遗传育种、森林经理学、林产化学加工工程、生态学、园林植物与观赏园艺

特色专业

林学

东北林业大学的林学专业是学校历史最悠久、最具有特色的专业，拥有和中国林业科学研究院联合共建的我国林学学科唯一的国家重点实验室——林木遗传育种国家重点实验室，师资力量雄厚。林学专业的植物学、树木学、森林气象学、森林昆虫学等一众专业课程会从科学的角度带你认识自然，了解林木遗传育种、森林病虫害防治、森林资源保护等林业相关知识。除了理论的学习，东北林大的林学专业还依托凉水实验林场和帽儿山实验林场设计了实践课程，学生们可以在老师的带领下走进真实的森林学习、考察。在完成所有课程学习后，园林养护、苗木繁育、森林资源保护、森林防火都是学生们可以选择的就业方向。

大学生活

趣味选修课

东北林大设置了许多有意思的生态文明实践课程，主要面向非涉林专业的同学。你可以在探索蘑菇王国课程中学会鉴别可食用蘑菇和毒蘑菇；也可以在田园耕读与艺术实践课程中学会压花、插花制作；还可以在森林文化教育与实践课程中走出教室，来到植物园和太阳岛景区，感受自然生态系统的魅力。

东北林大“秘闻”

◇东北林大拥有东北地区最大的综合性体育馆。体育馆曾多次在中央电视台体育频道亮相。

◇在东北林大的校园中有各种各样的松鼠，其中最常见的就是魔王松鼠。

◇东北林大每年都会按照“上车饺子下车面”的习俗，为新生准备“迎新面”，为毕业生们送上一份热气腾腾的饺子。

東北農業大學
Northeast Agricultural University

东北农业大学位于哈尔滨，是一所以农科为优势，以生命科学和食品科学为特色，农、工、理、经、管等多学科协调发展的高校，也是中国共产党在解放区创办的第一所普通高等农业院校。

校　训

博学笃行　明德亲民

概况总览

211　双一流

创办时间：1948 年

学校类别：农林类

地　　址：黑龙江省哈尔滨市香坊区长江路 600 号

历史一刻

1948 年
创建东北农学院

1981 年
被确定为黑龙江省省属重点院校

1994 年
与黑龙江省农业管理干部学院合并组建为东北农业大学

1996 年
跻身国家“211 工程”重点建设大学行列

2013 年
入选国家“中西部高校基础能力建设工程”项目

2017 年
入选国家“一流学科”建设高校

2022 年
入选国家第二轮“双一流”建设高校

走进校园

哈尔滨是国家历史文化名城，也是著名的旅游城市，不仅有欧洲、苏联古典风格的建筑，也有富有现代气息的楼宇。东北农业大学位于哈尔滨市内，校园的建筑和环境也具有多元化的特点。快和我一起踏进东北农业大学的校园，感受与众不同的学习生活与校园风光吧！

游览摆渡车

第一站：梦想小镇

梦想小镇是东北农业大学科技创新创业协会的办公大楼，为学生们提供了创新创业的平台，是真正“孕育梦想，放飞梦想”的地方，由红、黄、蓝 3 种颜色构成的楼体像是童话世界里才会有的梦幻建筑。

第二站：后稷园

后稷园风景优美，春有桃红柳绿，夏有荷叶田田，秋有金黄满地，冬有皑皑白雪。园内有四亭一榭，曲水流觞，是学生们放松身心的好去处。

第三站：主楼

主楼是东北农业大学的“元老级建筑”，很多学生会赞叹它的恢宏。经常有人在主楼前的空地滑滑板、打羽毛球或跳街舞。楼前还有音乐喷泉，每到夏天，喷泉就会给烈日炎炎下的校园带来一阵清凉，晚上灯光亮起，水声与霓虹灯的搭配就像一场完美的演奏会。

学科重点

第二轮“双一流”建设学科	畜牧学
国家重点学科	基础兽医学、动物营养与饲料科学、农业机械化工程
国家重点（培育）学科	蔬菜学、动物遗传育种与繁殖、临床兽医学

特色专业

乳品工程

我们经常喝的牛奶、酸奶，吃的奶片、奶酪都属于乳制品，需要从生牛乳一步步加工而来，乳制品的加工过程是乳品工程专业研究的内容。东北农业大学的乳品工程教学内容居国内领先地位，建有国家乳业工程技术研究中心等多个科研基地和研究中心。课堂上不仅可以学到与食品相关的生物化学知识、工程原理，还可以学到乳品中的微生物、如何分析检验乳品、加工中需要用到的机械设备，以及液态和固态等不同乳品的科学技术等。除此之外，东北农业大学还会不定时邀请行业领先的企业来学校开展专家讲座，给学生们分享实践经验。

大学生活

东北农大小知识

◇东北农大的校园里有冰场，学生们可以在这里滑冰，冬天还会举办冰上运动会！

◇东北农大有自己的校车，方便师生通勤。之前的校车上面有海豚的图案，被学生们亲切地称为“小海豚”。现在接替“小海豚”上班的是“小龙虾”。

◇东北农大的美食十分丰富，共有 7 个食堂，每个食堂都有色香味俱全的菜品。夹着鸡蛋的刷酱饼是东北农大学子喜爱的经典早餐，棘园的烧烤，北四食堂的炸串，清真餐厅的孜然羊肉等，让肉食爱好者百吃不厌。食品学院的“小型食堂”有东北农大自制的冰激凌、酸奶、果干、小蛋糕和哈尔滨特色红肠。东北农大的饺子园更是深受师生的喜爱，无论是玉米三鲜鲅鱼馅饺子，还是皮皮虾馅、鲍鱼馅、三花猪馅饺子，都广受好评！

东北农大饺子园

哈爾濱工程大學
HARBIN ENGINEERING UNIVERSITY

哈尔滨工程大学坐落于哈尔滨，坚持“三海一核”（船舶工业、海军装备、海洋开发、核能应用）办学方略，为我国船舶工业、核工业、国防现代化和经济社会发展作出了重要贡献，已成为我国“船海核”领域高水平研究型大学。

概况总览

211　双一流

创办时间：1953 年
学校类别：理工类
地　　址：黑龙江省哈尔滨市南岗区南通大街 145 号

校　训

大工至善　大学至真

历史一刻

1953 年 正式成立中国人民解放军军事工程学院

1970 年 在“哈军工”原址组建哈尔滨船舶工程学院

1978 年 被国家教委确定为全国重点大学

1994 年 更名为哈尔滨工程大学

1996 年 成为国家“211 工程”的首批建设高校之一

2017 年 跻身国家“双一流”建设行列

走进校园

哈尔滨工程大学是哈尔滨高校中唯一拥有国家 3A 级景区的学校，这里有中西结合、风格独特的建筑，既有中国传统的古典特色，又有西式建筑的吊顶和浮雕装饰。快跟上，咱们的旅程就从认识这些颇具魅力的建筑开始！

游览摆渡车

第一站：哈军工文化园

哈军工文化园就是藏在学校里的国家 3A 级景区，园区里的军工纪念馆记录着学校成立之初令人尊敬的历史，还收藏着书信、笔记等旧物。在这里，我们可以切身感受到哈尔滨工程大学传承的那份催人奋进的精神。

第二站：教学楼矩阵

哈尔滨工程大学的教学楼具有明显的中式建筑风格。与传统建筑中常用的龙不同，这里采用的是威武的啸天虎。哈军工创建之初，设置了 5 个工程系，每个系有一座独立的教学大楼。这些教学楼的屋檐上不摆神兽，而是装饰 5 种具有代表性的武器模型作为标识。

第三站：文庙

哈工程的校园内还有一座国家级的重点文物保护单位——哈尔滨文庙。它是东北地区面积最大、建筑等级最高、保存最完好的一座文庙，被称为哈尔滨的“故宫”。

学科重点

第二轮“双一流”建设学科	船舶与海洋工程
二级学科国家重点学科	导航、制导与控制
985 优势学科创新平台	现代舰船与深海工程

特色专业

船舶与海洋工程

船是海上的交通工具之一，你知道一艘船舶之中蕴藏着多少科学吗？物理、数学……这些都是船舶与海洋工程专业的学生们需要掌握的知识。哈尔滨工程大学的船舶与海洋工程是国家级特色专业、国防重点专业，始于“哈军工”时期的舰艇设计与制造专业。船舶与海洋工程专业坚持理论学习与实习实践相结合的培养模式。暑假时，学校会组织学生进行实习，参观大连辽南造船厂、大连船舶重工集团、沪东中华造船集团有限公司、中船澄西船舶修造有限公司等船企，并与多所国外知名大学开展定期交流项目。

大学生活

悠悠“路名”

在哈尔滨工程大学的校园里，每条路都有自己独特的名字和意义。不信你看，好多路名都与我国的海防息息相关，比如东海、南海、北海、西海和陈赓、世昌、奥列霍夫、郑和等。对了，哈工程操场的名字也是独一无二的，叫作“军工操场”。

居英路、郑和路

军工操场

大连理工大学是中国共产党面向中华人民共和国工业体系建设，创办的第一所新型正规大学，是我国理工类高等学府中的佼佼者。

概况总览

985　211　双一流

创办时间：1949 年

学校类别：理工类

校区分布：大连凌水校区、开发区校区，盘锦校区

地　　址：辽宁省大连市甘井子区凌工路 2 号

校　训

团结　进取　求实　创新

历史一刻

1949 年
成立大连大学工学院

1950 年
大连大学建制撤销，工学院独立为大连工学院

1960 年
被确定为教育部直属全国重点大学

1988 年
更名为大连理工大学

1996 年
被选入国家“211 工程”重点建设高校

2001 年
成为国家“985 工程”重点建设大学

2017 年
入选国家首批“双一流”建设高校

走进校园

凌水校区是大连理工大学最初的校址，可以说，一部凌水史，半部大连理工史。让我们在玉兰芬芳中，走进凌水校区，去看看大连理工大学的面貌吧。

游览摆渡车

第一站：令希图书馆

令希图书馆前面有一个大广场，登上广场的台阶，一步一步走到图书馆门前，对于知识的敬畏感油然而生。图书馆内空调设施完善，还有热水间、打印室、咖啡厅、露天自习室……可以说是“豪华至极”，被同学们戏称为“令希大酒店”。

第二站：伯川图书馆

伯川图书馆以大连理工大学第一位校长屈伯川博士的名字命名，以表纪念之意。图书馆的许多细节蕴含着设计者的巧思：北入口的浮雕隐喻“知识爆炸”；内庭的浮雕寓意人才、知识、信息的海洋汇集于此；南入口处的两个“眼窗”则提醒人们要注意观察事物、观察世界。

第三站：创新园大厦

创新园大厦的外观像一个电脑主机和显示器的组合，被同学们亲切地称为“大黑楼”，它是学校里最高的建筑，不管你在校园的哪个角落，都能看到它的身影。

学科重点

第二轮"双一流"建设学科		
力学	机械工程	化学工程与技术

一级学科国家重点学科			
力学	水利工程	化学工程与技术	管理科学与工程

二级学科国家重点学科			
计算数学	等离子体物理	一般力学与力学基础	固体力学
流体力学	工程力学	机械制造及其自动化	结构工程
水文学及水资源	水力学及河流力学	水工结构工程	水利水电工程
港口	海岸及近海工程	化学工程	化学工艺
生物化工	应用化学	工业催化	环境工程
船舶与海洋结构物设计制造		管理科学与工程	

特色专业

机械设计制造及其自动化

机械设计制造及其自动化专业为大连理工大学建校之初设立的优势专业,依托"双一流"学科机械工程而建设。该专业培养制度完善，在完成一年通识教育课程与两年工程制图、机械制造技术基础、控制工程基础、机械工程测试技术等专业基础课的学习后，同学们可以在第四年选择机械制造科学、机械设计理论、复杂机电系统、微纳系统设计与制造等方向深入研究。毕业后，同学们可以去往装备制造、工程管理等领域就业。未来自动化的智能机器人可能就出自你手。

大学生活

烧烤文化

大连理工大学或许是一众高校中东北烧烤文化最浓郁的学校。烧烤不仅是毕业嘉年华、校庆嘉年华等活动美食区的常客，更是同学们日常生活的一部分——中心食堂、五食堂的烧烤档口一直营业到晚上 10 点。刚下晚课或从操场上锻炼归来的同学，总会被阵阵香味吸引过去，来一顿美味的烧烤夜宵，享受大连理工大学独特的烧烤风情。

中心烧烤

大连理工大学嘉年华

一年一度的嘉年华是学校最盛大的活动。在活动中，你可以近距离领略先进的研究成果——看智能机器人“演出”、无人机升空；也可以接受艺术熏陶——写字、作画、听快板；还可以品尝各色美食，将“淄博烧烤”、辣卤小海鲜收入肚中，并有机会尝到纪念蛋糕。来到大连理工大学，享受这场节日与学术的盛宴，属于大连理工大学的卓越、魅力与幸福自会钻入你的心田。

纪念蛋糕

活动现场

大连理工大学小知识

◇没有在浴池洗过澡的大连理工大学生活是“不完整”的。对于许多南方同学来说，在公共浴室“坦诚相见”是非常新奇的体验。

◇大连理工大学的体育课不仅有篮球、足球、乒乓球等，还有带着浓厚文化特色的舞龙、舞狮。一些同学为了这门抢手课，可是费了不少心思呢。

舞龙、舞狮进课堂

东北大学坐落在东北中心城市辽宁省沈阳市，是一所以工为主的多科性大学，在技术创新、转移和产学研合作方面形成了鲜明的办学特色。

校　训

自强不息 知行合一

概况总览

985　211　双一流

创办时间：1923 年

学校类别：理工类

校区分布：沈阳南湖校区、浑南校区、沈河校区，秦皇岛分校

地　　址：辽宁省沈阳市和平区文化路三号巷 11 号

历史一刻

1923 年
东北大学宣告成立

1949 年
以东北大学工学院和理学院为基础建立沈阳工学院

1960 年
成为全国 64 所重点大学之一

1993 年
复名为东北大学

1996 年
进入国家首批“211 工程”重点建设行列

1999 年
进入“985 工程”建设高校

2017 年
入选国家首批“双一流”建设高校

走进校园

东北大学有多个校区和分校，每个校区的建筑各具特色。位于沈阳的主校区南湖校区的建筑是历史文化的缩影，浑南校区洋溢着青春的光彩……让我们一起去体会东北大学的美吧！

游览摆渡车

第一站：刘长春体育馆（南湖校区）

体育馆以“中国奥运第一人”刘长春的名字命名，馆外矗立着他的塑像，是东北大学“敢为人先”精神的象征。

第二站：小南湖（浑南校区）

小南湖是一座靠近浑南校区南门的人工湖，里面锦鲤成群，湖边还有随风飘荡的芦苇与烟柳，颇有几分文艺气息。

第三站：工学馆（秦皇岛分校）

工学馆以 20 世纪 30 年代的老东北大学标志建筑——理工楼为模板，结合了传统与现代的元素。前楼为行政办公地点，后楼则为主要的教学地点。悄悄告诉你，楼后还有一座迷你小桥，不要忽略了身边的风景哦！

第四站：沉思广场（秦皇岛分校）

沉思广场为东大学子提供了休息和娱乐的场所，是东大学子钟爱的一片净土。广场上还有一棵孤独的小树，学子们偶尔也会坐在树下“沉思”。

学科重点

第二轮"双一流"建设学科	冶金工程、控制科学与工程
一级学科国家重点学科	材料科学与工程、冶金工程、控制科学与工程
二级学科国家重点学科	机械设计及理论、计算机应用技术、采矿工程、科学技术哲学
国家重点（培育）学科	矿物加工工程

特色专业

工业智能

随着科技的发展，人工智能在工业中的应用越来越深入。工业智能专业是全国首个将人工智能与自动化深度融合的新工科专业。东北大学的工业智能专业隶属于学校里规模最大的信息科学与工程学院，在学科建设、教学科研、人才培养和办学水平等方面取得了傲人的成就，拥有一支集院士和"国家杰青"在内的高水平师资队伍，重点研究方向为先进的工业科技和新一代人工智能方法。工业智能专业的学生要学习高等数学、数值分析、人工神经网络、遗传算法等课程。

大学生活

东北大学的"第一"

东北大学作为一所拥有百年历史的高校，创造了历史上许多个"第一"：开创了国内首个建筑系；东北大学的学生刘长春是第一个代表中国在奥运赛场上拼搏的运动员，被誉为"中国奥运第一人"；东北大学创办了我国第一个工业企业电气化专业；东北大学的教授李华天带领工作人员研制出了国内第一台模拟电子计算机……来东北大学吧，也许你就是下一个缔造奇迹之人！

"中国奥运第一人"刘长春

国内第一台模拟电子计算机

绚丽冬景

冬天的东北大学，有一道奇景——雾凇。去上早自习的路上，你会在路两旁发现雾凇，凝结在树上的霜，像是给树戴上了一顶银色的假发！

雾凇

大连海事大学是一所以航海为特色的高等学府，是被国际海事组织认定的世界上少数几所享有国际盛誉的海事院校之一。

概况总览

211　双一流

创办时间：1909 年

学校类别：理工类

校区分布：东山校区、西山校区、凌海校区等

地　　址：辽宁省大连市凌海路 1 号

校　训

学汇百川　德济四海

历史一刻

1909 年 建立邮传部上海高等实业学堂船政科

1911 年 在船政科的基础上创办邮传部上海高等商船学堂

1953 年 与东北航海学院和福建航海专科学校合并成立大连海运学院

1960 年 被确定为全国重点大学

1994 年 更名为大连海事大学

1997 年 被列为国家“211 工程”重点建设高校

2017 年 入选国家首批“双一流”建设高校

走进校园

作为一所以航海见长的高校，大连海事大学仿佛一座航海文化主题公园，校园中处处充满了航海元素。看准海大的航向，我们登船启航！

游览摆渡车

第一站：海大展馆（东山校区）

走进大连海事大学东山校区的校门，首先映入眼帘的便是海大展馆。作为海大的校史馆，它通过展板、沙盘、多媒体等多种方式，展示了学校的发展历程。你还可以通过扫描二维码进行线上 VR“云参观”，感受属于航海人的拼搏精神。

第二站：海大精神雕塑（西山校区）

沿着东海路继续前行，你一定会注意到 4 座代表着海大精神的雕塑。船锚代表“坚定”，船钟代表“严谨”，船桨代表“勤奋”，舵轮代表“开拓”，寓意海大人信念坚定、严谨求真、脚踏实地、开拓进取。

第三站：水上求生训练馆（凌海校区）

水上求生训练馆是学生训练水上求生技能、跳水、攀爬绳索的“课堂”，业余时间还是大家玩水球、游泳的娱乐场所。

第四站：“育鲲”轮（凌海校区）

“育鲲”轮是海大的“海上教室”，是我国第一艘自主研发设计的专用航海教学实习船。登上“育鲲”轮，来到操作台，车钟、舵机、电罗经、磁罗经等核心设备一定会让你大饱眼福。

学科重点

第二轮“双一流”建设学科	交通运输工程
二级学科国家重点学科	交通信息工程及控制、轮机工程

特色专业

轮机工程

轮机工程专业要学习船舶上诸多设备和装置的设计制造、运营和维护等。大连海事大学的轮机工程专业是支柱型专业之一，分为陆上、海上和海洋装备技术与管理方向，依托一系列重点实验室和科研基地，培养国家高级航运人才。陆上方向的同学学习轮机优化设计方法、轮机自动化、维修理论基础等专业课；海上方向的同学会安排课程实验、海上实习等实践环节；海洋装备技术与管理方向的同学会学习仪器仪表与检测技术、液压传动与控制等课程。不过，报考海上方向和海洋装备技术与管理方向对身高和视力都有要求哦！

大学生活

半军事化管理

大连海事大学的航海专业实行“半军事化管理”，其他高校的学生只有在军训时期才会经历的早起跑操、整理内务、走队列、唱军歌等训练内容，在这里会伴随航海专业的学子度过大学时光。虽然听上去有些“苦”，但当同学们毕业后回想起那段时光，仍会怀念不已。

大连海事大学新闻

◇ 每当有重大活动，大连海事大学的学子就会身穿统一的“制服”登场，成为一道亮丽的风景线。

◇ 大连海事大学没有校车，但是有校船！“育鲲”轮、“育鹏”轮、“育龙”轮等鼎鼎有名的校船都是海大人心中的骄傲。

◇ 大连海事大学到处充满了航海气息，连校园道路的名字都带上了“海”。如东海路、黄海路、学海路、艺海路、瀚海路……

制服

“育鹏”轮

辽宁大学是一所具备文、史、哲、经、管、法、理、工、医、艺等学科门类的综合性大学，源起于中国共产党创建的第一所专门商科高校。

校　训

明德精学　笃行致强

概况总览

211　双一流

创办时间：1948 年

学校类别：综合类

校区分布：沈阳崇山校区、蒲河校区，辽阳武圣校区

地　　址：辽宁省沈阳市皇姑区崇山中路 66 号

历史一刻

1958 年

沈阳师范学院部分科系、东北财经学院、沈阳俄文专科学校合并成立辽宁大学

1997 年

入选国家“211 工程”重点建设院校

2017 年

入选国家首批“双一流”建设高校

2022 年

入选国家第二轮“双一流”建设高校

走进校园

辽宁大学的老校区是苏俄建筑风格与哥特、巴洛克建筑元素的融合，新校区则采用了现代化的风格，老校区的几栋建筑还是当时沈阳最典雅的西式建筑高校楼呢。让我们穿梭在这些建筑中，听听凝固的艺术向我们诉说了怎样的故事吧！

游览摆渡车

第一站：图书馆（蒲河校区）

辽宁大学图书馆外面粉白相间的砖块颇具复古特色，许多学长学姐会在毕业季到气势恢宏的图书馆前，用相机留下珍贵的纪念。

第二站：方圆楼（蒲河校区）

方圆楼灰色的外墙与周围的景色融为一体，尤其是白雪皑皑的冬天，地上的雪与灰白的楼构成了辽宁大学冬季的风景线。楼旁边的小石阶上还有同学们为小猫搭的窝，可爱的小猫为前来上课的学子增添了许多乐趣。

第三站：哲理楼（崇山校区）

辽宁大学崇山校区的哲理楼是学校历史最悠久的建筑，是具有俄式风格的小楼。每到秋天，外墙上的爬山虎与楼前的银杏树构成了辽宁大学独特的校园景色。

学科重点

第二轮“双一流”建设学科		
应用经济学		
辽宁省一流学科		
理论经济学	应用经济学	法学
工商管理	马克思主义理论	统计学

特色专业

经济统计学

我们经常会在新闻中听到“经济”这个词，它与我们的生活息息相关，比如花几块钱去买一袋薯片也蕴含着许多经济学理论知识。经济受很多种因素的影响，而经济统计学就是通过数据与数学模型对这些因素分析、总结并进行预测。经济统计学是辽宁大学最早设立的专业之一，师资力量雄厚。本专业以培养学生统计理论、方法、相关软件技术为主，具有经济学、统计学和计算机的交叉学科背景。学生不仅要学习基础的微观经济学、宏观经济学、财政学、金融学等经济理论，还要学习统计学、多元统计分析、数据挖掘等相关知识。

大学生活

银杏节 & 美食节

每到秋天，银杏叶变成金黄色的时候，辽宁大学就会举办杏坛乐府银杏节和银勺子国际美食节，让学生一边欣赏秋景一边品尝美食。银杏节上还有摄影图片展、“银杏讲坛”与艺术展演等活动，向大家展现辽宁大学的青春与活力。各国留学生做的美食也非常受欢迎。

银杏路

银勺子国际美食节

吉林大学学科门类齐全，师资力量雄厚，是我国东北部的头部高校，以建成中国特色、世界一流大学为目标不断发展着。

概况总览

985 211 双一流

创办时间：1946 年

学校类别：综合类

校区分布：前卫校区、南岭校区、朝阳校区、南湖校区、和平校区、新民校区

地　　址：吉林省长春市朝阳区前进大街 2699 号

校　训

求实创新 励志图强

历史一刻

1946 年 东北行政学院成立

1950 年 更名为东北人民大学

1958 年 更名为吉林大学

1960 年 国家正式批准吉林大学为重点综合性大学

1995 年 被选入“211 工程”重点建设高校

2017 年 入选国家首批“双一流”建设高校

走进校园

说起吉林大学，很多人的第一反应是“大”——事实确实如此，它的“大”不仅体现在校园辽阔，学科全面，学子众多。还体现在它能以一派博大的胸襟承载历史，装下未来。

游览摆渡车

第一站：东校门景观建筑群（前卫校区）

前卫校区东校门景观建筑群建于吉林大学60周年校庆之际，由校名石、大门、六柱广场、影壁广场4部分组成。校名石是东门入口处的“排头兵”，书写着吉林大学庄重、开阔的风貌。它身后是由两片幕墙组成的大门，像两页展开的书卷，也可以想象成展翅的“大鹏”。六柱广场上石柱的浮雕图案以时间顺序展示着古代科技发展和历史文化及历史文化遗产，同时寓意着吉林大学六校合一。影壁广场上立着校歌碑，上面的缠枝纹与花卉组成了一幅百花齐放的盛景。

第二站：考古与艺术博物馆（前卫校区）

考古与艺术博物馆由旧食堂改造而成，尽管博物馆整体的面积不大，但其中的展品却十分精致，有商代的甲骨、青铜器和明清的瓷器等。同时，这里还会举办许多活动，如博物馆课堂和学术讲座，带你在考古的世界中遨游。

第三站：地质宫（朝阳校区）

地质宫的设计十分考究，融入了中国古典建筑元素，如绿琉璃瓦顶、红色立柱、白色栏杆、古典彩绘装饰等。馆内珍奇的石头和化石不仅是历史的刻印，还记录了生命与自然的痕迹。

学科重点

第二轮“双一流”建设学科		
考古学	数学	物理学
化学	生物学	材料科学与工程

一级学科国家重点学科			
数学	化学	机械工程	地质资源与地质工程

二级学科国家重点学科		
马克思主义哲学	数量经济学	法学理论
刑法学	政治学理论	考古学及博物馆学
原子与分子物理	凝聚态物理	生物化学与分子生物学
材料加工工程	微电子学与固体电子学	计算机软件与理论
农业机械化工程	预防兽医学	神经病学

国家重点（培育）学科			
材料学	交通信息工程及控制	基础兽医学	技术经济及管理

特色专业

考古学

吉林大学的考古专业创建于 20 世纪 50 年代中期，底蕴深厚。近年来发展迅猛，在全国范围内具有一定影响力，为中国考古学与文物保护事业培养了许多高素质的人才。吉林大学的考古专业课程多元，包括考古学史、从旧石器时代到宋元各个历史时期的考古、田野考古学、考古技术、古文字学等基础课程。在经过基础课程学习之后，同学们可以选择史前及夏商周考古、秦汉至元明清考古、科技考古、外国考古 4 个专业方向的其中之一进行深入研究。学校还结合地方优势与特色，开设了东北考古的方向。也许下一个在古代遗址或文物保护领域大展身手的人就是你。

大学生活

“大”和“多”

吉林大学最显著的两个特点就是“大”和“多”。首先，吉林大学占地面积大，校园面积为 734.59 万平方米。所以，学生经常开玩笑说“吉大”其实叫“极大”。其次，吉林大学人数众多，目前有 7 万多名学生在读。因为人数众多，食堂自然也多了起来。吉林大学 6 个校区共有 30 多个餐厅，各种美食应有尽有。

日新楼

你想象过在校园里逛商场吗？吉林大学校园内的日新楼就是可以一站式满足学生日常购物、休闲、娱乐、运动等各种需求的商场。它的负一层为大型超市；一层为百货商场，有手机修理店、照相馆、美甲店等；二层是容纳近百家商铺的大型美食城；三层为相对高档的主题餐厅；四层为健身房；五层为巨幕影院和游泳池；六层是书店。走进日新楼，便可体验校园与商场的瞬间转换。

日新楼

杏花文化节

每年 4 月，杏花盛开之际，吉大便会举办面向全校师生与校外游客的杏花文化节。它不仅是一个传统文化节，还是一个科技节。同学们可以身着汉服，吟诗作对；可以翩翩起舞、放声歌唱；可以同机器人互动，体验 VR 技术……

杏花文化节

东北师范大学

NORTHEAST NORMAL UNIVERSITY

东北师范大学位于北国春城——长春市，是中国共产党在东北地区创建的第一所综合性大学，充分彰显了为基础教育服务的办学特色。

概况总览 211 双一流

创办时间：1946 年

学校类别：师范类

校区分布：人民大街校区（自由校区）、净月大街校区

地　　址：吉林省长春市南关区人民大街 5268 号

校　训

勤奋创新 为人师表

历史一刻

1946 年 创办东北大学

1950 年 更名为东北师范大学

1996 年 列入国家“211 工程”重点建设高校

2017 年 入选国家首批“双一流”建设高校

2022 年 入选第二批“双一流”建设高校

走进校园

东北师范大学位于我国四大园林城市之一的长春，校内的建筑具有独特的人文内涵，自然环境优美，一年四季的风景各不相同。前面就是东北师范大学的校门，让我们一起进去看看吧！

游览摆渡车

第一站：雕塑门（净月大街校区）

东北师范大学的雕塑门流露着学校的人文艺术气息。雕塑门的内外两面雕刻的是古今中外的文人学者，涉及哲学、数学、音乐、天文等学科领域。位于中间的是柏拉图与孔子，代表了中外教育的交融。

第二站："大菜花"（净月大街校区）

咦？学校里面怎么会有一个七彩的大菜花？其实这是被叫作"生命树"的音乐喷泉。每到夏天，一股股水流随着音乐的鼓点和旋律迸发而出，像从天而来的花束。偶尔还会有学生在喷泉前开小型演唱会哦！

第三站：静湖（人民大街校区）

静湖是学生夜间最爱的散步场所，湖心小岛上的亭子也是学生经常光顾的早读地点。你可以在夏天来到湖边闻荷花的香气；也可以在秋天的阳光下看水中映出的秋景；到了冬天，你还可以在湖上滑冰、打雪仗。

学科重点

第二轮“双一流”建设学科		
世界史	马克思主义理论	教育学
化学	统计学	材料科学与工程
二级学科国家重点学科		
思想政治教育	教育学原理	世界史
细胞生物学	生态学	

特色专业

小学教育

小学教育专业是培养从事小学教学和管理等复合型人才的专业。东北师范大学教育学部是我国教育学科人才培养和学术研究的传统重镇之一，也是支撑东北师范大学办学特色的核心机构之一，学科专业实力雄厚。小学教育专业的学生要学习教育概论、中外教育史、教育研究方法和课堂管理艺术等教育理论知识，还有小学教师语言技能、小学教师书画技能、小学数学教学设计与实施等技能课程。

大学生活

你不知道的东北师大

◇冬天的东北地区是雪的乐园。东北师大因地制宜，每年冬天都会开设滑雪课，学生不仅可以学习滑雪，还可以参加大学生的滑雪比赛呢！

大学生越野滑雪锦标赛

◇东北师大的校园内有许多粗壮的古松，要和小伙伴一起手拉手才能环抱住。树上经常会有蹦蹦跳跳的小松鼠，秋天没准还可以看到它们囤积松果哦！

延邊大學 YANBIAN UNIVERSITY

延边大学位于被称为“教育之乡”的延边朝鲜族自治州，是中国共产党较早在少数民族地区建立的高校之一。

校　训

求真　至善　融合

概况总览

211　双一流

创办时间：1949 年

学校类别：综合类

校区分布：延吉校区、师范分院校区，珲春校区

地　　址：吉林省延边朝鲜族自治州延吉市公园路 977 号

历史一刻

1949 年
成立延边大学

1996 年
被列为国家“211 工程”重点建设高校

2017 年
入选国家首批“双一流”建设高校名单

2022 年
入选第二轮“双一流”建设高校

走进校园

延边大学位于吉林省朝鲜族自治州内，校内的建筑都带有独特的朝鲜族风格。学校依靠山地而建，踏入校门后便开启了一次爬山之旅。跟紧我的脚步，让我们一起走进延吉校区看看吧！

游览摆渡车

第一站：校门

延边大学的校门呈灰白两色，显得庄严巍峨，门两旁的墙上雕刻着栩栩如生的朝鲜族人物，是无数延大学子难忘回忆中最浓重的一笔。

第二站：求真楼

求真楼是延边大学的“门面担当”，宏伟壮观的中心建筑为对称式结构，融合了传统的朝鲜族建筑风格与东北丰富的民俗文化特色。

第三站：博物馆

延边大学博物馆是校园内著名的具有朝鲜族特点的建筑,里面记载着延大的校史和朝鲜族的历史，陈列着许多有纪念意义的物品。

第四站：勤学楼

勤学楼也叫“V 字楼”，建造在山上，需要爬 90 多级台阶。站在门口，你可以看到远处的风景，有一种“一览众楼小”的感觉。

学科重点

第二轮“双一流”建设学科
外国语言文学
二级学科国家重点学科
亚非语言文学

特色专业

朝鲜语

延边大学作为一所位于朝鲜族自治州的学校，具有独一无二的天然语言优势，朝鲜语专业一直都是学校的核心专业。这里有学习朝鲜语最好的语言环境，在校园里，可以随时随地展开一段朝鲜语的对话。延边大学文学院的师资力量非常雄厚，开拓了众多朝鲜语教学、科研领域的先河，是国内培养朝鲜语言文学、文化艺术等领域高级人才的重要基地。

大学生活

校园文化

朝鲜族载歌载舞的文化特点在延大体现得淋漓尽致。在迎新月，你可以连续几个周末徜徉在歌舞的海洋中；在毕业生文艺晚会上，会有一场盛大的美食节，各国各地的学生会把家乡的传统美食和风味小吃带到学校，让大家一饱口福！

西北地区

地区介绍：西北地区深居我国内陆，气候干燥，地形多变，耕地面积广阔，矿产资源丰富，是我国重要的石油和天然气储备基地。不同于山清水秀的江南地区，西北的风景是粗犷壮阔的，沙漠广袤，戈壁连绵，来“十三朝古都”西安感受盛唐风貌，或去水天一色的青海湖，或欣赏辉煌神秘的飞天壁画……

主要城市：西安、兰州、西宁、银川、乌鲁木齐

优势产业：能源与新能源、旅游、畜牧业、农业、装备制造等

西安交通大学是我国最早兴办，享誉海内外的著名高等学府，以交通运输为特色，工学为主，多学科协调发展。

校　训

精勤求学　敦笃励志　果毅力行　忠恕任事

概况总览

985　211　双一流

创办时间：1896 年

学校类别：综合类

校区分布：兴庆校区、雁塔校区、曲江校区

地　　址：陕西省西安市碑林区咸宁西路 28 号

历史一刻

1896 年 南洋公学在上海成立

1905 年 划归商部，改名为高等实业学堂

1912 年 划归交通部，更名为交通部上海工业专门学校

1949 年 更名为交通大学

1959 年 交通大学西安部分定名为西安交通大学

1995 年 首批进入“211 工程”建设计划

1999 年 成为国家“985 工程”重点建设高校

2000 年 与西安医科大学、陕西财经学院合并组建新的西安交通大学

走进校园

看完西安交通大学的各项信息，我们就可以正式开始校园之旅啦。快来和我一起参观西安交大兴庆校区吧！在沿路的风景中，我们还会见识到各种有趣的活动和故事呢。

游览摆渡车

第一站：腾飞塔

腾飞塔是西安交大的标志性建筑，塔顶是一个鸟形的白色雕塑，挥动着翅膀作腾飞之势，寓意交大学子扶摇直上。

第二站：四大发明广场

四大发明广场位于西安交通大学兴庆校区主楼以北、钱学森图书馆以南，可以说是兴庆校区的中心地标之一。在广场的四角处分别陈列着以我国古代的四大发明——造纸术、指南针、火药和印刷术为主题的精美雕塑。

第三站：钱学森图书馆

图书馆前身是 1896 年创建于上海的南洋公学藏书楼。这是中国当时第一个以健在科学家命名的大学图书馆。在图书馆门口，铸有我国著名科学家、交大校友钱学森的塑像。

第四站：西迁博物馆

西迁博物馆位于兴庆校区，馆内文物以图文、实物和多媒体等形式进行展出，内容分为溯源、西迁和致远 3 个部分，集中展示了交大西迁者“听党指挥跟党走”“打起背包就出发”，筚路蓝缕西迁创业的艰苦历程和辉煌成就，激励一代代知识分子奋勇前进。

学科重点

第二轮“双一流”建设学科			
力学	机械工程	材料科学与工程	动力工程及工程热物理
电气工程	控制科学与工程	管理科学与工程	工商管理
一级学科国家重点学科			
控制科学与工程	材料科学与工程	管理科学与工程	工商管理
机械工程	动力工程及工程热物理	电气工程	生物医学工程
二级学科国家重点学科			
产业经济学	计算数学	生理学	固体力学
核能科学与工程	微电子学与固体电子学	法医学	外科学（泌尿外）

小贴士：西安交通大学的“特色班”

◇ 钱学森班：钱学森班实行贯通式培养，从本科起，学生就能接受到高水平、研究型的培养模式。这个班里的同学，可以学习不止一门专业，还有许多出国交流的机会，能够接触到世界前沿知识。

特色专业

电气工程及其自动化

电气工程及其自动化专业涉及电路理论、电磁场理论、电子技术、自动控制技术等领域，表现出较强的综合性特点。电气工程及其自动化专业的课程主要包括电路、模拟电子技术、电力电子技术等，目标是培养能够从事电力系统、电气工程、自动控制等领域工作的宽口径、复合型的高级科学技术与管理人才。西安交大的电气工程学院是我国电气工程学科的发源地，有超过百年的办学历史。学院主体学科电气工程是国家重点建设的学科，同时还涵盖了控制科学与工程等一流学科，该学院是我国学科设置最齐全的电气工程学院。

大学生活

兴庆宫公园

兴庆宫公园，位于西安市碑林区，与西安交大仅有一路之隔，因此，也有人说“兴庆宫公园是西安交通大学的后花园”。在这里，不仅能看到美丽的自然风光，还能观赏众多的历史遗迹。交大人经常到这里晨练、早读、散步、划船，这也成为兴庆宫公园一道亮丽的风景线。

兴庆宫公园

金工实习

如果你在西安交大的校园中见到一大群身着蓝色工作服的“蓝领工人”，请不要惊讶，这是学生在上金工实习的课程。在西安交大，几乎所有专业的本科生都要走进工程坊实习。实习包括金工实习、电子工艺实习和测控实习，主要立足于基础加工工艺和测控技术的学习。工程坊在此基础上引入创新制作理念，着力培养学生的动手能力与创新意识。工程坊不提供现成答案，不规定实验步骤，让学生进行更广阔的思考和实验操作。

金工实习

那些你不知道的西安交大

◇西安交大的食堂物美价廉。这里不仅有物美价廉的岐山臊子面、刀削面等北方特色面食，还有众多其他的风味美食。

◇每逢初冬，西安交大的梧桐大道都会被金色铺满，西安交大一年一度的金色梧桐节也会如期而至。金色梧桐节期间，大家不仅可以参加丰富多彩的主题活动，还可以欣赏校园美景。

西北工業大學
NORTHWESTERN POLYTECHNICAL UNIVERSITY

西北工业大学见长于航空、航天、航海领域的教育与研究，长期扎根西部，贡献于国防事业，且成果显著，为我国国防建设作出了卓越贡献。

校训

公诚勇毅

概况总览

985 211 双一流

创办时间：1938 年
学校类别：理工类
校区分布：友谊校区、长安校区
地　　址：陕西省西安市碑林区友谊西路 127 号

历史一刻

1938 年 国立西北工学院成立

1956 年 华东航空学院内迁西安，更名为西安航空学院

1957 年 西北工学院与西安航空学院合并，成立西北工业大学

1970 年 哈尔滨工程学院航空工程系整体并入西北工业大学

1995 年 被选入国家“211 工程”重点建设高校

2001 年 被选入国家“985 工程”重点建设高校

2017 年 入选国家首批“双一流”建设高校

走进校园

在宣传中，西北工业大学往往带着“理工”“军工”的标签，会让你觉得这是一所有些“高冷”甚至遥不可及的学府。但现实真的是这样吗？快和我去西工大长安校区一探究竟吧！

游览摆渡车

第一站：图书馆

长安校区的图书馆是亚洲最大的水上图书馆。不管你身处校园的哪个位置，都能看到这座不断滋养西工大师生的“宝库”。

第二站：何尊组雕

何尊为西周时期的青铜器，是首个记录“中国”一词的器物。据考证，今天的长安校区恰好位于当时所称的“中国”之地，即陕西长安西南沣河以西。于是，何尊雕塑便出现在了校园中。而何尊后方俯首托剑的“剑人”勇士雕塑，则寓意着西工大学子忠于祖国、立志报国的一片赤子之心。

第三站：东风广场图腾柱

北门附近的东风广场上立着6根极富意义的图腾柱，分别代表陆战兵器、核工业、航空工业、航天工业、航海工业、电子工业6大军工领域。每一根柱子上均以浮雕工艺刻画了该领域从古至今的重要发明与杰出贡献者。走在广场上，仿佛穿梭在军工历史发展的画卷中。

第四站：ARJ21-700

ARJ21-700 是几乎每一个到西工大的访客都会去的著名“打卡地”。ARJ21-700 的总设计师为西工大 1988 年毕业的陈勇。他率领团队攻克一系列难题，打造出了这款担当中国民机产业探路者角色的 ARJ21-700。现在停在校内的这架飞机是零号试验机，在完成试验后，便由中国商用飞机有限责任公司赠予学校作为纪念。

学科重点

第二轮“双一流”建设学科		
机械工程	材料科学与工程	航空宇航科学与技术
一级学科国家重点学科		
材料科学与工程	航空宇航科学与技术	
国家重点（培育）学科		
流体力学	导航、制导与控制	

特色专业

飞行器动力工程

西工大的飞行器动力工程专业是教育部“特色专业”，国防科工委“重点建设专业”。飞行器动力工程简单来说就是研究飞机、火箭等飞行器的工作原理、结构、设计相关知识，主要学习航天推进理论基础、固体火箭发动机设计、航天飞行器设计、航天推进化学基础等课程。火箭发动机的维修、飞机控制系统的测试，或者载人飞船动力装置的研发制造是这个专业的同学们经常讨论的话题。毕业后，同学多选择攻读研究生学位，就业方向主要分布在航天研究院（所）、大专院校、大型企业及部队，从事发动机设计、制造、试验、控制、测试等方面的研究、开发和管理等工作。

大学生活

“柿子节”

秋意袭来，每当红彤彤的柿子挂满枝头的时候，西工大的“创意摘柿子”大赛就会准时拉开帷幕，活动的重头戏必然是摘柿子比赛。戴好头盔，拉好布单，找准目标，举杆，轻拉——在队员的有序行动和默契配合下，一个个饱满的柿子便从容地“下凡”入篮。曾有队伍以单个柿子 225.8g 的重量站上了“柿王”的领奖台。除了摘柿子比赛，还有黏土捏柿子、做柿饼等活动，现场充满了欢声笑语。

柿子节

做柿饼

传统文化进课堂

在西工大一众选修课中，非遗掐丝珐琅课程是极为热门的课程。课堂上，同学们不仅能学习“图稿设计、掐丝、点蓝、定型”等传统工艺，还可以体验激光切割、CAD 等现代技术的创新应用，在品味传统文化的同时，感受现代技术的魅力。

非遗掐丝珐琅课程

那些你不知道的西北工业大学

◇ 西工大培养了铸造、航空宇航制造工程、飞行力学、航空发动机、水中兵器、火箭发动机、无人系统等 7 个学科的全国第一位工学博士。航空领域的许多总师、副总师都出身于西工大。

西北农林科技大学
NORTHWEST A&F UNIVERSITY

西北农林科技大学位于中华农耕文明发祥地之一的陕西省，是我国西北地区最早的高等农林类教育学府，为我国西北部的农业教育发展贡献了重要力量。

校　训

诚朴勇毅

概况总览

985　211　双一流

创办时间：1934 年

学校类别：农林类

校区分布：南校区、北校区

地　　址：陕西省咸阳市杨凌示范区邰城路 3 号

历史一刻

1934 年
西北农林专科学校成立

1938 年
与国立西北联合大学农学院、河南大学农学院畜牧系合并，成立国立西北农学院

1985 年
更名为西北农业大学

1999 年
与西北林学院等 7 个教学、科研单位合并，组建西北农林科技大学

2017 年
入选国家“双一流”建设高校

走进校园

西北农林科技大学地处陕西省杨凌示范区，与西安相比，这里虽然少了些繁华灯火，却丝毫不影响它在繁花绿草中成为一个世外桃源。

游览摆渡车

第一站：三号楼（北校区）

三号楼始建于 1934 年，在 1953 年西安人民大厦落成前，它是名副其实的西北第一高楼。与学校同龄的它，见证了学校近 100 年来的风雨历程与昂首奋进，这里曾召开抗战军事会议，曾在日军空袭时发出警报，亦曾传播来自延安的“新华社”广播的声音。

第二站：博览园（南校区）

博览园可谓一点儿也不负“博览”的称号，动物博物馆、昆虫博物馆、土壤博物馆、植物博物馆、中国农业历史博物馆等 7 个专业博物馆和蝴蝶园、中草药园、树木园等尽在园内“落户”。如果你想探寻农业文明的足迹，零距离接触自然，一定不要错过博览园。

第三站：四季广场（南校区）

四季广场由四个主题组成：北部的“秦岭淮河”主题主要由水体喷泉、小拱桥、景墙构成；中部的“四季变换”突出部分为刻有季节名称的立方体雕塑与涵盖了十二星座、360 度的方向、二十四节气的地面铺装；东西两侧为节日文化墙；南部则是二十四节气廊架。整个广场充分展现了学校“农”“林”“水”的办学特色。

学科重点

<table>
<tr><th colspan="12">第二轮“双一流”建设学科</th></tr>
<tr><td colspan="6">植物保护</td><td colspan="6">畜牧学</td></tr>
<tr><th colspan="12">二级学科国家重点学科</th></tr>
<tr><td colspan="3">植物病理学</td><td colspan="3">果树学</td><td colspan="3">土壤学</td><td colspan="3">动物遗传育种与繁殖</td></tr>
<tr><td colspan="4">临床兽医学</td><td colspan="4">农业水土工程</td><td colspan="4">农林经济管理</td></tr>
<tr><th colspan="12">国家重点（培育）学科</th></tr>
<tr><td colspan="6">作物遗传育种</td><td colspan="6">农业昆虫与害虫防治</td></tr>
</table>

特色专业

动物科学

西农的动物科学是国家级特色专业，亦是全校最具实力的专业之一，升研率居全校首位。动物科学专业与更可能成为兽医的动物医学专业不同，主要通过动物生理学、动物解剖与组织胚胎学、动物遗传学、动物繁殖学等课程，学习动物遗传、育种、繁殖、管理的知识，以及细胞、生物信息等相关内容，是对生命科学的研究。动物饲料的配方设计、克隆动物的育成、牛奶的生产加工都属于这个专业的研究范围。毕业后，大部分同学会选择继续深造，也有同学去往动物科学相关的单位从事生态养殖、饲料营养、畜产品加工等工作。

大学生活

“豪华”浴室

西北农林科技大学有一个酒店般的豪华公共浴室，里面不仅有理发店标准的吹风机，还有许多让人眼前一亮的设计。公共浴室采用单人单间的设计，且每一个单间还分内外隔间，干湿分离——外侧隔间为更衣室，配有储物柜和凳子；内侧隔间为洗浴室，配有手势感应的出水显示屏，刷卡一次后用手势即可控制花洒出水。更令人惊喜的是，浴室中还装配了音响，为同学们的洗浴过程增添了一份乐趣。另外，浴室还划分了休闲区、健身区，设置了咖啡馆。因此，“不能喝咖啡的浴室不是好健身房”也成了西农浴室的经典宣传文案。

那些你不知道的西北农大

◇ 西北农林科技大学又名“西北不愁吃喝大学”。作为农林类大学，自己种植、生产的食品可谓应有尽有。于是，“全鱼宴”、苹果、樱桃、“黑馒头”等西农自有产品，全部被端上了餐桌，供同学们食用。

师生喜尝樱桃

◇ 农训是西农的一大特色活动，几乎每一位同学都有机会到麦田中感受割麦、运麦、脱粒、晒麦、装麦的辛苦与快乐。

脱粒

◇ 西农的校园内洋溢着浓厚的农业气息，非农业专业同学的学习生活同样沉浸在浓郁的农业氛围中。如，非农业专业学生发明了“猕猴桃采集机器人”，它的用处就与农业息息相关。

猕猴桃采集机器人

長安大學
CHANG' AN UNIVERSITY

长安大学坐拥南北两大校区，南倚大雁塔，北邻渭水滨，是教育部和交通运输部、自然资源部、住房和城乡建设部、陕西省人民政府共建的高校。

校　训

弘毅明德　笃学创新

概况总览

211　双一流

创办时间：1951 年
学校类别：理工类
校区分布：南校区、北校区
地　　址：陕西省西安市雁塔区南二环路中段

历史一刻

1951 年
西北交通学校成立

1953 年
西安地质学校和西安建筑工程学校先后成立

2000 年
和西安工程学院、西北建筑工程学院合并组建长安大学

2017 年
入选国家首批“双一流”建设高校

2022 年
入选国家第二轮“双一流”建设高校

走进校园

长安大学校园内环境优美，拥有宜人的自然景观和浓厚的人文氛围。在这里，你不仅可以看到许多与公路和桥梁有关的建筑，还可以感受到古都西安的文化底蕴。

游览摆渡车

第一站：青春彩虹（南校区）

“青春彩虹”雕塑是一位美丽的少女伸开双臂拥抱未来，双臂间的弧线就像一道彩虹，象征着长安大学的道路、桥梁等优势专业。因其造型与拉面师傅的动作极其相似，这尊雕塑还被戏称为“拉面女神”，甚至有同学为它写了《拉面女神赋》。

第二站：汽车试验场（北校区）

这一圈圈跑道可不是运动场所，而是中国高校里唯一的汽车综合性能试验基地，面积差不多有一个国家体育场那么大，不仅有汽车高速环形跑道、直线车道，还有各种试验道路。汽车试验场也被长安大学的学子们笑称为“练驾照的胜地”。

第三站：公路交通博物馆（北校区）

长安大学内的公路交通博物馆极具特色，分为公路、汽车和智能交通与工程机械 3 个展厅，全方位展现了交通发展的历史以及这些学科的相关内容。

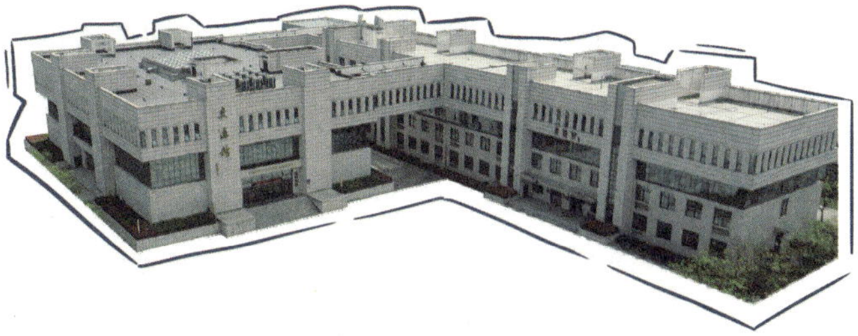

第四站：明远湖（北校区）

明远湖是长安大学学子上课的必经之地，也是放松心情的地方。湖上有清凉的喷泉与古色古香的凉亭长廊，颇具古都高校的风韵。如果你在清晨来到湖畔，还能看到长廊上站满了正在晨读的学生。

学科重点

<table>
<tr><th colspan="6">第二轮“双一流”建设学科</th></tr>
<tr><td colspan="6">交通运输工程</td></tr>
<tr><th colspan="6">一级学科国家重点学科</th></tr>
<tr><td colspan="6">交通运输工程</td></tr>
<tr><th colspan="6">二级学科国家重点学科</th></tr>
<tr><td colspan="2">道路与铁道工程</td><td colspan="2">载运工具运用工程</td><td colspan="2">交通运输规划与管理</td></tr>
<tr><td colspan="3">交通信息工程及控制</td><td colspan="3">地质工程</td></tr>
</table>

特色专业

交通工程

长安大学是国内最早开展交通工程本科专业人才培养的 4 所创始大学之一。长安大学的交通运输工程学科是国家“双一流”建设学科，拥有从学士到博士的学位授予权和博士后科研流动站，人才培养体系完备。

长安大学交通工程专业的科研成果应用于被誉为“国之重器”的港珠澳大桥、全球空港新标杆北京大兴国际机场等超级工程，支撑了世界最大跨径的公铁两用斜拉桥沪通长江大桥、世界上海拔最高的青藏公路、中国最长公路隧道秦岭终南山隧道、我国第一条沙漠高速公路榆靖高速等诸多有重要国际影响力的世纪工程建设。

毕业生就业集中在国内的交通规划与设计部门、交通运输行业管理部门、交通运输企业、交通运输教学和科研单位、国内大型土建工程企业的海外公司及国内交通行业知名企事业单位等。

大学生活

挑战攀岩

攀岩挑战赛

长安大学有一项特殊的体育运动——攀岩。攀岩是从登山中衍生出来的一种运动，在天然或人工的岩壁上向上攀爬，集健身和娱乐于一身。北校区矗立着 10 余米高的攀岩墙，是攀岩竞赛的标准赛道，达到了国际标准。每年，长安大学还会举办攀岩挑战赛，同学们可以体验极限运动带来的快乐。

大雁塔

大雁塔

长安大学的地理位置极为优越，离西安著名的大雁塔很近，长安大学的学子们最喜欢的就是晚饭后步行或骑自行车到大唐不夜城，观赏夜景。如果你的宿舍楼层比较高，还可以直接从窗户看到繁华的夜景。

陕西师範大學 SHAANXI NORMAL UNIVERSITY

陕西师范大学是我国西北地区唯一的教育部直属师范大学。其以师范为本，坚持多学科协调发展，为我国的发展，尤其是西部教育的发展，作出了突出贡献。

校　训

厚德 积学 励志 敦行

概况总览 211 双一流

创办时间：1944 年

学校类别：师范类

校区分布：雁塔校区、长安校区

地　　址：陕西省西安市雁塔区长安南路 199 号

历史一刻

1944 年 陕西省立师范专科学校成立

1954 年 更名为西安师范学院

1960 年 与陕西师范学院合并为陕西师范大学

2005 年 被选入国家“211 工程”重点建设高校

2017 年 入选国家首批“双一流”建设高校

2022 年 入选国家第二轮“双一流”建设高校

走进校园

终南幽幽，雁塔相伴，几十年间，陕西师范大学已经在西安发展出了一片广阔天地。来吧，让我们去看看陕师大在关中沃土上播种出了怎样的文化脉络与盎然新意！

游览摆渡车

第一站：老图书馆（雁塔校区）

雁塔校区的图书馆距今有将近 70 年的历史，歇山式屋顶下的红木窗、青石砖与写有“图书馆”三字的匾额无一不诉说着它的古朴、宏伟和典雅。当你站在馆外，透过爬山虎的枝叶看向红窗，大自然的生命力与知识的生机交错带来的力量感、惊喜感也许会令你终生难忘。

第二站：思源阁（雁塔校区）

雁塔校区有一座三角形红顶、乳白色围墙的城堡似的建筑，外来访客时常以为这是一座富含深意的教学楼，其实建造之初，它被用来做开水房，现在则是学校里的甜品和饮品店。由于风格独特，思源阁被一届又一届学子留在了照片中，成了陕师大学子们心中的青春符号。

第三站：畅志园（雁塔校区）

西安的碑林天下闻名，而在陕师大的雁塔校区内也有一片小“碑林”——畅志园。畅志园建于 1995 年前后，由著名书法家启功题写园名，园内有刊刻欧阳中石、霍松林、黄永年等一众名家笔迹的石碑。《西安晚报》还曾称其为“长安第九景”。

第四站：教育博物馆（长安校区）

长安校区的教育博物馆是我国第一座综合性教育博物馆，包括中国教育馆、历史文化馆、妇女文化馆、书画艺术馆、校史展览馆等。在这里，你既能了解教育事业发展脉络，研究历史文化的演变，还能了解妇女文化，学习书画知识。其中，万历年间的北京国子监刻本《十三经注疏》、唐寅的画作《山水长卷》、秦风纹空心砖、各种形式的中华嫁衣等文物定会令你驻足、流连。

学科重点

第二轮“双一流”建设学科	中国语言文学
二级学科国家重点学科	历史地理学、中国古代史、中国古代文学、动物学

特色专业

汉语言文学

陕师大的汉语言文学专业，倚靠“双一流”学科中国语言文学而建设，是国家级特色专业、首批教育部特色建设专业、国家级一流本科专业建设点。汉语言文学专业包括师范专业和非师范专业（基地班和创新实验班），通过对现代汉语、古代汉语、中国古代文学、中国现当代文学、文学原理等课程的学习，同学们能够基本形成对汉语言的认识和对文学文章欣赏与评析的能力。

学院拥有“长安与丝路文化传播”学科创新引智基地、教育部普通高校中华优秀传统文化传承基地等科研实践平台。近 5 年来，学院共承担国家社科基金项目 50 余项，教育部人文社科基金项目 10 余项；在权威刊物发表论文 140 余篇，出版专著、译著、文学作品 170 余部，获得教育部高等学校优秀科研成果奖 4 项，陕西省哲学社会科学优秀成果奖 29 项，成果斐然。

大学生活

“最具收藏价值的通知书”

被广大网友誉为“最具收藏价值的通知书”的陕师大录取通知书，毫无疑问是陕师大一张重要的文化名片。每一位新同学手中的录取通知书，均由退休教师、在职教师和校友以毛笔手写而成，每一份都独一无二、无可替代。而陕师大的另一张文化名片则为学校赠予毕业生的紫檀方印，饱含着学校对学子们真切的祝福。

手写录取通知书

紫檀方印

公费师范生

公费师范生是陕师大作为部属师范院校所拥有的招生“特权”。同学们在提前批次报考带有“公费师范生”字样的专业，如被录取，则可享受免缴学费、住宿费，并领取生活费补助的“福利”，但公费师范生一般在毕业后会回到生源所在省份从事不少于 6 年的中小学教育工作：到城镇学校工作的公费师范生，应到农村义务教育学校任教服务至少 1 年，以回报国家与学校的培育。

那些你不知道的陕师大

◇ 陕师大谐音“闪 star”，而同学们也非常乐意称自己为“闪 star”，希望自己也能够像星星一样闪闪发光。

◇ 长安校区的建筑或道路命名都来源于长安区的历史遗迹，如参考“上林苑”命名的上林道、上林体育馆，参照“香积寺”命名的香积大道。

西安电子科技大学 XIDIAN UNIVERSITY

西安电子科技大学是一所以电子与信息学科为特色，工、理、管、文、经等多学科协调发展的全国重点大学。

概况总览

211 双一流

创办时间：1931 年

学校类别：理工类

校区分布：南校区、北校区

地　　址：陕西省西安市长安区西沣路兴隆段 266 号

校　训

厚德 求真 砺学 笃行

历史一刻

1931 年 组建中央军委无线电学校

1935 年 改名为中央军委无线电通信学校

1949 年 迁至张家口，改建为中国人民革命军事委员会工程学校

1958 年 迁址西安

1960 年 更名为中国人民解放军军事电信工程学院

1988 年 更名为西安电子科技大学

走进校园

西安电子科技大学坐落在历史文化名城西安市，北校区位于西安高新技术产业开发区，南校区位于风景秀丽的终南山脚下。校园绿树成荫、碧草连片，典雅古朴、环境优美。

游览摆渡车

第一站：主楼（北校区）

北校区的主楼，是承载着学校历史记忆的重要地标性建筑。主楼中轴对称，色彩简洁，整体呈现出沉稳的主基调，是西电人心中共同的精神家园。

第二站：观光塔（南校区）

西电南校区的观光塔也是学校的重要标志。观光塔高耸入云，科技感十足，站在上面不仅可以俯瞰整个西电南校区，就连远处的村庄也清晰可见。不过，出于安全考虑，观光塔在平时不开放。

第三站：大学生活动中心（南校区）

西电大学生活动中心是专为同学们打造的课余活动空间。每一个西电人都可以来这里参加社团活动，或看电影等，各种设备齐全。快和小伙伴们一起来这里畅游吧！

学科重点

<table>
<tr><th colspan="12">第二轮“双一流”建设学科</th></tr>
<tr><td colspan="6">信息与通信工程</td><td colspan="6">计算机科学与技术</td></tr>
<tr><th colspan="12">一级学科国家重点学科</th></tr>
<tr><td colspan="6">信息与通信工程</td><td colspan="6">电子科学与技术</td></tr>
<tr><th colspan="12">二级学科国家重点学科</th></tr>
<tr><td colspan="3">通信与信息系统</td><td colspan="3">信号与信息处理</td><td colspan="3">物理电子学（涵盖）</td><td colspan="3">电路与系统</td></tr>
<tr><td colspan="4">微电子学与固体电子学</td><td colspan="4">电磁场与微波技术</td><td colspan="4">密码学</td></tr>
</table>

特色专业

电子科学与技术

西安电子科技大学是一所以电子与信息学科为特色的理工类高校。其电子科学与技术专业于 2020 年获批双万计划国家级一流专业建设点，同时是国家级特色专业、陕西省一流专业和名牌专业，在全国排名第三。

电子科学与技术专业是电子信息科学的基础和支柱，西电的该专业师资力量雄厚，培养体系完备。学院开设了教学改革试点班、“卓越工程师教育培养计划 2.0”实验班，现有“高等学校学科创新引智计划”基地 1 个，国家级实践教育基地 2 个。学院先后获得国家级和省部级科技成果奖、教育教学成果奖等 40 多个奖项。

毕业生既可在科研、生产单位和高校从事电子科学与技术领域的研究、设计、开发和管理等工作，也可从事电子信息类的其他相关工作。

大学生活

青年艺术节

“西电青年艺术节”是由校团委发起并组织举办的全校规模最大、参与人数最多的校园艺术实践活动。艺术节一般分为 6 个板块：音乐舞蹈、戏剧戏曲、美术书法、摄影设计、语言文学以及文艺论坛。你既可以选择自己喜欢的板块，等候它的专场，也可以合理安排时间，看完艺术节上你感兴趣的所有节目。当然，如果有自己擅长的领域，亲自参与活动中，就更好了！

西北大学以其深厚的底蕴、博大的胸襟在百年沧桑历程中培育出了一批有才学、能担当的鸿儒俊彦，是我国西部发展的重要支撑力量。

校　训

公诚勤朴

概况总览

211　双一流

创办时间：1902 年

学校类别：综合类

校区分布：太白校区、桃园校区、长安校区

地　　址：陕西省西安市碑林区太白北路 229 号

历史一刻

1902 年
始于陕西大学堂、京师大学堂速成科仕学馆

1912 年
始称西北大学

1937 年
与国立北平大学、国立北平师范大学、国立北洋工学院等组成国立西安临时大学

1938 年
改为国立西北联合大学

1950 年
复名西北大学

2017 年
入选国家“双一流”建设高校

走进校园

说到西北，你的第一印象是什么？黄土？黄沙？还是一片荒凉？西北大学会“现身说法”向你证明，现在的“西北”不仅充满“热度”，而且丰富多彩……

游览摆渡车

第一站：西北大学博物馆（太白校区）

踏入西北大学太白校区的北门，右边的白色建筑就是博物馆。作为一座综合性的博物馆，西北大学博物馆包括了人文与自然、艺术与科学、历史与现代多维度的展览与展品。如果你想了解“科技文明”“生态文明”“人类文明”的起源与发展，西北大学博物馆绝对是不二选择。

第二站：鲁迅先生雕塑（太白校区）

太白校区图书馆前面有一座“鲁迅先生”雕塑，他抱臂而立，神情怡然。这是学校为纪念鲁迅先生曾到西北大学讲学而建。

第三站：体育馆（长安校区）

长安校区的体育馆总投资约 4 亿元，是一座甲级综合性体育场馆，无疑是校内的“高光”建筑。由于其外貌酷似船只，同学们将其称为“扬帆起航体育馆”；又因馆内座位数量多，被冠“万人体育馆”的名号。2020 年建成后，体育馆先后承办了全国运动会与残运会，已经成为西北大学对外展示的新窗口。

学科重点

第二轮“双一流”建设学科	考古学、地质学
一级学科国家重点学科	地质学
二级学科国家重点学科	理论经济学、历史学、生物学、地质资源与地质工程
国家重点（培育）学科	科学技术史

特色专业

资源勘查工程

西北大学地质学系创建于 1939 年，是全国建系较早的综合性大学地质学系之一。地学大家王恒升、谢家荣，中国古生物学科创始人杨钟健，中国五大构造学派之一的“波浪镶嵌学说”创始人张伯声院士等都曾在此执教，有“中国石油战线的黄埔军校”的美誉。

地质学系中的地质学、资源勘查工程（原石油与天然气地质专业）、地质工程 3 个本科专业均为“国家级一流本科专业”建设点，拥有地质学国家理科基础科学研究和教学人才培养基地、地质学国家级实验教学示范中心等科研平台。

资源勘查工程专业的同学主要学习石油与天然气地质学、地球物理勘探、地震地质解释、油气田开发等课程，从而能够完成煤矿资源勘查、油田勘查与开采、地震灾害防治相关工作，可从事资源勘查、石油开采、资源管理等相关工作。

大学生活

神奇的“攀树课”

西北大学有一门“攀树”选修课。在国际树木协会“注册攀树师”陈超老师的带领下，同学们学习攀树技巧、野外生存、绳索技术、急救技能等多方面的内容。这门课不仅能帮助同学们强健体魄、享受运动的乐趣，也给了生态学相关专业的同学们一个近距离观察树冠层，以延展专业内容的“望远镜”。

学生正在饶有兴趣地攀树

那些你不知道的西北大学

◇ 西北大学有许多“绿顶”建筑，上面种植了大面积的绿色植物。航拍时，十分惹眼。

◇ 西北大学中有个生产于 1954 年的“长寿”井盖，是几代西大人心中文化传承的象征。

兰州大学
LANZHOU UNIVERSITY

兰州大学是坐落在黄河之滨、萃英山下的一所百年名校，是教育部直属全国重点综合性大学，在国家高等教育格局中具有重要战略地位，在国内外具有重要影响和良好声誉。

校　训

自强不息　独树一帜

概况总览

985　211　双一流

创办时间：1909 年

学校类别：综合类

校区分布：城关校区、榆中校区

地　　址：甘肃省兰州市城关区天水南路 222 号

历史一刻

1909 年 甘肃法政学堂设立

1928 年 扩建为兰州中山大学

1946 年 更名为国立兰州大学

1949 年 更名为兰州大学

1960 年 被确立为国家重点大学

1996 年 首批通过“211 工程”部门预审

2001 年 进入国家“985 工程”建设高校行列

2017 年 入选国家“双一流”建设高校

走进校园

兰州大学分为城关校区和榆中校区，让我们一起来探索兰州大学的校园美景和多彩的大学生活吧！

游览摆渡车

第一站：积石堂图书馆（城关校区）

兰大的图书馆“积石堂”曾经是兰州的标志性建筑之一，现在已经成为金城历史文化精神的一部分。黄河水的源头是积石山，学子们求学问道的源头则是图书馆。

第二站：毓秀湖、钟灵园（城关校区）

你是否一听到兰州大学位于我国的西北地区，就以为那里黄沙漫天，草木不生呢？其实不然，快来毓秀湖看看吧！它就像是一个不规则的葫芦，湖中有人工喷泉，喷出的水花晶莹剔透，还有石拱小桥和古典风格的六角亭。毓秀湖的旁边就是由芍药园、玫瑰园、牡丹园、玉兰园、樱花园等组合而成的钟灵园。春天的时候，园中百花竞艳。

第三站：民族柱（榆中校区）

进校门后不远，便能看到竖立着的 56 根柱子，它们代表 56 个民族大团结。两侧是由八宝景天、松塔景天、金娃娃萱草、玉簪、鸢尾、芍药和牡丹组成的花带，夺人眼目。除此之外，学校里有 4000 多株樟子松、旱柳等树木，还有几万株花卉，在博物馆的东侧还种植了 100 多万株柳叶马鞭草，形成一片紫色的花海。

第四站：萃英山（榆中校区）

萃英山的名字来源于古兰州的萃英门。清朝末期，陕甘总督左宗棠在兰州萃英门设立甘肃贡院，举办乡试。“萃英”即聚集英才的意思。能把一座山纳入自己的校区，这是多么大的气魄啊！这座山不高，同学们学习累了，可以踏着云梯直登山顶，白天仰望天似穹庐，夜晚仰望星空闪烁，俯瞰校园灯火。

学科重点

第二轮“双一流”建设学科			
化学	大气科学	生态学	草学
二级学科国家重点学科			
固体力学	生态学	植物学	自然地理学
有机化学	粒子物理与原子核物理	民族学	区域经济学
国家重点（培育）学科			
大气物理学与大气环境		历史文献学	

特色专业

草业科学

小草是我们日常生活中最常见的植物之一，不论是一望无际的草原、公园里的草坪还是农村田野里的杂草和城市绿化带里随意生长的青草，我们几乎每天都能看到它，但是你有想过一棵小草也蕴含着科学吗？兰州大学的草业科学专业处于国内领先地位，拥有我国草业科学领域仅有的两位中国工程院院士，师资力量雄厚，还有草业科学领域目前唯一的草种创新与草地农业生态系统全国重点实验室，为学生们提供了科研平台。在草业科学专业的课堂上，你可以学到植物分类学和植物生态学的知识，更深入地认识、了解身边的植物，还会学到草地培育学、草地保护学，了解各种植物是如何生长繁殖的。

大学生活

建筑的浪漫

国立兰州大学时期,兰大有4栋当时兰州城最高的建筑,分别为天山堂、昆仑堂、贺兰堂、祁连堂，名称皆取自于西北名山，是辛树帜老校长为开阔学子心胸而命名的。时隔多年，虽然当年的建筑未能留存下来，这些名称却以教学楼、实验楼、图书馆的形式传承了下来。兰大榆中校区的图书馆叫作“昆仑堂”，第一教学楼叫“天山堂”，城关校区实验楼叫“祁连堂”，等等。按辛校长的说法，以山为楼名，正是“为学如为山，唯质朴足以垂久远，唯坚定足以更变迁”。

天山堂

祁连堂

西北情

由于独特的地理位置，兰州大学在敦煌学、中亚研究、西北少数民族研究上有着不一样的情怀。在兰大，同学们能够见识到广袤的黄土高原、河西走廊的丝绸之路、大西北的壮丽河山……

黄土高原

河西走廊

达尔文协会

兰州大学达尔文协会成立于 1982 年，是一个学术型环保社团，在湿地使者行动中连续 8 年获环保大奖，是全国首屈一指的环保社团。在水资源缺乏的地方，更能认识到绿色与生命的可贵，社团成员只是一群平凡的大学生，却有着不平凡的愿望和担当。除了达尔文协会，还有希望“黄河流碧水，赤地变青山”的兰大绿队（兰州大学学生环境保护协会），也在为人与自然的和谐共生努力着。

青海大学位于高原古城——西宁，是一所以工、农、医、管、经、理、法、交叉学科协调发展的教学研究型大学，拥有清华大学等知名高校的对口支援。

校　训

志比昆仑 学竞江河

概况总览

211　双一流

创办时间：1958 年

学校类别：综合类

地　　址：青海省西宁市宁大路 251 号

历史一刻

1958 年 成立青海工学院

1960 年 与青海农牧学院、青海医学院、青海财经学院合并为青海大学

1997 年 青海畜牧兽医学院并入青海大学

2004 年 青海医学院并入，组建成新的青海大学

2017 年 入选国家“世界一流学科”建设高校

走进校园

雪“花”

4 月是春暖花开的美好季节，青海大学的 4 月不只有黄色的迎春花和红色的桃花，还有纷飞的大雪。在海拔超过 2000 米的西宁，四五月下雪是一件常见的事。也许前两天还天晴日暖，两天后就飘起了鹅毛大雪。春天盛开的花朵与枝叶被覆盖在雪中，仅露出的一点儿色彩给校园增添了几分俏皮，这是只有在青海大学才能欣赏的奇景。

棠梨路

青海大学有一条特殊的小路，叫作“棠梨路”，两旁种满了海棠和梨树。春夏之交，骑着自行车慢慢经过时，绽开的海棠花和梨花成为青海大学一道美丽的风景线，微风吹过如同又下起了小雪。秋天，树上结满了甜美的果实，走在树下伸手便可摘到，咬上一口，唇齿留香。已经毕业的学长学姐们多年以后再想起青海大学，还是会想念棠梨路和树上的梨。

学科重点

第二轮“双一流”建设学科	
生态学	
国家重点学科（含培育）	
内科学（高原医学）	作物遗传育种
国家级特色专业	
化学工程工艺	草业科学
藏医药	预防医学
资源勘查工程	经济学

特色专业

藏药学专业

藏药融合了中医药学和印度医药学等理论，形成了独特的民族药体系，藏药学主要研究藏医学基础和药理分析以及常见病的诊治与配药。青海大学藏医学院的前身为青海藏医学院，拥有 1 个非直属附属藏医医院，17 个临床实习医院，2 个野外采认药教学基地，以藏医学教学为主，藏西医结合为特色，传承与创新并重。学院的师资力量雄厚，先后牵头完成了全国藏药学专业本科（四年制）系列教材、21 世纪藏医本科教育规划教材等近 80 部教材的编写、编译出版工作。藏药学的学生们会学到藏医概论学、藏药植物学、藏药方剂学等相关课程和实践。

大学生活

◇ 青海大学虽然位于高原地区，但是同学们在校园里学习、生活并不会有高原反应。另外，这里空气非常清新，呼吸之间都透着沁人心脾的清凉。紧张的学习之余，在校园里好好逛一逛，说不定会发现意想不到的美景。

◇ 在青海大学，一年四季只需要一床被子就够了。因为青海大学所在的城市西宁，夏天气候凉爽，是避暑胜地，被称为“夏都”。冬天，宿舍里有暖气，保证让你不会感到寒冷。

食堂风采

青海的美食大多以牛羊肉为主，肥而不腻，青海大学的食堂便是青海美食的聚集之地。走进物美价廉的食堂，炕锅羊排的香味让人垂涎欲滴，鲜美的羊排和绵软的土豆更让人赞不绝口。看！另一边的窗口还有广受学生喜爱的手抓羊肉和羊肠面。在西宁清凉的夏夜里，走进食堂点上一碗羊肠面，喝一口热气腾腾的汤，是只有青海大学学子才能享受到的美味。

学生食堂

炕锅羊排

宁夏大学坐落于银川，是教育部与宁夏回族自治区人民政府合建高校，是我国西部高等教育极为重要的组成部分。

校训

尚德 勤学 求是 创新

概况总览

211 双一流

创办时间：1958 年

学校类别：综合类

校区分布：银川贺兰山校区、怀远校区、文萃校区、金凤校区，中卫校区等

地　　址：宁夏回族自治区银川市西夏区贺兰山西路 489 号

历史一刻

1958 年 宁夏师范学院、宁夏农学院和宁夏医学院成立

1962 年 三院合并，宁夏大学成立

2002 年 与宁夏农学院合并组建新的宁夏大学

2004 年 成为宁夏回族自治区人民政府与教育部共建高校

2008 年 被选入国家“211 工程”重点建设高校

2017 年 入选国家首批“双一流”建设高校

2022 年 入选国家第二轮“双一流”建设高校

走进校园

了解过宁夏大学的基本信息，想必你已经对这所大学有了畅想。快让我们走进这所低调而优秀的学府，更近距离地感受它的“温度”吧！在这段旅程中，我们会见识到各类秀美的“宁大风景”与各种有趣的“宁大生活”。

游览摆渡车

第一站：德勤楼（贺兰山校区）

“德勤楼”是宁大的地标建筑之一，名称来源于“尚德、勤学”的校训。它的身影不仅会出现在新生的录取通知书上，还会经常出现在莘莘学子毕业照的背景中。

第二站：凌云广场（怀远校区）

凌云广场位于怀远校区。凌云广场是宁大充满活力的“心脏”，是师生集会、运动、学习、娱乐、休息的主要场所。广场中间的雕塑名为“奋飞”，寓意着师生们一同进取。凌云广场后面便是金波湖。

第三站：宁大湖（怀远校区）

天气晴朗时，怀远校区的宁大湖水波荡漾，游鱼草木相映成趣，是学生们学习、聊天的好去处。宁大湖的观景台上有校友赠送的石椅，上面刻印着“一段宁大路，一生宁大情”，饱含着宁大学子对宁大的挂念。

第四站：拐角楼（怀远校区）

怀远校区的“拐角楼”始建于1959年，是宁夏大学唯一一座建校时期的老建筑，楼体颇具俄式风情。2003年，学校将其命名为“小红楼”，并于2010年在原址进行重建。

学科重点

第二轮“双一流”建设学科	化学工程与技术
部区合建优势特色学科群	化学工程与技术、民族学
国家重点学科	草业科学
国家重点（培育）学科	中国少数民族史

特色专业

农学专业

农学专业研究的是农作物生产、遗传育种、栽培耕作等基本知识和技能。宁夏大学的农学专业为国家一流本科建设专业、国家特色专业和自治区优势特色专业，拥有科技小院与专家咨询服务站。农学专业的学生们在4年的学习生活中可以掌握生物化学、植物生理学、遗传学、农业昆虫学、作物栽培学等专业知识，还可以在大三、大四时参与毕业生产实习，将学到的理论知识付诸实践。学生们毕业之后可以去各市、县的农业行政管理部门、农业技术推广中心、国有大中型农场等部门从事教学与研究工作，为农业和农村社会发展作出积极贡献。

大学生活

书院制度

宁夏大学有一个特殊的办学模式——书院制度。博雅书院是宁夏大学建立的首个书院。书院由各个学院或研究中心组成，学生们接受“双院”管理，学院安排的专业课程为“第一课堂”，书院则负责作为通识课程的“第二课堂”，并举办交流会、讲座等活动。同时，书院以年级为单位随机分配宿舍，而不是按照专业分，也就是说你有可能和不同学科、专业的同学成为舍友，交流不同领域的知识。

博雅书院迎新晚会

“葡萄”专业

葡萄是宁夏的特色水果之一，葡萄产业自然也受到了重视。2013 年，葡萄与葡萄酒工程专业在宁夏大学“落户”，同学们的日常课程、活动“不是在品酒，就是在品酒的路上”，还可以参与到酒会等特色活动中。

专业实习

你不知道的宁大

◇在宁夏大学，每一条道路的名字背后都有深意。在贺兰山校区，有一条民族路，寓意民族大团结；还有一条思贤路，出自《论语》中的“见贤思齐焉”，寓意着宁大人拼搏进取、奋勇向前的精神。

◇宁夏大学特别大，所以，在宁大生活，自行车、电动车是必不可少的交通工具。

智慧餐厅

◇宁大的智慧餐厅可以“靠脸吃饭”——只要将餐盘放在指定位置，站在视觉结算屏幕前，系统就会根据餐盘的形状、颜色等自动识别出费用并结算。如果你还想品味更多的美食，学校附近的怀远夜市也是一个好去处。不论是西北特色美食，还是全国各地的美味，怀远夜市都能够满足你，步行 15-30 分钟即可到达。

在我国的西部，“戈壁明珠”新疆石河子市水草丰美、田地肥沃。石河子大学就坐落于此。石河子大学始终坚持“立足兵团、服务新疆、面向全国、辐射中亚”的办学定位，成为教育戍边、科技强边、文化固边的重要力量。石河子大学在具有区位优势和特色的研究领域取得了突破性进展，是西部重要的大学之一。

概况总览

211　双一流

创办时间：1949 年

学校类别：综合类

校区分布：石河子校区（主校区）、五家渠校区

地　　址：新疆维吾尔自治区石河子市北四路 221 号

校　训

明德正行　博学多能

历史一刻

1949 年
石河子医学院前身中国人民解放军第一兵团卫生学校成立

1996 年
石河子医学院、石河子农学院、兵团经济专科学校和兵团师范专科学校合并，组建石河子大学

2008 年
被选入国家“211 工程”重点建设高校

2017 年
入选国家首批“双一流”建设高校

2022 年
入选国家第二轮“双一流”建设高校

走进校园

新疆的石河子大学是一个“绿色大学”，绿化覆盖率达 41%，校园环境优美，建筑富有特色。快和我去一睹石河子大学主校区的风采吧！

▸游览摆渡车

第一站：微波湖

图书馆旁的微波湖外沿形状非常有特点，就如有风的水面荡起的微波，既向前推移又回旋着。湖的整体面积不大，青翠的树木环绕四周，与湖面形成呼应，是值得细细“揣摩”的雅致小景。

第二站：未名山

提到“未名”，我们的第一反应是北大“未名湖”，说起来，二者之间还颇有渊源。2001年，北京大学对口支援石河子大学，收效良好。在对口支援后，石大师生便参照了“北大未名湖”的名字，将校园石山命名为“未名山”，以此来纪念两校之间的深厚情谊。

第三站：孟二冬雕像

在石河子大学的一处草坪上，孟二冬教授的雕像静静矗立着。他是北京大学的一位教授，后主动参与支教，支援石河子大学，主要教授古代文学相关课程。他热爱教育事业，忍着病痛教学，最终医治无效去世。他优秀的精神与品质永远刻在了每一个石大人的心中。

学科重点

第二轮“双一流”建设学科	化学工程与技术
部省合建学科群	化学工程与技术、农业工程
国家重点学科	作物栽培学与耕作学
国家重点（培育）学科	农业经济管理

特色专业

农业水利工程

我们平时吃的粮食、瓜果和蔬菜在生长过程中都离不开水的灌溉，在粮食生产中，如何调整农田的水分状况，消除水旱灾害，解决这些问题至关重要，这就是农业水利工程专业的学生们需要学习的内容。石河子大学的农业水利工程专业历史悠久，积累了丰富的资源。农业水利工程专业的学生们不仅需要学习水工建筑物、理论力学、测量学等水利工程相关的课程，还要专注于农业水利建设，土壤与农作学、灌溉排水工程学等课程。经过 4 年的学习，学生们在农田灌溉、农业防洪防涝、坎儿井工程设计等方面均会有所收获。

大学生活

特色选修课

石大开设了一系列富有民族特色的选修课，如维吾尔族舞蹈入门、新疆少数民族刺绣、新疆特色草原旅游等。此外，还有一些深受同学们欢迎的选修课，如流行音乐的历史风格与鉴赏、民族风格吉他弹唱、诗朗诵、舞台表演基础、健身气功、宠物管理与美容、推拿与按摩等。

石大消息

◇ 在石大，学生早上 10 点上课，晚上 10 点左右下课，凌晨 1 点熄灯。这是因为新疆和北京相差多个时区，有着自己的时间安排表。

◇ 出了石河子大学，骑上自行车，不到 30 分钟就可以到达小有名气的“老街”。正宗的维吾尔族美食、精美的维吾尔族手工艺品都在这里等着你。

老街

新疆大学

XINJIANG UNIVERSITY

新疆大学位于新疆维吾尔自治区乌鲁木齐市，是一所历史悠久、拥有光荣革命传统和深厚文化底蕴的高等学府。

校　训

团结 紧张 质朴 活泼

概况总览

211　双一流

创办时间：1924 年

学校类别：综合类

校区分布：红湖校区、友好校区、博达校区

地　　址：新疆维吾尔自治区乌鲁木齐市天山区胜利路 666 号

历史一刻

1924 年 创办新疆俄文法政专门学校

1935 年 改建为新疆学院

1960 年 正式成立新疆大学

1978 年 被国务院确定为新疆唯一的全国重点大学

1997 年 被列为国家“211 工程”重点建设高校

2000 年 与新疆工学院合并组建新的新疆大学

2017 年 入选国家首批“双一流”建设高校

走进校园

新疆大学的校园有着自己独特的美，除了美丽的建筑与风景之外，它独具特色的民族文化氛围和西域地区与众不同的魅力，同样让人着迷。让我们一起走进新疆大学，感受多元文化的气息吧！

游览摆渡车

第一站：红湖（红湖校区）

红湖可谓新疆大学的“名片”，湖上经常会有几只小野鸭在游泳，湖里有许多鲤鱼。到了冬天，鹅毛大雪覆盖整个湖面，白茫茫一片中只能看到湖心亭的一抹红色，颇有一番韵味。湖边也是锻炼和学习的好去处哦！

第二站：校史馆（红湖校区）

看，这里有一栋颜色鲜艳的“小黄楼”，它是新疆大学的校史馆。这里承载着新疆大学作为“抗大第二”的光荣历史与红色基因，也是学生们了解新疆大学的起点。

第三站：崇能楼（友好校区）

远远望去，崇能楼宏伟、壮观。走进楼内，冬暖夏凉，踩在复古风格的木质地板上，我们更能感受到新疆大学的历史底蕴。

学科重点

第二轮“双一流”建设学科	马克思主义理论、化学、计算机科学与技术
国家级重点学科	中国少数民族语言文学、应用数学

特色专业

中国少数民族语言文学（维吾尔语言）

语言是文化的载体与桥梁，许多少数民族都有自己的语言，维吾尔语就是维吾尔族的语言。新疆大学的中国少数民族语言文学（维吾尔语言）专业具有得天独厚的语言学习环境，是自治区普通高校重点专业特色品牌专业，依托新疆文献研究中心、新疆民汉语文翻译研究中心等研究基地进行高质量本科教学。学生们通过 4 年的学习，不仅能学到现代汉语、古代汉语等基础知识，还能掌握维吾尔语的听说读写译等技能，欣赏维吾尔文学作品。学生们毕业之后，可以从事翻译、文秘、教学等工作。

大学生活

食堂烟火气

新疆大学有多个食堂，自助餐厅、清真餐厅、特色餐厅应有尽有，光是把每个窗口的美食全部吃上一遍就要花上几个月的时间。要说食堂里最受大家喜爱的还是新疆的特色菜：拌面、大盘鸡、馕包肉以及羊肉串，夏天食堂还有室外烧烤！

新大消息

◇ 在新疆，有一个重要的节日叫“古尔邦节”，人们在这个节日里会载歌载舞，用美食庆祝团圆。新疆大学也会组织工作队到当地村民家，送上节日的礼物，和村民欢聚一堂，共度节日！

◇ 新疆大学的博达校区视野非常开阔，站在校园里，远远地就能看到附近的雪山，是平原地区很难见到的独特风景。

古尔邦节

新疆雪山